汽车钣金修复与涂装技术

陈 豪 等编著

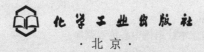

化学工业出版社
·北京·

本书系统全面地介绍了汽车钣金修复与喷漆涂装技术，内容分为上下两篇共九章。上篇为汽车钣金技术基本知识，涵盖汽车钣金修复安全规范及常用维修工具设备、手工修复工艺、车身钣金作业、钣金件的拆装流程以及车身修复作业。下篇为汽车涂装技术基本知识，涵盖汽车涂装安全规范及常用工具设备、涂装工艺、抛光打蜡与涂装缺陷处理、汽车涂装作业等。

本书适合汽车维修从业者、汽车钣金喷涂技术工人使用，也可作为汽车维修相关专业师生的参考教材，以及相关企业培训用书。

图书在版编目（CIP）数据

汽车钣金修复与涂装技术 / 陈豪等编著. —北京：化学工业出版社，2020.2（2023.4重印）
ISBN 978-7-122-35608-6

Ⅰ.①汽⋯ Ⅱ.①陈⋯ Ⅲ.①汽车-钣金工-维修②汽车-涂漆 Ⅳ.①U472.4

中国版本图书馆CIP数据核字（2019）第252583号

责任编辑：黄 滢　　　　　　　　　　　文字编辑：冯国庆
责任校对：边 涛　　　　　　　　　　　装帧设计：王晓宇

出版发行：化学工业出版社（北京市东城区青年湖南街13号　邮政编码100011）
印　　装：涿州市般润文化传播有限公司
787mm×1092mm　1/16　印张22¼　字数588千字　2023年4月北京第1版第2次印刷

购书咨询：010-64518888　　　　　　　　　售后服务：010-64518899
网　　址：http://www.cip.com.cn
凡购买本书，如有缺损质量问题，本社销售中心负责调换。

定　价：99.00元　　　　　　　　　　　　　　　　　　版权所有　违者必究

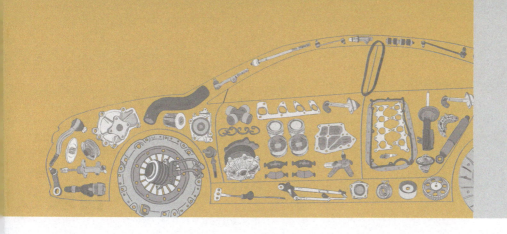

前言

现今,汽车已经成为人们日常生活中不可或缺的代步工具。随着我国私家车保有量的持续增加,道路交通也开始日益拥堵。道路上车辆的增加常常会导致汽车碰撞事故的发生,事故车中钣金与喷涂在汽车维修工作中所占的比例也越来越大。

从整个汽车市场未来发展来看,人们对汽车服务的需求也越来越高,汽车行业对汽车钣金、汽车修复、汽车喷漆及汽车涂装等技术从业人员的需求量也会越来越多。因此,汽车钣金与喷涂技术从业者的就业前景也更加广阔,市场空间巨大。

综合以上考虑,我们从初学者的角度出发,根据汽车维修技术工人实际的岗位需求,编写了《汽车钣金修复与涂装技术》一书。

本书系统全面地介绍了汽车钣金修复与涂装技术,内容涉及汽车钣金与喷涂技术的方方面面。全书分上下两篇共九章内容。上篇为汽车钣金技术基本知识,涵盖汽车钣金修复安全规范及常用维修工具设备、手工修复工艺、车身作业、钣金件的拆装流程以及车身修复作业等。下篇为汽车涂装技术基本知识,涵盖汽车涂装安全规范及常用工具设备、涂装工艺、抛光打蜡与涂装缺陷处理、汽车涂装作业等内容。

本书在编写过程中以行业规范为依托,注重知识性、系统性、实操性相结合,力求以直观的方式将实用的内容呈现给读者。全书图片丰富,内容翔实具体,讲解循序渐进。充分发挥了图解的特色,主要以"图解"的形式向读者传授汽车钣金修复与涂装技术的基本知识和基本技能,一目了然,通俗易懂。

书中对于难度较大的复杂知识点,还专门配备了"操作视频",视频以"二维码"的形式呈现。为了确保专业品质,全部操作视频均由专业视频教学团队精心制作完成。读者学习时可通过手机扫描书内的二维码,同步、实时地浏览对应知识点的数字媒体教学资源。数字媒体资源与图文资源相互衔接、互为补充,可充分调动读者的主观能动性,确保读者在短时间内获得最佳的学习效果。

本书的编写人员有陈豪、顾惠烽、罗永志、彭川、陈浩、李金胜、丘会英、周迪培、顾森荣、冼锦贤、冼绕泉、黄木带、陈志雄、冼志华、黄俊飞。

限于笔者水平,书中疏漏之处在所难免,敬请广大读者批评指正。

编著者

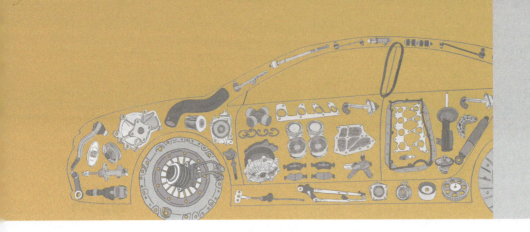

上篇　汽车钣金技术

第一章　汽车钣金技术概述

- 第一节　维修场地管理　/1
- 第二节　钣金工人身安全防护　/4
- 第三节　认识汽车车身结构　/7
- 第四节　车身损伤的测量与评估　/9

第二章　手工修复工艺

- 第一节　手工修复常用工具　/11
- 第二节　手工校正工艺　/22
- 第三节　手工制作工艺　/27
- 第四节　铆接工艺　/39
- 第五节　拉深工艺　/43
- 第六节　其他校正工艺　/46

第三章　车身钣金作业

- 第一节　车身修复机作业　/50
- 第二节　切割作业　/61
- 第三节　焊接作业　/67
- 第四节　车身校正仪作业　/97

第四章　钣金件的拆装流程

- 第一节　车身前部维修流程　/117
- 第二节　发动机舱盖、后备厢盖的拆装流程　/119
- 第三节　车门、车门附件、门锁拆装流程　/132
- 第四节　汽车天窗的拆装流程　/142

第五节　车辆保险杠的拆装流程　/ 149
第六节　汽车前、后挡风玻璃的拆装流程　/ 151

第五章　车身修复作业

第一节　车身前部的修复作业　/ 156
第二节　车身中部的修复作业　/ 169
第三节　车身后部的修复作业　/ 191
第四节　损伤修复　/ 213

下篇　汽车涂装技术

第六章　安全规范及常用工具设备

第一节　汽车涂装的安全规范　/ 225
第二节　常用涂装工具　/ 228
第三节　常用涂装设备　/ 235

第七章　涂装工艺

第一节　喷涂前作业准备　/ 244
第二节　底漆喷涂工艺　/ 259
第三节　中涂底漆的涂装　/ 283
第四节　面漆喷涂　/ 287
第五节　汽车涂装标准工艺　/ 295

第八章　抛光打蜡与涂装缺陷处理

第一节　汽车抛光　/ 309
第二节　汽车打蜡　/ 312
第三节　常见喷涂缺陷　/ 316

第九章　汽车涂装作业

第一节　塑料件涂装　/ 322
第二节　局部修补涂装　/ 328
第三节　板块修补涂装　/ 336
第四节　全车涂装　/ 346

参考文献

视频索引

视频内容	二维码位置	视频内容	二维码位置
认识汽车车身	P8	汽车精洗	P244
手工校正工艺	P23	清除旧漆膜	P252
弯曲和拔缘工艺	P28	喷枪的调节方法	P267
放边和收边工艺	P32	底漆前的遮蔽及清洁除油方法	P280
卷边和咬缝工艺	P34	底漆喷涂的方法	P282
铆接工艺	P40	中涂底漆的干燥及刮涂幼滑原子灰的方法	P283
拉深工艺	P43	单工序面漆的调配方法	P287
机械校正和火焰校正工艺	P47	颜色代码的获取方法	P292
气体保护焊的原理	P69	颜色配方的获取方法	P293
电阻点焊工艺	P77	中涂底漆的遮蔽及清洁除油方法	P304
拆卸汽车车门	P133	中涂底漆的调配	P305
安装汽车车门	P135	板件表面除油	P307
前保险杠拆装	P149	面漆的干燥剂研磨方法	P309
后保险杠拆装	P151	面漆的抛光	P311
拆卸和安装前座椅饰件	P155	汽车打蜡	P315

上篇 汽车钣金技术

第一章 汽车钣金技术概述

第一节 维修场地管理

1. 汽车钣金车间的布置

（1）工作区布置。汽车钣金车间一般分为钣金加工检查工位、钣金加工校正工位、车身校正工位和材料存放工位等，具体还要根据车间的实际工位来决定。

在汽车钣金车间要完成事故车辆的检查、车辆零部件拆卸、钣金件修理、车身测量校正、车身钣金件更换和车身装配调整等工作。

（2）气路、电路布置。车身维修车间内压缩空气的压强一般为 0.5～0.8MPa。一般车间要有一个压缩空气站，各个工位要有压缩空气接口，管路要沿墙壁布置，布置高度不超过

1m，也可布置在靠近车间顶板的位置。每个工位至少要留出2个接口，并安装开关，采用快速接头。

车身维修车间的用电量很大，一般都不小于15A，而大功率的电阻点焊焊接电流不小于30～40A，所以要在车间校正工位附近设置一个专用的配电箱供车身修复焊接用电，配电箱的位置距离车身校正系统不能超过10～15m，过长会导致线路过热。

2. 维修车间驾驶车辆时的安全要求

（1）安全驾驶，车辆在车间内移动时要按照车间内规定的路线和速度（图1-1-1）行驶。

（2）注意观察，确保没有人或物品挡住道路（图1-1-2）。

图1-1-1　限速标志

图1-1-2　提醒标志

（3）停靠时应拉起驻车制动器，防止车辆移动。

（4）拔出车辆点火钥匙，防止其他人员启动车辆，造成不必要的伤害。

3. 维修车间检查车辆时的安全要求

（1）避免接触旋转中的部件，身体远离运动部件，防止造成手指折断或更严重的伤害（图1-1-3）。

图1-1-3　避免接触旋转中的部件

（2）手指远离处于拉伸状态的弹簧、发动机罩和车门的铰链弹簧，注意手指不要被弹簧夹伤或割破。

4. 电气安全

修理电动设备和电动工具前应先断开电源，否则会有电击危险，严重的可能造成伤亡事故。

保持地面无水，水能导电，如果带电导线落入站有人的水坑中会带来电击危险。在使用电动工具时必须保持地面干燥（图 1-1-4）。

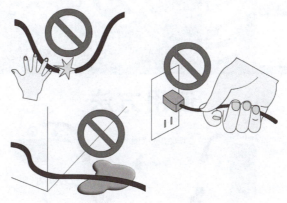

图 1-1-4　注意用电安全

应确保电动工具和设备的电源线正确接地。如果电源线中的接地插头断裂，则应更换插头后再使用工具。定期检查电线的绝缘层有无裂缝或裸露出导线，及时更换破损的电线（图 1-1-5）。

图 1-1-5　破损的电线

5. 消防安全

钣金车间中有各种易燃物品，在操作中也经常会产生明火，有可能会造成火灾。在车间修理操作时应该注意防火事项（图 1-1-6）。

(a) 禁止吸烟　　　　　　　(b) 禁止烟火　　　　　　　(c) 禁止堆放易燃物

图 1-1-6　防火标志

灭火器及其使用方法如图 1-1-7 所示。

图 1-1-7 灭火器及其使用方法

第二节　钣金工人身安全防护

1. 呼吸系统和肺部的防护

在进行钣金件焊接与切割等操作时,会产生很多有毒物质,佩戴呼吸器可以防止有毒物质进入人的呼吸系统(图 1-2-1)。

图 1-2-1　佩戴呼吸器

2. 呼吸器类型（图 1-2-2）

呼吸器的密封是非常重要的，它能防止被污染的空气进入人的肺部。使用呼吸器前要检查有无空气泄漏，对呼吸器进行密合性测试，负压和正压的都要检查，一般可用下面的方法快速检查。

(a) 供气式呼吸器

(b) 滤筒式呼吸器

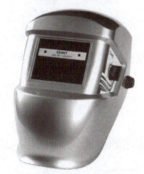
(c) 焊接用呼吸器

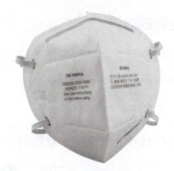
(d) 防尘式呼吸器

图 1-2-2 呼吸器类型

（1）负压测试。密合性良好时，空气会随着正常的呼气从面罩中溢出。

（2）正压测试。密合性良好时，面罩部分会鼓起，而空气不会随着正常的呼气从面罩中溢出。

使用呼吸器时若呼吸困难或到达更换周期，应更换过滤器，一旦闻到溶剂的味道就应更换滤芯。定期检查面罩，确保没有裂纹或变形。呼吸器应保存在气密的容器内或塑料自封袋中，保持清洁。

面部过多的毛发会妨碍气密性，面部毛发浓密的修理人员应采用供气式呼吸器。

3. 头部的防护

车身修理人员在进行修理操作时要佩戴安全帽，防止灰尘或油污的污染，保持头发清洁（图 1-2-3）。

4. 眼睛和面部的防护

在进行修理操作时，大部分场合都要求佩戴防护眼镜、风镜、面罩、头盔等眼睛和面部的保护装置（图 1-2-4）。

图 1-2-3　头部的防护

图 1-2-4　焊接时佩戴防护面罩

5. 耳的防护

在高噪声场所工作时需要佩戴耳塞或耳罩等耳朵保护装置（图 1-2-5）。

6. 身体的防护

在车间内应穿着合格的连体工作服，不能穿着宽松的衣服、未系袖扣的衬衫、松垂的领带以及披着的衬衫（图 1-2-6）。

7. 手的防护

在进行焊接作业时应戴上皮质的手套，防止被熔化的金属烧伤（图 1-2-7）。

图 1-2-5　耳罩

图 1-2-6　焊接工作服

图 1-2-7　手的防护

8. 腿、脚的防护

在车间工作时最好穿鞋头有金属片、防滑的安全鞋。
在焊接时最好穿绝缘鞋，防止触电事故的发生。此外，最好有焊接护腿和护脚保护。

在操作时有时可能会跪在地上，时间长了会引起膝盖损伤，最好佩戴护膝。

9. 车间安全生产准则

修理人员在进行车身修理时要遵守以下准则。

（1）在使用各种设备前先要看产品说明书。

（2）在打磨、喷砂或处理溶液时，应佩戴头罩、安全眼镜或防尘镜、防尘面具，以及穿着工作服。防尘面具应与皮肤紧密贴合，防止灰尘和微粒。在研磨、打磨或处理溶剂时请勿佩戴隐形眼镜。

（3）在用压缩空气枪吹洗车门的侧壁和其他难以达到的地方时，应当戴上护目镜和防尘面具。

（4）在金属处理过程中，因金属调理剂中含有磷酸，吸入这种化学物质或其与皮肤、眼睛接触，可以引起发炎，使用这种材料时，要佩戴安全眼镜、橡胶手套、气体呼吸保护器以及穿工作服。

（5）在工作场地不允许追逐、打闹，因为工作区的许多设备、工具，以及气和电的管路、线路都存在潜在的危险，可能对人员、物品产生损害。

（6）抬起和搬运物品时，应弯曲膝部而不要弯曲腰部。重物必须使用适当的设备进行提升和移动。

第三节　认识汽车车身结构

1. 汽车车身的部件组成

车身部件主要有发动机盖、车身本体、后备厢盖、保险杠支架、翼子板、前后门、顶盖、顶梁、围板、侧围等。

车身包括车窗、车门、驾驶舱、乘客舱、发动机舱和后备厢等。车身的造型有厢型、鱼型、船型、流线型及楔型等几种，结构形式分单厢、两厢和三厢等类型。

（1）车身附件包括门锁、门铰链、玻璃升降器、各种密封件、风窗刮水器、风窗洗涤器、遮阳板、后视镜、拉手、点烟器、烟灰盒等。在现代汽车上常常装有无线电收放音机和杆式天线，有的汽车车身上还装有无线电话机、电视机或加热食品的微小炉和小型电冰箱等附属设备。

（2）车身外部装饰件主要是指装饰条、车轮装饰罩、标志、浮雕式文字等。散热器面罩、保险杠、灯具以及后视镜等附件亦有明显的装饰性。

（3）车身内部装饰件包括仪表板、顶篷、侧壁、座椅等表面覆饰物，以及窗帘和地毯。在汽车上广泛采用天然纤维或合成纤维的纺织品、人造革或多层复合材料、连皮泡沫塑料等表面覆饰材料；在客车上则大量采用纤维板、纸板、工程塑料板、铝板、花纹橡胶板以及复合装饰板等覆饰材料。

2. 轿车车身结构的分类

轿车车身结构从形式上说，主要分为非承载式和承载式两种。

（1）概述。非承载式车身的汽车有刚性车架，又称底盘大梁架。车身本体悬置于车架上，用弹性元件连接。车架的振动通过弹性元件传到车身上,大部分振动被减弱或消除,发生碰撞时车架能吸收大部分冲击力,在坏路行驶时对车身起到保护作用,因此车厢变形小,平稳性和安全性好,而且车厢内噪声低。但这种非承载式车身比较笨重,质量大,汽车重心高,高速行驶稳定性较差(图1-3-1)。

视频精讲　　　　　　　　　图 1-3-1　非承载式车身

承载式车身的汽车没有刚性车架,只是加强了车头、侧围、车尾、底板等部位,车身和底架共同组成了车身本体的刚性空间结构。这种承载式车身除了其固有的乘载功能外,还要直接承受各种负荷。这种形式的车身具有较大的抗弯曲和抗扭转的刚度,质量小,高度低,汽车重心低,装配简单,高速行驶稳定性较好。但由于道路负载会通过悬架装置直接传给车身本体,因此噪声和振动较大(图1-3-2)。

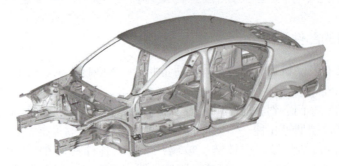

图 1-3-2　承载式车身

非承载式车身和承载式车身都有优缺点,使用在不同用途的汽车上。一般而言,非承载式车身用在货车、客车和越野车上,承载式车身一般用在轿车上,现在一些客车也采用这种形式。

非承载式车身和承载式车身按照有无刚性车架划分。首先要弄清楚的问题是什么是车架。车架就是支承车身的基础构件,一般称为底盘大梁架。发动机、变速器、转向器及车身部分都固定其上,它除了承受静载荷外还要承受汽车行驶时产生的动载荷,因此车架必须要有足够的强度和刚度,以保证汽车在正常使用时受到各种应力而不会破坏和变形。

车架有边梁式、钢管式等形式,其中边梁式是采用最广泛的一种车架。

边梁式车架由两根长纵梁及若干根短横梁铆接或焊接成形,纵梁主要承负弯曲载荷,一般采用具有较大抗弯强度的槽形钢梁。也有采用钢管的,但多用于轻型车架上。一般纵梁中部受力最大,因此设计者一般将纵梁中部的截面高度加大,两端的截面高度逐渐减少,这样一来可使应力分布均匀,同时也减轻了重量。

横梁有槽型、管型或口型，以保证车架的扭转刚度和抗弯强度。横梁还用以安装发动机、变速器、车身和燃油箱等。为适应不同的车型，横梁布置有多种形式，如为了提高车架的扭转刚度采用 X 形布置的横梁。边梁式结构简单，工艺要求低，制造容易，使用广泛。但由于粗壮的大梁纵贯全车，影响整车布置和空间利用率，大梁的横截面高度使车厢离地距离加大，乘客上下车不方便，另外重量也大，整车行驶经济性变差。这些缺点对小客车、轿车是缺点，对于越野车可能就是优点，因为越野车要求有很强的通过性，行驶在崎岖路面上时要有一定的离地间隙，而非常颠簸的道路会令车体大幅扭动，只有带刚性车架的承载式车身结构才能抵御这种冲击力，因此越野车上普遍采用非承载式车身。

（2）优点和缺点。

❶ 承载式车身的优缺点。

优点：

a. 相较于非承载式车身，承载式车身由于没有大梁，整体质量会更轻，所以更加省油，并且重心相对较低；

b. 承载式车身的前后车架在发生碰撞事故时会发生溃缩，以此吸收冲击力而保护车内的人员，所以相对来说更安全。

缺点：

a. 因为没有底盘大梁，所以配备非承载式车身的越野车在遇到崎岖路面或者载重量大的时候，车身的抗扭性较差，承受能力没那么好；

b. 因为零部件都安装在车身上，车身的各个部分也是通过焊接来相连的，所以承载式车身是一个整体。相对来说，在维修方面会复杂一些。

❷ 非承载式车身的优缺点。

优点：

a. 非承载式车身在遇到崎岖路面的时候，刚性极强的底盘大梁可以很好地吸收和抵抗扭曲力，所以车身受到的影响会大大减小；

b. 由于底盘大梁和车身是分离的，并且中间嵌有许多减振材料，所以在复杂路况上行驶时，异响较少；

c. 因为零部件都安装在底盘大梁上，所以在需要更换或者维修的时候，会更加方便一些。

缺点：

a. 因为保留了底盘大梁，所以车辆整体质量较大，油耗自然比较高；

b. 因为车身安装在大梁上，所以车身重心较高，加上整体较沉，底盘大梁的刚性高，因此在转弯的时候比较"死板"，很难高速过弯；

c. 由于底盘大梁的存在，因此非承载式车身无法像承载式车身那样，在发生碰撞的时候进行溃缩，吸收冲击力。

第四节　车身损伤的测量与评估

1. 车身损伤内容的判别

（1）损伤内容的判别。车身损伤的判别包括确定损伤范围、损伤程度、损伤类型以及车身结构是否有整体变形等几个方面。

车身损伤的判别是车身修理作业的第一步，也是非常重要的一步。对车身损伤状况做细致检查与精确测量，是确定最佳修理方法和工作步骤的基础。如果最初的方法和工作步骤选择正确，不但可以使损伤部位巧妙地复原，而且也会使整个作业时间大为缩短。

（2）损伤范围的确定。首先应了解汽车的整个碰撞过程，如碰撞部位、碰撞方向、碰撞时的车速、碰撞的物体及碰撞次数等，这对车身损伤的判别非常有意义。

确定损伤范围时，应先找到最初遭受冲击的地方（也就是最初的损伤部位），可通过涂层的剥落程度及钣金的伤痕来判定。

然后沿着冲击力传播的方向系统地检查各部件的损伤情况，包括车身附件以及车身以外的其他总成和部件，如车轮、悬架、发动机等。

检查时要着重注意车身结构中的一些应力集中区域，这些部位是在车身设计中特别设置的。在碰撞冲击力的作用下，它们会按预先设定的方式变形，并吸收冲击能量，保持车厢的形状不变，从而保护车内乘员的安全（被动安全）。

最后确定出车身上所有的损伤部件，以及它们之间的连接和装配关系。

2. 车身构件损伤程度和类型的确定

确定出车身上所有的损伤部件后，应对损坏部位进行分析，以确定损伤程度和类型。车身构件的直观损坏靠目测就可查看清楚，它可分为直接损伤和间接损伤两种类型。同时还应注意损伤部位的加工硬化。

（1）直接损伤。直接损伤是由碰撞物体与车身钢板直接接触而造成的，它通常以擦伤、划痕或断裂的形式出现。在所有损伤中，直接损伤通常只占一小部分，但在修理时却需要花费很多时间。

（2）间接损伤。间接损伤是由直接损伤引起的，主要有折损、挤缩等形式。

大多数碰撞都会同时造成直接和间接这两种损伤，并且大部分都是间接损伤。各种构件所形成的间接损伤没有本质区别，所以可采用一些基本的方法来修理大多数车身，只是由于受损部位的尺寸、硬度和位置的不同，所用的修理工具也有所不同。

只要将金属板塑性变形，就会产生加工硬化。当车身钢板在制造厂加工成形时，以及当它受到损坏变形时，都会产生加工硬化。

钢板受力稍微弯曲（弹性变形），外力消失后钢板可恢复到原来的形状。但如果外力较大，使弯曲超过了弹性极限，则钢板将产生折损（塑性变形）。在折损部位会出现加工硬化现象，此部位硬度较高。在对此折损进行修复时，应使折损部位再次通过塑性变形，才能把钢板修复平整。如操作不当，不但原先的折损无法平整，还会在原有折损部位的旁边出现新的折损。

汽车上的钢板构件在受到碰撞时，所发生的变形不会都是折损，有些部位只是弯曲状的弹性变形。折损部位会加重加工硬化的程度，而本身又是塑性变形，所以这些部位才是首先需要修整的，并且是修复作业中主要的修整对象。对于弯曲状弹性变形部位，当约束力消除后，钢板能够基本恢复到原来的形状。也就是说，当把一块钣金件上的所有折损变形修复后，其他弹性变形部位会自动恢复。

在钣金修理作业中，应充分利用这一特点，使整个修复作业既快速，效果又好。所以在个体修复损伤之前，了解这些部位，对于确定正确的修理方法有着非常重要的作用。

第二章
手工修复工艺

第一节　手工修复常用工具

1. 手动工具

（1）钣金锤。

a. 整平锤。外板整形的主要工具。锤头有圆有方，锤面平整，略有弧度，用于整平外板（图 2-1-1）。

图 2-1-1　整平锤

b. 尖嘴锤。又叫"镐锤""鹤嘴锤"，一端锤头细长，呈鹤嘴状，用于精细修复外板上的小凸起（图 2-1-2）。

c. 收缩锤。锤面呈锯齿状，敲到铁板上会留下细小的点痕，可有效控制整平过程中产生的金属延展（图 2-1-3）。

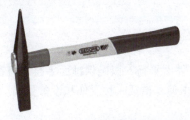

图 2-1-2　尖嘴锤

图 2-1-3　收缩锤

d. 橡胶锤。橡胶制锤头，配合不同重量的锤头可用于金属外板及结构件的整形（图 2-1-4）。

e. 木锤。轻质木质锤头，在外板整平时可有效抑制金属延展（图 2-1-5）。

图 2-1-4　橡胶锤　　　　　　　　　图 2-1-5　木锤

f. 钣金锤的使用方法。

钣金锤手柄的选择：多数钣金锤在购买时就已安装了手柄，如自己选择并安装手柄，应注意手柄的粗细要和锤头的大小相适应，锤头中心线要与锤柄中心线垂直，并且锤柄的最大椭圆直径方向要与锤头中心线方向一致。

钣金锤的握法如下。

- 紧握法：5个手指紧握锤柄，拇指合在食指上，虎口对准锤头方向（木柄椭圆的长轴方向），木柄尾端露出 15～30mm。在敲击和挥锤过程中，5 根手指始终紧握锤柄。
- 松握法：只有拇指和食指始终握紧锤柄，其余 3 指在挥锤时，按小指、无名指、中指顺序依次放松；在敲击时，又以相反的次序收拢握紧，这种方法的优点是手不易疲劳，且产生的敲击力较大。

注意事项：

手握锤柄的位置不要太靠近锤头，而要尽量靠近手柄的末端，因为这样打击时才会更省力、更灵活。

g. 挥锤方法。在实际操作中，根据对加工工件锤击力量的不同要求，挥锤方法有 3 种。

- 腕挥：挥锤时仅用手腕的动作来进行锤击运动，锤击力小。采用紧握法握锤，一般应用于需求锤击力较小的加工工件。
- 肘挥：挥锤时手腕与肘部一起挥动完成锤击运动，敲击力较大。采用松握法握锤，这是一种常用的挥锤方法。
- 臂挥：挥锤时腕、肘和臂联合动作，锤头要过耳背，锤击力最大。适用于需要大锤击力的工作。这种方法费力大，较难掌握

注意事项：

使用钣金锤时，眼睛要注视工作物，锤头面要和工件面平行，以确保锤面平整地打在工件上，不得歪斜，避免破坏工件表面形状，也防止锤子击偏，造成人员受伤和设备受损。

h. 使用钣金锤时的注意要点。

● 使用前要保证锤面及手柄上无油污，以防止在使用过程中锤子从手中滑脱，造成伤人损物的事故。

● 使用前要检查手柄安装是否牢固，有无开裂现象，以防止锤头脱出造成事故。

注意事项如下。

● 如锤头松动，可用楔子塞牢；如手柄开裂或断裂，应立即更换新的手柄，禁止继续使用。

● 使用外表已损坏了的锤子非常危险，当敲击时，锤子上的金属可能会飞出并造成事故。

（2）垫铁。垫铁与各种钣金锤配合使用，在敲击时给钢板提供支撑，也可从背面对钢板进行整形（图2-1-6）。

图 2-1-6　垫铁

❶ 通用顶铁。通用顶铁也叫万能顶铁，可以用来粗加工挡泥板的拱起部分和车身的相同形状表面；矫正挡泥板凸缘、装饰条和轮缘；修正焊接区。

❷ 馒头形顶铁。馒头形顶铁的质量大，很容易控制在平面金属板上，常用来使金属板减薄和使薄的金属板收缩。可以用来对车门内侧、发动机罩、挡泥板的平面和拱起面以及柱杆顶面进行钣金加工。

❸ 足跟形顶铁。足跟形顶铁因形状像足跟而得名。用来在钣金件上形成较大形状的凸起，校直高拱起或低拱起的金属板、长形结构件和平面钣金件。

❹ 足尖形顶铁。足尖形顶铁是一种专门设计的组合平面顶铁，用来收缩车门板、挡泥板裙板、柱杆顶部和汽车各种盖板，也可以用来在挡泥板的底部形成卷板和凸缘。该顶铁的一个面非常平而另一个面微微拱起，特别适合于加工还没有精加工过的金属钣金件。

❺ 卷边顶铁。卷边顶铁用来形成各种大小的卷边。顶铁较大的一端用来形成大而宽的卷边，而小的一端用来形成较窄的卷边。有时也可以用它在薄金属板上形成小的凹痕。

❻ 楔形顶铁。楔形顶铁也叫逗号顶铁，用来在柱杆顶部和宽的挡泥板凸缘上产生拱起，也可以用来加工与支架或其他车身内部构件形成一个封闭结构的钣金件；在柱杆顶部粗加工出一些小的凹痕，特别是在顶盖梁和横杆后部，以及在车身其他地方产生皱褶等。

❼ 顶铁的使用方法。拿顶铁的时候不要只握在手里，要手掌整体包住顶铁，掌心起支撑作用。在面板的背面支撑顶铁后，用钣金锤从正面敲打。

顶铁的使用可分为偏托法和正托法两种（图2-1-7）。

偏托法是直接用顶铁抵住最大凹陷处，使钣金锤敲击凹陷周围产生隆起变形，即深入浅出地由最大凹凸变形处开始敲平。用偏托法修整平面，一般不会造成钣金件伸展，因为顶铁击打的是板料正面的凹陷处，而锤子击打的则是板料正面的鼓凸部位。

当局部凹凸变形被修平至一定程度时，应改用正托法进一步敲平。正托法是将顶铁直接顶在板料背面不平的位置上，同时用锤子将顶铁位置正面敲平。由于锤子的敲击作用会使顶铁发生轻度回弹，在用锤子敲击的同时顶铁也将击打板料。此时，顶铁垫靠得越紧，则展平的效果也越好。

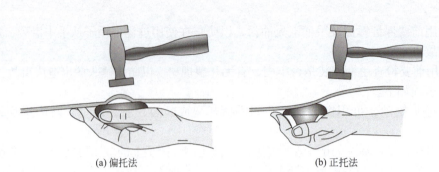

(a) 偏托法　　　　　　　　　(b) 正托法

图 2-1-7　顶铁的使用类型

所用的顶铁断面形状应与被修整面板形状吻合。顶铁敲击工序如图 2-1-8 所示。

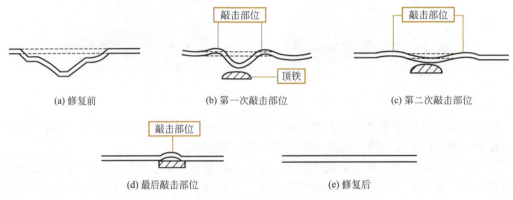

(a) 修复前　　　　(b) 第一次敲击部位　　　　(c) 第二次敲击部位

(d) 最后敲击部位　　　　　　(e) 修复后

图 2-1-8　顶铁敲击工序

（3）划针。可在金属板上划出"标记"。在修复筋线之前，先用划针做好标记，这样修复出的筋线就不会"跑偏"了（图 2-1-9）。

（4）打板。用于修复筋线部位，修出来的筋线又直又板（图 2-1-10）。

图 2-1-9　划针　　　　　　　　图 2-1-10　打板

（5）直尺。判断出钢板表面是否平整（图 2-1-11）。

图 2-1-11　直尺

（6）匙形铁。匙形铁，也叫修平刀，是一种非常有用的车身修整工具，有时用作锤子，有时用作顶铁。如修整表面空间受到限制，不易使用顶铁时，匙形铁就可以代替顶铁。匙形铁有很多种形状和尺寸，以满足各种不同形状车身钣金件的需要（图 2-1-12）。

（7）撬棍。撬棍是用来通过车身的某些洞口或者缝隙伸进狭窄的空间，把凹陷撬平的工具，它有不同的长度和形状，把手一般是 U 形的（图 2-1-13）。

损坏的车身钣金件已经经过矫正、拉直等粗加工后，如果表面仍存在一些小的不规则的麻点或小凹点，用常规的手动加工工具如镐锤不能去除时，应选用撬棍进行精加工。

图 2-1-12　匙形铁

图 2-1-13　撬棍

（8）车身锉刀。车身锉刀是用来修整锤、顶铁、修平刀等钣金工具作业留下来的凸凹不平痕迹的钣金专用工具。它与锉削金属件的一般锉刀是有区别的。车身锉刀只与凸起金属材料接触，适用于对加工后较粗糙的表面进行光洁处理作业。另外，利用车身锉刀还可以检验钣金平面修复是否平整。在撞伤钣金件已经被粗加工后，可轻轻地使用车身锉刀，目的不是锉掉金属，而是通过锉痕找出不平处的位置，显露出钣金件上需要再加以敲击的小的凸点和凹点，以便再用手锤和顶铁来修复使其平整。

经锉刀加工后，再进行砂轮的最终打磨，就可以完成金属精加工的全部工作（图 2-1-14）。

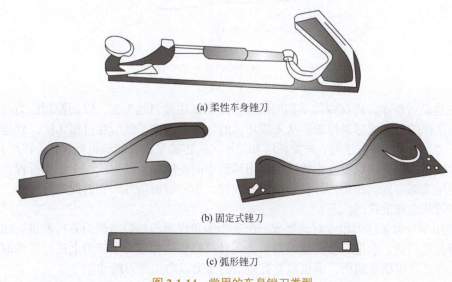

(a) 柔性车身锉刀

(b) 固定式锉刀

(c) 弧形锉刀

图 2-1-14　常用的车身锉刀类型

❶ 柔性车身锉刀：撞伤钣金件粗加工和矫正工作完毕后，可以用柔性车身锉刀使钣金件上需加工的凹凸点显露出来。无论板面是平面或是凹凸面，柔性把柄都可以调整锉片的弯曲度，让锉的形状更好地配合板面的形状。但是不要让锉片过度弯曲，防止把锉片折断。调整

锉片前，应首先松开把柄上的固定螺钉；调整完毕后，再拧紧它。

❷ 固定式锉刀：该锉刀是锉平金属板的理想工具。

❸ 弧形锉刀：也称为曲面锉刀，用来修整尖的隆起面、折边和装饰条的平直程度。

> **注意：**
>
> 禁止使用锉刀去撬或击打物体，因为锉刀所用的钢较硬，非常容易被击碎。

车身锉刀的使用方法如下。

❶ 敲平作业过程中，对稍大一点的凹凸检查起来比较直观，但当作业接近完成时，则需要借助锉刀来检查不平部位之所在。使用锉刀的目的在于检验而并非将板面修平，旨在通过锉刀滑过时产生的痕迹（俗称撞一下），来显示板面的实际凹凸状况（如图 2-1-15 所示，表面留有锉痕的部位为凸点，无锉痕的部位则为凹陷）。然后再用平锤或风镐等工具修平。

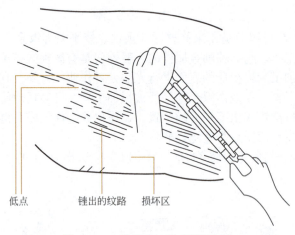

图 2-1-15　使用锉刀检查不平部位

❷ 在锉的过程中，应该握住手柄向前推。用手握住锉刀的头部，以便控制压力的大小和方向。每次锉的行程应尽量拉长。从未损坏区的一边开始挫，然后穿过损坏区，到达未损坏区的另一边。采用这种方法时，未损坏区和损坏区的正确平面都能够得到保持。锉削开始时，锉刀的前端起作用，然后使锉齿的锉削作用移到中间或尾端，就形成一个工作行程，使锉齿从前端到尾端都有锉削作用，行程要长而有规律，不可短而杂乱。在返回的行程中，用手柄将车身锉刀从金属上拉回。

❸ 使用车身钣金锉刀作业时，要成一个适当的角度而不是顺着锉刀直行前进。如果顺着锉刀直行前进的话，会把钣金面锉出凹痕。而且仅轻轻施加压力于锉刀上进行推锉即可，太重的压力将过度锉削金属面，但也需要有适当的压力以防止锉刀跳动。

❹ 检查弧形板面时，最好使用可调柔性锉刀，因为这种类型的柔性锉刀压到弧形板面上时，可通过调整使两端留有一定间隙，给操作带来很大方便。

❺ 当锉一个很平坦的部位时，将锉刀与推进方向成 30°角水平地推，也可将锉平放、沿着 30°斜角的方向推（图 2-1-16）。

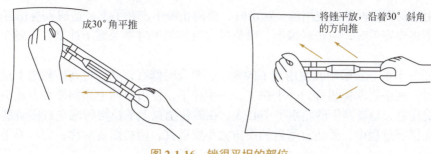

图 2-1-16　锉很平坦的部位

❻在隆起的金属板上，应将锉刀平放，并沿着变平的凸起处平推，或者沿着凸起处最平坦的方向平放，以 30° 或更小的角度向一边推（图 2-1-17）。

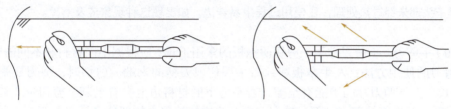

图 2-1-17　在隆起板面上用车身锉刀

（9）冲头和錾子。冲头和錾子是钣金维修人员常备的工具，十分有用。

❶冲头。冲头用于造型和起出零件和校准零件等操作。根据任务不同，形状也不同。

扁冲可以与锤子配合使用，在车身钣金件和车架上重新成形凸缘、凸起、直线边缘和弯折等。

尖头冲头，也叫样冲，用于开始冲出一个孔痕或对部件做记号，冲出的凹痕将引导钻孔位置。

起始冲头，有一个渐细的冲杆，可以将销钉、轴和杆推出孔外。

起出冲头，冲杆是直的，常与起始冲头一起使用。工作时先用起始冲头，再用起出冲头，将把杆、轴等完全冲出孔外。

校准冲头，冲杆长而渐细，用于对准车身板和其他部件。

❷錾子。錾子用于某些手工切削操作，如削去铆钉头或分割金属板料。常用的錾子有平头冷錾、狭錾、菱形錾和圆头錾。

汽车钣金维修上最常用的是扁冲和扁錾，其形状没有太大的区别，一般认为刃口锋利的为錾子，刃口钝的为扁冲。

錾子的使用如下。

❶錾子的握法随錾削工件不同而不同，一般有 3 种握法。

a. 正握法：手的腕部伸直，拇指和食指自然接触，松紧适当，用中指、无名指握住錾子，小指自然合拢，錾子头部伸出约 20mm。这种握法适合于錾削平面。

b. 反握法：手心向上，左手拇指、中指握住錾子，食指抵住錾身，无名指、中指自然接触。这种握法适合于錾削小平面和侧面。

c. 立握法：左手拇指与食指捏住錾子，中指、无名指和小指轻轻扶持錾子。这种握法适合于垂直錾削，如在铁砧上錾断材料等。

❷使用錾子时的注意要点如下。

a. 使用时要握稳握平，使用锤子锤击时，要防止锤子击在手上，造成人身伤害。

b. 錾削将要完工时，应轻轻敲击，以免阻力突然消失时手及錾子冲出去，碰在工件上把手划破。

❸ 錾子的刃磨。新锻制或使用钝了的錾子，要及时修磨锋利，可在砂轮机上进行修磨。

修磨时，两手要拿稳錾身，一手在上，一手在下，使刃口向上倾斜靠在砂轮上，轻加压力的同时要注意刃口要高于砂轮水平中心线，在砂轮全宽上平稳均匀地左右移动錾身。

錾子在修磨过程中，要注意磨后的楔角大小要适宜，两刃面要对称，刃口要平直，刃面宽 2 ～ 3mm。

注意事项：

錾子头部未经过热处理，在使用过程中易卷边，如出现这种现象应及磨掉。

（10）手剪刀。手剪刀是手工剪切薄钢板的常用工具，应根据不同材料和不同需要选择。

手剪刀的使用方法：左手拿板料，右手握住剪刀柄的末端。剪切时，剪刀要张开大约 2/3 刀刃长。上下两刀片间不能有空隙，否则剪下的材料边上会有毛刺。剪切长或宽板材料的长直线时，必须将被剪去的部分放在左面，这样使被剪去的部分容易向上弯曲。剪切短料直线时，被剪去的那一部分，一般都放在剪刀的右面（图 2-1-18）。

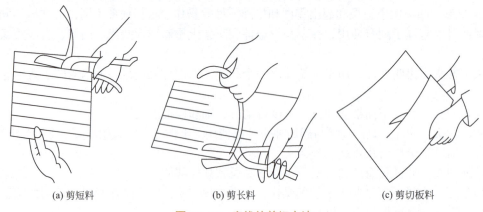

(a) 剪短料　　　(b) 剪长料　　　(c) 剪切板料

图 2-1-18　直线的剪切方法

（11）铆枪。

❶ 铆接是车身维修作业不可缺少的工艺，特别是在铝车身钣金维修中。

❷ 铆接时，先将铆钉组件插入被连接的工件通孔中，然后用铆枪将外伸的铆钉杆拉断，铆接即成功。

（12）拉拔工具。对于密封型车身面板的凹陷，无法利用现成的孔洞使用撬棍撬起时，可采用凹陷拉拔器或拉杆进行修理，此时需在表面褶皱处钻孔，拉拔器的顶端呈螺纹尖端形式或呈钩状形式。螺纹尖端可以旋紧在孔中，利用套在杆中部的冲击锤向外冲击手柄端面，同时向外拉手柄，可以慢慢拉起凹点（图 2-1-19）。利用拉杆也可以修复凹坑。将拉杆的弯钩插入所钻的孔，钩住凹坑两侧向外提拉，视具体情况在周围轻轻锤击，将凹坑拉起，同时敲打其隆起点。使用钣金吸盘可及时修复凹坑。

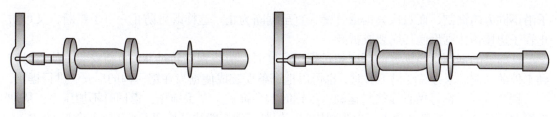

图 2-1-19　用拉拔器拉平凹坑

（13）锯割工具。目前钣金件修理中多使用可调式锯弓。锯弓可分为两段，前段可在后端中伸出或缩入，可安装不同长度的锯条，通常为 200mm、250mm 和 300mm 三种规格（图 2-1-20）。

图 2-1-20　锯割工具

锯割工具的使用如下。

❶ 锯条的安装。安装锯条时，锯齿的齿尖要朝前，这样安装会使操作方便且工作平稳，因为在实际锯割操作中是推锯割作用。

安装锯条时不宜装得过紧或太松：太紧则受力大，若用力不当则锯条易折断；过松则锯条易扭曲折断，且锯缝易偏斜。

> **注意事项：**
>
> 安装锯条后，要保证锯条平面与锯弓中心平面平行，不得倾斜和扭曲，否则锯割时极易歪斜。

❷ 手锯的使用。

手锯的握法：右手满握锯柄，左手轻扶锯弓前端。

锯割姿势：锯割姿势与锉削姿势基本相似。

锯割时的起锯：起锯很重要，一般用左手拇指指甲靠稳锯条，以防止锯条滑动。同时，起锯角度小于 15°，若起锯角度过大，锯齿易崩碎，但起锯角度也不易太小，否则不易切入材料。

各种材料的锯割方法如下。

a. 薄板材的锯割：锯割薄板材时易发生弯曲和抖动。锯割时应尽可能从宽面上锯下去。

> **注意事项：**
>
> 当只能在板材的窄面上锯下去时，可用两块木板把板料夹在中间，连同木板一起锯开。这样既可增加板材刚度，不抖动，又可防止锯齿断落。

b. 管子的锯割：必须把管子夹正，锯割时不能在一个方向上一次锯断，而应多次转动管子沿不同方向锯割，而每次只锯透管壁，直至锯断为止。这样既可防止一下子锯断，又可防止管子边棱钩住锯齿使其崩裂或折断。

c.深缝的锯割：当锯缝的深度超过锯弓高度时，应将锯条转过90°重新安装，使锯弓转到工件的一侧。锯弓高度仍不够时，也可以把锯条安装成使锯齿在锯弓内的形式，进行锯割。

锯割过程：锯弓做直线往复运动，推锯时右手推进，左手施压，返回时不加压力，从加工面上轻轻滑过。锯割过程中压力小而均匀，锯割行程一般往复长度不小于锯条全长的2/3。

当工件快要锯断时，握锯施压要轻，速度要慢，行程要小，并用手扶住工件即将掉下来的部分。

❸ 手锯使用的注意要点。

a.使用手锯锯割工件时，一定要保证工件固定牢固且锯条安装必须正确，防止折断锯条或锯缝线歪斜。

b.起锯角度要正确，姿势要自然正确。

c.锯割钢件时，可以加些机油，以减少摩擦和冷却锯条，从而延长锯条的使用寿命。

d.当快要锯断工件时，速度要慢，压力要轻，并用左手扶住将被锯断即将落下的部分。

e.锯割时，思想要集中，防止锯条折断，从锯弓中弹出伤人。

（14）线凿。也称扁铲、剁印，主要用作车身冲压线的成形、修复。常见的有曲线形凿、直线形凿、弧形凿以及"7"字形凿等。目前主要用于车身线的修理。

直线凿：端面较宽，呈直线状，主要用于平直的车身线修理。

曲线凿：也称圆线凿，主要用于弯曲车身线的修理。

手动工具的安全操作如下。

❶ 请勿将手动工具做任何非设计规定的用途。

❷ 手动工具应保持清洁和良好的工作状况。

❸ 操作手动工具时用拉而不是推的动作。如果不得不采用推的动作时，应伸开五指，用手掌推动。

❹ 不要同时打开多个工具柜抽屉。盛满工具的工具柜非常重，容易造成工具柜倾翻。

❺ 手动工具在使用前应检查是否存在裂纹、碎片、毛刺、断齿或其他情况。

❻ 在进行任何操作时都不要把尖锐的手动工具放到衣兜里，以免刺伤自己或损坏车辆。

❼ 将所有零件和工具整齐、正确地存放在指定位置，保证其他工作人员不会被绊倒，同时还能缩短寻找零件或工具的时间。

2. 气动工具

气动工具是汽车维修行业中应用最为广泛的工具。

（1）气动扳手。气动扳手有两种基本的形式，即一般气动扳手和气动棘轮扳手（图2-1-21）。

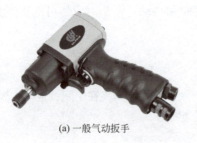

(a) 一般气动扳手　　　　(b) 气动棘轮扳手

图 2-1-21　气动扳手类型

(2)气动钻。气动钻是用压缩空气作为动力来驱动马达旋转达到钻孔目的的。要切开焊点时,可以加上专门用来去除焊点的气动钻附件,如图2-1-22所示,使用时气动钻应固定在焊接的地方,利用钻头将焊点切除。

(3)气动旋具。即气动螺丝刀,可用于各种螺钉的旋紧(图2-1-23)。

图 2-1-22　去焊点的气动钻　　　　　　图 2-1-23　气动旋具

(4)气动打磨机。气动打磨机一般用于金属磨削、切割,油漆层的去除,腻子层的打磨等工作。气动打磨机有盘式打磨机、轨道式打磨机及砂带机等(图2-1-24)。盘式打磨机又有复合作用打磨机与单一运动盘式打磨机两个类型,适用于粗打磨。轨道式打磨机用于精加工。当要打磨窄小的位置时,可以用砂带机。

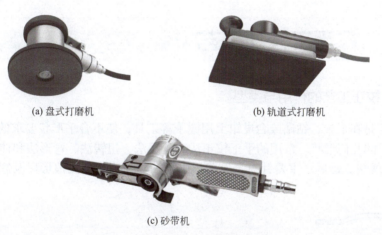

图 2-1-24　气动打磨机

气动打磨机的使用方法。正确的打磨方法,应该使砂轮片的1/3表面与被加工表面接触,其研磨效果最好。因为砂轮片与研磨面接触角度过大时,则砂轮片仅有小部分与金属板发生强力研削,将留下粗糙的加工面;当砂轮片与研磨面平行接触时,又会因研磨阻力大而造成动作不稳,将留下凹凸不平的加工面。

❶ 右手抓住打磨机前面的把手,左手抓住后面的把手,启动开关。

❷ 在金属表面开始打磨。

❸ 砂轮片经研磨作业而使外侧磨料逐渐脱落,脱落后可采用适当方法去掉外侧磨损部分,减少砂轮片的尺寸后继续使用。此外,在研磨小的凹坑处或带孔部位时,可使砂轮片沿八角形轨迹运动。

(5)气动切割锯和气动剪,两者都用于切割钣金件(图2-1-25)。

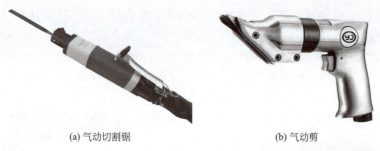

(a) 气动切割锯　　　　　　　(b) 气动剪

图 2-1-25　气动切割锯和气动剪

（6）气动砂轮。气动砂轮用于粗磨金属表面或者切割钣金件（图 2-1-26）。

图 2-1-26　气动砂轮

第二节　手工校正工艺

1. 手工校正工艺的作用与类型

手工校正是在平板、钻砧或台虎钳上用锤子等工具，使不合乎形状要求的钣金件达到技术要求所规定的几何形状。常用的手工校正法有延展法、扭转法、弯形法和伸张法。

（1）延展法。延展法主要针对金属薄板中部凹凸而边缘呈波浪形以及翘曲等变形的情形（图 2-2-1）。

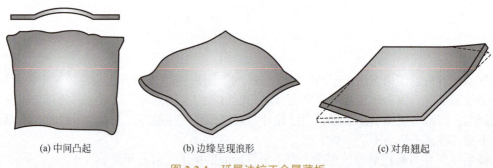

(a) 中间凸起　　　　　(b) 边缘呈现浪形　　　　　(c) 对角翘起

图 2-2-1　延展法校正金属薄板

（2）扭转法。扭转法用于校正条料扭曲变形，如扁钢或角钢扭曲变形。操作时将条料夹持在台虎钳上，用扳手把条料扭转到原来形状（图 2-2-2）。

（3）弯形法。弯形法用于校正各种弯曲的棒料和在宽度方向上弯曲的条料。直径较小的棒料和薄条料，可夹持在台虎钳上用扳手校正；直径大的棒料和较厚的条料，则用压力机机械校正。

（4）伸张法。伸张法用于校正各种细长线材，如图2-2-3所示。其方法比较简单，只要将线材一头固定，然后从固定处开始，将弯曲线材绕圆木一周，紧捏圆木向后拉，使线材在拉力作用下绕过圆木得到校直。

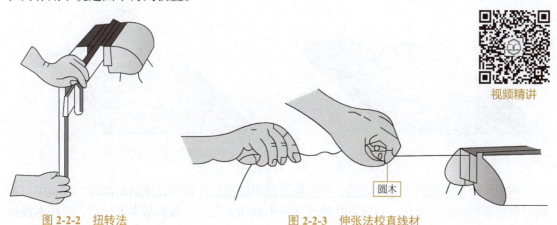

视频精讲

图 2-2-2　扭转法　　　　　　图 2-2-3　伸张法校直线材

2. 手工校正工艺的应用

（1）凸鼓面的校正。

步骤1：将板料凸面向上放在平台上，左手按住板料，右手握锤。

步骤2：敲击应由板料四周边缘开始，逐渐向凸鼓面中心靠拢（图2-2-4）。

步骤3：板料基本校正后，再用木锤进行一次调整性敲击，以使整个组织舒展均匀。

（2）边缘翘曲的校正。

步骤1：将边缘呈波浪形的板料放在平台上，左手按住板料，右手握锤。

步骤2：敲击由板料中间开始，逐渐向四周扩散（图2-2-5）。

步骤3：板料基本校正后，再用木锤进行一次调整性敲击，以使整个组织舒展均匀。

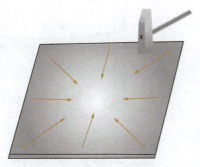

图 2-2-4　凸鼓面的校正　　　　　　图 2-2-5　边缘翘曲的校正

（3）对角翘曲的校正。

步骤1：将翘曲板料放在平台上，左手按住板料，右手握锤。

步骤2：先沿着没有翘曲的对角线开始敲击，依次向两侧伸展，使其延伸而校正（图2-2-6）。

步骤3：板料基本校正后，再用木锤进行一次调整性敲击，以使整个组织舒展均匀。

（4）板料的拍打校正。若薄板料有微小扭曲时，可采用拍板拍打校正。取长度不小于400mm、宽度不小于40mm、厚度为3～5mm的拍板，在板料上拍打，使板料凸起部分受压缩，张紧部分受拉伸长，从而达到校正的目的（图2-2-7）。

图2-2-6　对角翘曲的校正

图2-2-7　板料的拍打校正

薄板的校正难度较大。校正前，要分析并判明薄板的纤维伸长或缩短部位。校正中，要随时观察板料的形状变化，有针对性地改变锤击点和力度。当板料基本敲平后，再用木锤做一次性调整性敲击，使整个板面纤维舒展均匀。校正后，用手按板料各处，若不发生弹动，说明板料已与平台贴紧、校平。

（5）曲面凸鼓变形的校正。首先使锤与顶铁中心对正，然后进行敲击修整。握锤的手不宜过紧，以手腕的力量敲击。敲击速度以100次/min为宜（图2-2-8）。

（6）曲面凹陷变形的校正。顶铁应放在稍偏于锤击处，锤击点为凸凹不平表面的较高部位。这样可使钢板在顶铁与锤击点中间处受到作用力（图2-2-9）。

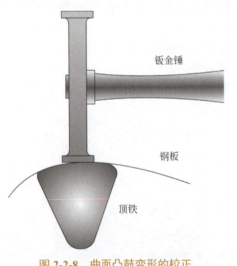

图2-2-8　曲面凸鼓变形的校正

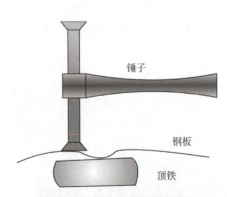

图2-2-9　曲面凹陷变形的校正

（7）大凹面的校正。首先可用喷灯将凹面中间部位加热至粉红色的炽热状态，然后在中间部位下侧以顶铁顶起，从而使原来的凹陷得到初步复位。再用锤和顶铁相互配合将四周变高的部分逐渐敲平，恢复原来的几何形状（图2-2-10）。

（8）大曲率表面的校正。修整如翼子板、挡泥板等表面曲率较大的部位（高凸面）时，可先用火焰加热，然后用顶铁顶起，最后锤击敲平，达到原来的外形形状（图2-2-11）。

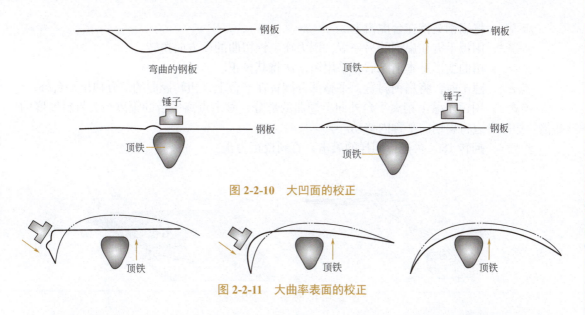

图 2-2-10 大凹面的校正

图 2-2-11 大曲率表面的校正

（9）小凹痕的校正。用鹤嘴锤的尖头把凹陷处从里往外锤平。用撬棍伸进狭窄的空间，把凹陷撬平。此法一般用来撬平车门、后翼子板和其他封闭式车身板的凹陷（图 2-2-12）。

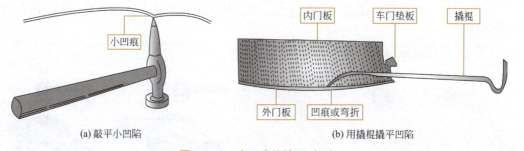

(a) 敲平小凹陷　　　　　　　　(b) 用撬棍撬平凹陷

图 2-2-12 小凹痕的校正（一）

用凹陷拉拔器将凹陷拉平，主要用于封闭型车身板或从后面无法接近的皱褶（图 2-2-13）。用拉拔杆将凹陷拉平，采用敲打和拉拔的方式使凸起部位降低、凹陷部位上升。

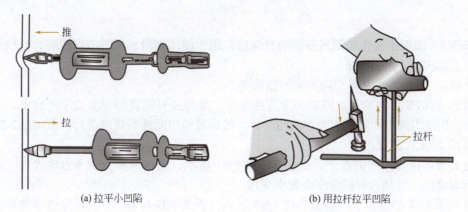

(a) 拉平小凹陷　　　　　　　　(b) 用拉杆拉平凹陷

图 2-2-13 小凹痕的校正（二）

（10）扁钢扭曲的校正（图 2-2-14）。

步骤1：将扁钢夹持在台虎钳上。
步骤2：用扳手夹住扁钢的另一端，用力往扁钢扭曲的反方向扭转。
步骤3：扭曲变形基本消除后，采用锤击法将其校正。
步骤4：锤击时，将扁钢斜置，平整部分搁置在平台上，扭转翘曲的部分伸出平台外。
步骤5：用锤子敲击稍离平台外向上翘曲的部分，敲击点离平台的距离约为板料厚度的2倍，边敲击边将扁钢向平台内移动。
步骤6：翻转180°再进行同样的敲击，直到校正为止。

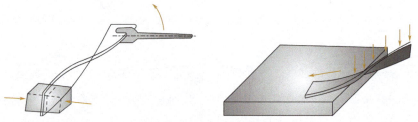

图 2-2-14　扁钢扭曲的校正

（11）角钢的变形与校正（图 2-2-15）。
步骤1：将外弯角钢和内弯角钢放在圆筒铁砧或带孔的平台上。
步骤2：对外弯角钢，锤击两直角边的边缘，从边缘往里锤击；对内弯角钢，锤击两直角边的根部。
步骤3：将扭曲角钢的一端夹紧在台虎钳上。

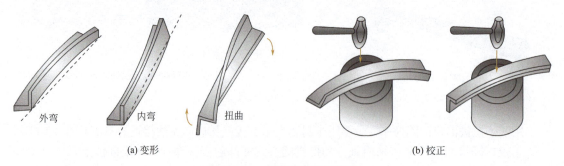

(a) 变形　　　　　　　　　　　　　　(b) 校正

图 2-2-15　角钢的变形与校正

步骤4：用扳手夹住角钢另一端的直角边，用力使角钢沿相反的方向扭转，并稍微超过角钢的正常状态（图 2-2-16）。
步骤5：反复几次基本消除角钢的扭曲变形。

（12）圆钢变形的校正。圆钢多为弯曲变形，其校正只需将圆钢放置于平台上，使凸起处向上，用适当的中间锤置于圆钢的凸起处，然后敲击中间锤的顶部进行校正（图 2-2-17）。

（13）焊接件的校正。

❶ L形焊接件角度的校正。如图 2-2-18（a）所示，为由两根角钢垂直地焊在一起构成的L形焊接件，冷却后焊接角度会发生变化。

❷ 矩形框架的校正。如图 2-2-18（b）所示，框架 AD 与 BC 边出现双边弯曲现象时，可将框架立于平台上，外弯边 AD 朝上，BC 边两端垫上垫板，锤击凸起点 E，如果四边都略有弯曲，可分别向外或向内锤击凸起处。

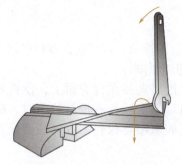

图 2-2-16 角钢的变形与校正

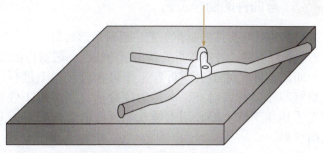

图 2-2-17 圆钢变形的校正

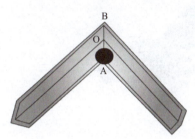

(a) L形焊接件角度的校正

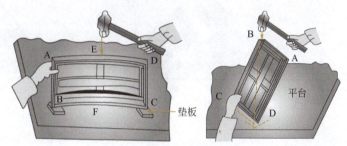

(b) 矩形框架的校正

图 2-2-18 焊接件的校正

第三节　手工制作工艺

1. 弯曲的作用和类型

手工弯曲是借助手工夹具和垫块，通过手工操作弯曲板料，使板料弯曲成模型。
板料弯曲是钣金成形基本操作工艺，弯曲成形一般有两种，即角形弯折和弧形弯曲。

2. 弯曲件展开长度的计算

弯曲件展开长度尺寸等于其各直线部分长度与圆弧部分长度尺寸之和（图 2-3-1）。

（1）展开尺寸的计算。

$$L = L_1 + L_2 + L_3$$

式中　L_1，L_3——直线部分长度，mm；
　　　L_2——圆弧部分长度，mm。

（2）中性层弧长 L_2 的计算。

$$L_2 = \frac{\pi \varphi}{180°}(R + x_0 t)$$

式中　x_0——中性层位置系数；
　　　R——弯曲半径，mm；
　　　t——材料厚度，mm；
　　　φ——弯曲角度，(°)。

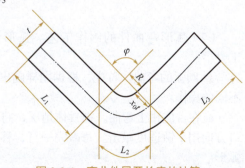

图 2-3-1 弯曲件展开长度的计算

3. 弯曲件的制作工艺

(1) 角形弯折件的制作工艺。板料角形弯折后会出现平直的棱角。弯折前，板料根据零件形状画线下料，并在弯折处画出折弯线，一般折弯线画在折角内侧。

如果零件尺寸不大，折弯工作可在台虎钳上进行，将板料夹持在台虎钳上，使折弯线恰好与钳口衬铁对齐，夹持力度合适。当弯折工件在钳口以上较长或板料较薄时，应用左手压住工件上部，用木锤在靠近弯曲部位轻轻敲打，如果敲打板料上方，易使板料翘曲变形。

❶ 弯 Z 形件（图 2-3-2）。

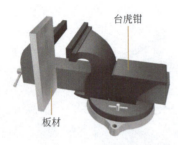

图 2-3-2 弯 Z 形件

❷ 弯凸形件（图 2-3-3）。

视频精讲

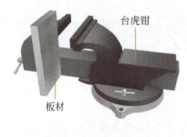

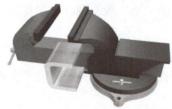

图 2-3-3 弯凸形件

(2) 弧形弯曲件的制作工艺。弧形件的弯曲是将板料按图样要求弯成圆弧或圆筒形工件。

❶ 圆弧的弯曲。首先，根据图样画出圆弧件，展开并下料，视使用的器具不同，有两种不同的操作。

a. 在台虎钳上弯曲。视具体情况，将钳口张开到适当位置，将板料置于钳口上，沿着钳口方向用手锤适度敲击。每敲完一行，移动一下板料进行下一行敲击，依次使板料逐渐成为弧形。

b. 在圆钢上弯曲。将板料置于圆钢上，沿轴向用木锤敲击法使板料一行一行依次弯成圆弧形。此方法适用于轴向尺寸较大的圆弧件弯曲（图2-3-4）。

图 2-3-4　弯制圆弧

❷圆筒的弯曲。在圆钢上弯制圆筒，应先打直头，打直头时应使板边与圆钢平行放置，再敲击，对于薄板可用木锤逐步向内敲击，当接口重合时，立即以点固焊，焊后再修圆（图2-3-5）。

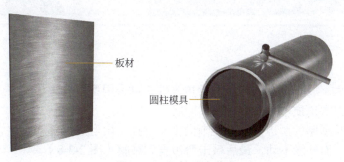

图 2-3-5　圆筒的弯曲

　　在台虎钳上弯制圆筒，按圆筒展开图下料，先将板料两端敲成1/4圆（此时，板料中部仍为平面），然后将工件置于台虎钳钳口上，沿着钳口方向依次敲击中部，圆筒便逐渐成形，当手锤无法在内部继续敲击时，可以放在平台上，用木锤由外面敲击或用手按压，直至接口完全对接合拢为止。

4. 放边的作用、工具与类型

　　放边是通过使工件单边延伸变薄而弯曲成形的钣金加工方法。
　　放边的常用工具有手锤、木锤、胶木锤、平台、铁砧、轨铁、顶杆、厚橡胶板和软木墩（图2-3-6）。

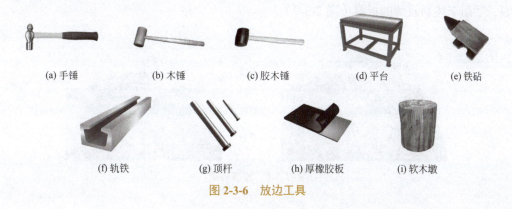

图 2-3-6　放边工具

放边常用的类型有三种：打薄放边、型胎放边和拉薄放边。

5. 放边的制作工艺

打薄放边是放边中常见的方法。通过对零件单边打薄，产生单边伸长而使零件弯曲。

一般制造凹曲线的零件，可用直角型材或直角形毛坯放在平台、铁砧或轨铁上锤放边缘，使边缘的厚度变薄，面积增大，弯边伸长，越靠近角材外边缘，锤击伸长越大，越靠近角材内边缘，锤击伸长越小，这样直线角材就能逐渐被锤放成曲线弯边的零件（图2-3-7）。

图2-3-7　打薄放边

对弯边高度大、展开量大的凹曲线弯边零件，可采用型胎放边法展放。将板材夹在型胎上，用木锤敲击顶木，顶木冲击板材使其伸展。

型胎放边应从型胎的两边开始，逐渐向中间靠拢。由弯边根部开始顶放，使平面上的材料展放成垂弯边，而外缘不动，最后敲击弯边直到贴膜（图2-3-8）。

图2-3-8　型胎放边

拉薄放边就是将坯料置于厚橡胶板或软木墩上锤打放边。

因为橡胶板或软木墩比较软并且有弹性，因此在锤放时材料被伸展拉长。该种方法加工后获得的工件厚薄均匀，表面质量较高。不足之处是锤放效果较差，在变形过程中容易产生拉裂，适用于坯料较薄的板料（图2-3-9）。

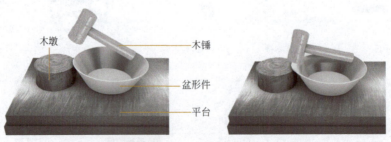

图2-3-9　拉薄放边

6. 收边的作用、工具与类型

收边是使工件单边起皱收缩弯曲成形的方法。

常用的收边类型包括起皱钳收边、起皱模收边、搂弯收边、收缩机收边。

常用工具包括手锤、木锤、胶木锤、起皱钳、起皱模、铁砧、轨铁。

7. 收边的制作工艺

收边是指角钢形零件内弯时，其内侧边缘长度必然会收缩，且产生褶皱。这时人为地将板料边缘造成褶皱波纹，使零件达到要求的曲率，然后再把褶皱处在防止延伸的情况下压平，此时材料边缘褶皱虽然被消除，但长度被缩短，厚度增加，达到了所需的形状。

起皱钳收边是用起皱钳在待弯的毛坯边缘折起若干个皱，再在铁砧或轨铁上逐个收平皱纹（图2-3-10）。

图 2-3-10　起皱钳收边

对于板料较厚的零件，可采用起皱模起皱。起皱模用硬木制成。起皱时，将零件置于起皱模上，用錾口锤起皱，锤击出波纹，并在轨铁或铁砧上敲平（图2-3-11）。

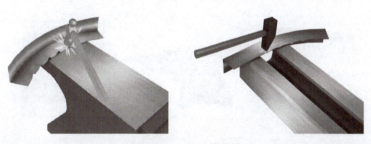

图 2-3-11　起皱模收边

对于盆形件的收边，可采用搂弯收边法成形。该种成形方法是拉收结合，以收为主，其收边效率较高，质量较好（图2-3-12）。

图 2-3-12　搂弯收边

当板料较厚时，可采用收缩机收边，当上下模相碰后，楔形斜块压紧材料向内运动，使材料纤维受压缩力的作用而变短，达到收边的目的。收缩机每分钟的收缩次数为140～150次，效率较高。缺点是容易损伤零件表面，最好是在边缘预留加工余量，收边后再将其剪除（图2-3-13）。

视频精讲

图2-3-13　收缩机收边

8. 拔缘的作用与类型

拔缘就是利用收边和放边的方法，使板料的边缘弯曲成弯边，拔缘分为内拔缘和外拔缘。拔缘按操作方法可分为自由拔缘和型胎拔缘。

9. 拔缘的制作工艺

外拔缘就是将工件外边缘弯曲。外拔缘时，圆环部分要沿中间圆的圆周径向改变位置而成为弯边，但受到其中三角形多余金属的阻碍，所以要采用收边的方法，使其外拔缘弯边增厚（图2-3-14）。

图2-3-14　外拔缘

内拔缘是指内环部分要沿外环的圆周径向改变位置而成为弯边，由于受到内孔圆周边缘的拉伸牵制，所以需采用放边的方法，使内拔缘弯边变薄。内拔缘可以增加零件的刚度，也可以作为一种表面装饰（图2-3-15）。

图2-3-15　内拔缘

型胎外拔缘前，先在板料的中心焊装定位钢套，将板料在型胎上定位。拔缘时，常采用对板料进行加热的方法，然后按自由拔缘的操作过程一次弯边成形（图2-3-16）。

对于型胎内拔缘，在材料塑性变形的极限范围内可用木锤或凸模一次冲击成形（图2-3-17）。

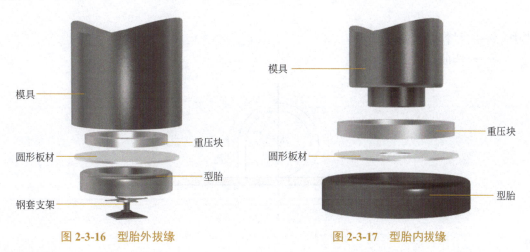

图 2-3-16　型胎外拔缘　　　　　图 2-3-17　型胎内拔缘

10. 卷边的作用与类型

在钣金加工中，常将零件边缘弯曲为卷边，以增加零件边缘的刚度和强度。卷边不但能起到增强零件刚度、强度的作用，还可以起到装饰的作用。

卷边分为夹丝卷边和空心卷边两种。

卷边的常用工具有手锤、木锤、胶木锤、手钳、平台、铁砧等（图2-3-18）。

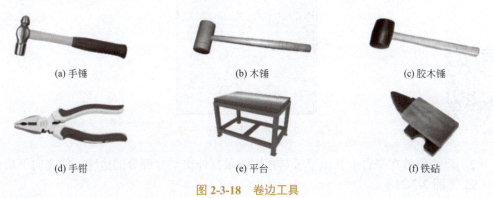

图 2-3-18　卷边工具

11. 卷边零件展开长度的计算

卷边零件的展开长度等于卷曲部分长度与直线部分长度之和（图2-3-19），其展开长度 L 为

$$L = L_1 + \frac{d}{2} + L_2$$

式中　L——卷边零件展开长度；

L_1——板料直线长度之和；
L_2——卷边部分（270°）展开长度；
d——钢丝直径。

$$L_2 = \frac{3\pi(d+t)}{4}$$

式中　t——材料厚度；
　　　d——弯曲直径。

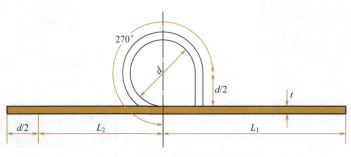

图2-3-19　卷边零件展开长度计算

12. 卷边的制作工艺

（1）按上述方法计算出卷边尺寸长度，然后在板料上画出两条卷边线，并修光毛刺（图2-3-20）。

视频精讲

图2-3-20　在板料上画出两条卷边线

（2）将板料放在平台上，压紧板料，用锤敲打伸出平台部分的边缘，使之向下弯曲成85°～95°（图2-3-21）。

图2-3-21　用锤敲打伸出平台部分的边缘

（3）再将板料向外伸，直至第二条卷边线对准平台边缘为止。在第一次敲成的初坯边缘处继续敲打，使其边缘靠上平台（图2-3-22）。

图 2-3-22　在第一次敲成的初坯边缘处继续敲打

（4）将板料翻转，使其卷边向上，轻而均匀地敲打卷边向里翻扣，使卷曲部分逐渐成圆弧形（图 2-3-23）。

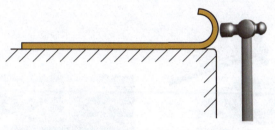

图 2-3-23　敲打卷边并使卷曲部分逐渐成圆弧形

（5）将钢丝放入卷边孔内，为防止钢丝弹出，可先将卷边两端及中间间隔地扣合，再从头至尾一次扣合。完全扣合后，轻轻敲打，使卷边紧靠钢丝（图 2-3-24）。

（6）翻转板料，使卷边接合口靠在平台的边缘，轻轻敲打，使卷边接口扣紧（图 2-3-25）。

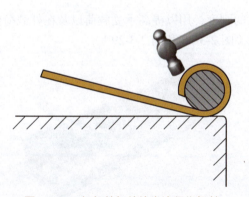

图 2-3-24　轻轻敲打并使卷边紧靠钢丝

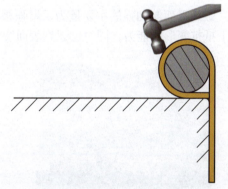

图 2-3-25　轻轻敲打并使卷边接口扣紧

13. 拱曲的作用、类型与制作工艺

拱曲就是将坯料四周起皱收边，而中间打薄锤放，将毛坯加工成半球形或其他所需形状的工艺操作。拱曲方法有顶杆拱曲和胎膜拱曲。

顶杆拱曲，首先将毛坯边缘起皱收边，成形直径应比零件直径小，使毛坯中间锤放面积尽量缩小，最后修整时再对直径部分锤放到要求尺寸，这样中间部分减薄量小。锤击时，锤击力不宜过大，要均匀稠密，且锤击位置要稍过支承点，边转动边锤击并随时用样板检查曲率（图 2-3-26）。

图 2-3-26 顶杆拱曲

胎膜拱曲是将板料放在凹形模胎上,从边缘开始向中心部分逐渐进行敲击,使板料凸起(图 2-3-27)。

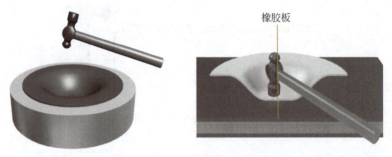

图 2-3-27 胎膜拱曲

14. 制加强筋的作用

钣金平面制加强筋主要是为了增强板壳零件的刚度,用以提高承受载荷以及在外载荷作用下抵抗变形的能力,同时也起到表面装饰作用(图 2-3-28 和图 2-3-29)。

图 2-3-28 薄材制加强筋

图 2-3-29 型材制加强筋

15. 咬缝的作用、类型与工具

将两块薄钢板的边缘或一块薄钢板的两边缘折转扣合,并彼此压紧的连接方法称为咬缝。咬缝连接方便、牢固,在钣金作业中经常采用,用来代替焊接连接(图 2-3-30)。

(1)角式咬缝:连接强度较大。

(2)平式单咬缝:既有一定强度,表面又较平滑。

(3)平式双咬缝:强度高,牢靠。

(4)立式单咬缝:制作容易,结合强度不高。

（5）立式双咬缝：咬缝较困难。
（6）匹兹堡咬缝：外表面平整、光滑、刚性好。

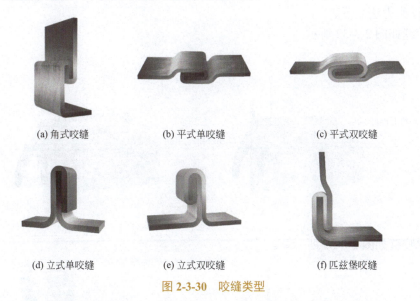

图 2-3-30　咬缝类型

咬缝常用工具有手锤、木锤、轨铁、角铁、方钢、圆钢等（图 2-3-31）。

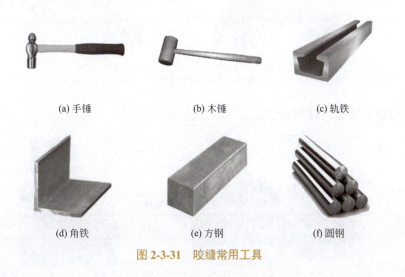

图 2-3-31　咬缝常用工具

16. 咬缝方法

（1）咬缝余量。咬缝零件下料时，要注意留出咬缝余量。咬缝余量应根据咬缝宽度和扣合层数计算。

咬缝宽度与板厚有关。一般厚度在 0.5mm 以下的板料，其咬缝宽度为 3～4mm；厚度为 0.5～1mm 的板料，咬缝宽度为 5～7mm。

扣合层数取决于咬缝结构。立式单咬缝、平式单咬缝、角式咬缝的扣合层数为 3 层。立式双咬缝、平式双咬缝的扣合层数均为 5 层。

由于 1mm 以下的板厚通常都忽略不计，所以立式单咬缝、角式单咬缝、平式单咬缝的咬缝余量的一侧为一个咬缝宽度，另一侧则为 2 个咬缝宽度。平式双咬缝、立式双咬缝的咬缝余量一侧为 2 个咬缝宽度，另一侧为 3 个咬缝宽度。

（2）操作方法如下。

角式咬缝如图 2-3-32 所示。

图 2-3-32　角式咬缝

平式单咬缝如图 2-3-33 所示。

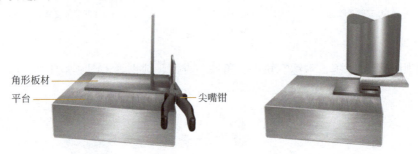

图 2-3-33　平式单咬缝

立式单咬缝如图 2-3-34 所示。

图 2-3-34　立式单咬缝

立式双咬缝如图 2-3-35 所示。

图 2-3-35　立式双咬缝

第四节 铆接工艺

1. 铆接的类型

根据结构件的工作要求和应用范围的不同,铆接可分为以下三种(图2-4-1)。

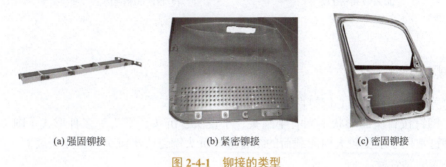

(a) 强固铆接　　　　(b) 紧密铆接　　　　(c) 密固铆接

图 2-4-1　铆接的类型

(1)强固铆接。要求铆钉能承受较大的作用力,保证结构件有足够的强度,而对结构件的致密性无特殊要求。

(2)紧密铆接。铆钉不承受较大的作用力,但对结构件的致密性要求较高,以防止漏水或漏气,一般常用于对储存液体或气体的结构件进行铆接。

(3)密固铆接。既要求铆钉承受较大的作用力,又要求构件有一定的致密性。

2. 铆接的形式

(1)钢板-钢板的铆接。钢板-钢板的铆接有搭接、对接和角接三种(图2-4-2)。

❶ 搭接。搭接是将一块钢板搭在另一块钢板上进行铆接。

❷ 对接。对接是将两块钢板置于同一平面,利用复板连接。

❸ 角接。角接是将两块钢板互相垂直或呈一定角度,连接时要在交界处用角钢或用板材弯制相同角度作复板。

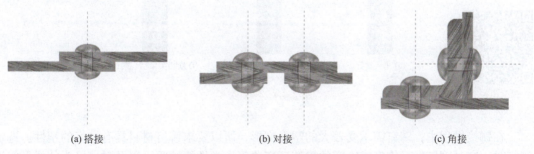

(a) 搭接　　　　(b) 对接　　　　(c) 角接

图 2-4-2　钢板-钢板的铆接方式

(2)型钢-型钢的铆接。型钢由于其特殊的截面形状,刚性较好,具有一定的抵抗变形的能力,因此型钢与型钢对接时应充分考虑型钢的这一特点,在可能的条件下,采用与型钢截面相同的材料作复板。型钢-型钢的铆接有角钢-角钢连接、槽钢-槽钢连接两种(图2-4-3)。

(a) 角钢-角钢连接

(b) 槽钢-槽钢连接

图 2-4-3　型钢 - 型钢的铆接方式

3. 铆钉类型

铆钉分实心铆钉和空心铆钉两种。

实心铆钉按钉头的形状不同有半圆头、平锥头、沉头、平头等多种形式（图 2-4-4）。半圆头铆钉常用于承受较大横向载荷的结合缝。沉头铆钉或半沉头铆钉用于表面必须平滑并且受载不大的结合缝。

实心铆钉的制造有锻造法和冷墩法两种，一般常用冷墩法制造。用冷墩法制成的铆钉使用前要经过退火处理。

扁圆头半空心铆钉由于质量轻，铆接方便，但钉头强度小，适用于较轻载荷结构的铆接。常用铆钉有钢铆钉、铜铆钉和铝铆钉等，可根据铆接对象来选用。

(a) 半圆头铆钉　(b) 平锥头铆钉　(c) 沉头铆钉

(d) 平头铆钉　(e) 半沉头铆钉　(f) 扁圆头半空心铆钉

视频精讲

图 2-4-4　铆钉类型

在铆接过程中，铆钉需承受较大的塑性变形，所以要求铆钉材料具有较好的塑性。选定铆钉时，应对铆钉进行热态或冷态的拉伸、弯曲等力学性能试验，以及对铆钉头的成形等进行工艺性试验。

4. 铆接设备和工具

铆接常用设备和工具是铆枪和铆接机等（图 2-4-5）。铆枪主要由手把、枪体、扳机、管接头等组成。

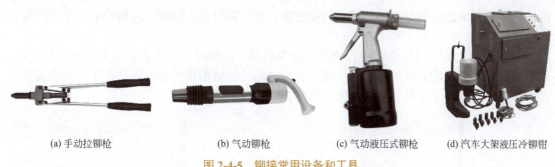

(a) 手动拉铆枪　　(b) 气动铆枪　　(c) 气动液压式铆枪　　(d) 汽车大架液压冷铆钳

图 2-4-5　铆接常用设备和工具

5. 铆接工艺

铆接工艺有冷铆、热铆、拉铆三种。

（1）冷铆。铆钉在常温状态下进行的铆接称为冷铆（图 2-4-6）。

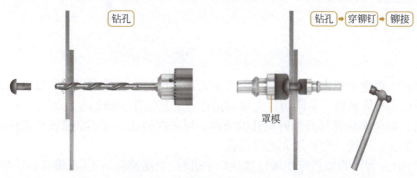

图 2-4-6　冷铆

手工冷铆时，先把铆钉从被铆接件的铆孔中穿入，用顶把顶住铆钉头并将被铆接件压紧，然后用手锤锤击伸出钉孔之外的铆钉杆端头，在钉杆被墩粗的同时形成伞状钉头，锤击时方向、力量要适当，且次数不宜过多，否则会使材质出现冷作硬化现象，使钉头产生裂纹。最后用手锤将钉头修理至理想形状。

冷铆时，铆钉直径不宜过大，手工冷铆时，铆钉直径一般不大于 8mm；用铆枪冷铆时，直径不大于 13mm；用铆接机冷铆时，直径不大于 25mm。

（2）拉铆。拉铆是冷铆工艺中的另一种铆接方法。拉铆是通过专用工具，使铆钉与被铆件铆合。

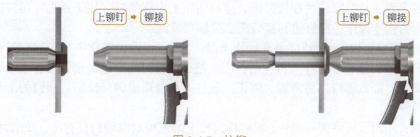

图 2-4-7　拉铆

操作时，拉铆枪将抽芯铆钉的芯棒夹住，同时，枪端顶住铆钉头部，靠拉铆枪产生向后的拉力，棒芯的凸肩部分对铆钉产生压缩变形，形成铆钉头。同时，芯棒的缩颈处受拉断裂而被拉出。

（3）热铆。铆钉被加热后进行的铆接称为热铆。热铆时，在形成封闭的铆钉头的同时，铆钉杆被墩粗而充满钉孔。冷却后，铆钉长度收缩，使被铆接的板件间产生压力而造成很大的摩擦力，从而产生足够的连接强度（图2-4-8）。

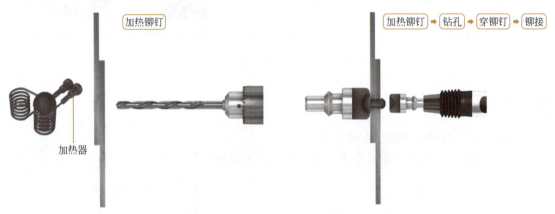

图2-4-8 热铆

热铆时，一般至少三人一组，其中一人负责加热铆钉、传递铆钉和穿钉工作，其余两人分别进行顶钉和掌握铆枪，共同协作完成铆接作业，其操作步骤如下。

❶铣钉：如果铆接件具备同时钻孔的条件，可一次钻孔，而不必铣孔；若铆接件是分别钻的孔，在组装后铆接，则必须先进行铰孔。

❷加热铆钉：铆钉的加热应在铆钉加热炉中进行。根据燃料的不同，铆钉加热炉有焦炭炉、油炉和电炉等，其中焦炭炉由于具有结构简单、操作简便、燃料价格低等优点而应用最为广泛。

铆钉加热的操作要求如下。

a. 加热炉的位置应尽量靠近铆接作业现场；选用炭粒大小均匀且不是太大的焦炭作为燃料；准备好加热用的工具，如火钩、煤铲、水桶、夹钉钳等。

b. 炉内应同时分放数排铆钉，钉帽稍高，钉与钉之间保持适当距离；缓火闷烧，温度控制在900～1100℃；铆钉应在整个长度上均匀受热。

c. 当加热炉距作业场地有一定距离时，可采用扔钉的方法。操作者必须掌握扔钉技术，对远距离的扔钉可正对接钉人方向掷扔。必须注意防止发生安全事故。

d. 在加热过程中，要注意经常将夹钉钳浸入水中冷却。

❸穿钉：穿钉是将加热好的铆钉，迅速插入连接件孔内的操作，以争取铆钉在高温时铆接。穿钉的主要工具是穿钉钳和接钉筒，穿钉钳用来夹持铆钉，便于钳夹；接钉筒用来接过出炉铆钉。为便于操作，穿钉钳和接钉筒必须轻巧灵活。

穿钉时，用穿钉钳夹住铆钉，并在硬物上敲击几下，以除去氧化皮，然后将铆钉穿过钉孔。

❹顶钉：顶钉是将铆钉穿入钉孔后，用顶把顶住铆钉头。这是铆钉工作中重要的一环，如果顶钉良好，那么铆钉容易铆固、铆正。顶钉力小会造成铆接缺陷。顶钉的工具分手顶把和风顶把两种。

❺铆接：先用顶模将铆钉顶住，然后用铆枪上的罩模对准铆钉杆打击，开始时风门要小，待钉杆墩粗后，再加大风门，将钉杆端部打成蘑菇形，然后逐渐打成钉头形状，最后将铆枪上罩模绕着钉头转一周打击，使成形后的铆钉头四周与连接件表面打伤。热铆时，注意压缩

空气的压力应不低于 0.5MPa，活塞和罩模必须保持清洁，然后装入气缸内。停止铆接时，先关闭风门，随后及时将罩模和活塞卸除。

为了保证铆接质量，在铆接前，应仔细检查铆接件的紧密程度，然后合理地分布装配螺栓。装配螺栓的数量应不少于全部钉孔的 25%。

为防止被铆接的工件在铆接时移动，当还没有开始成行铆接前，应沿铆接件全长上先铆好几颗铆钉起固定位置的作用，然后可逐个拆去螺栓，再铆接其他铆钉。

第五节　拉深工艺

1. 板材拉深过程

拉深模的工作部分具有一定的圆角，金属圆板料置于凹模上，当凸模向下运动时，迫使圆板料从凹模内压下，而形成空心的筒形件。

由于圆板料的直径 D 大于凹模的内径，所以圆板料外周的材料在压延过程中沿圆周方向产生压缩，圆板中间直径为 d 的部分变为零件的底部，圆板上环形部分（$D-d$）变为零件的筒壁深 h。

如果将圆板的环形部分划分为若干狭窄小条和扇形，并假设将扇形部分切除，则将狭窄小条部分沿直径 d 的圆周弯曲后即为圆筒的侧壁，可见扇形部分的金属是多余的，说明拉深过程中此处金属沿半径方向产生了流动，从而增加了零件的高度。因此，筒壁高度 h 总和大于（$D-d$）/2（图 2-5-1）。

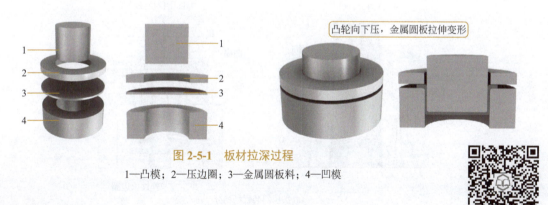

图 2-5-1　板材拉深过程

1—凸模；2—压边圈；3—金属圆板料；4—凹模

视频精讲

2. 拉深件起皱

拉深时凸缘部分受切向压应力的作用，由于板料较薄，当切向压应力达到一定值时，凸缘部分材料就失去稳定性而产生弯曲，这种在凸缘的整个周围产生波浪形连续弯曲的现象称为起皱。

3. 拉深件壁厚变化

拉深过程中，由于板料各处的应力不同，使拉深件的厚度发生变化，有的部位增厚，有的部位减薄。拉深件起皱后使零件边缘产生波浪形，影响质量，严重时由于起皱部分的金属不能通过凹模的间隙而使零件拉破。即使轻微起皱，也会在产品侧壁留下起皱痕迹，影响产品质量。因此,拉深过程中不允许出现起皱现象。解决起皱问题的方法是设置压边圈(图2-5-2)。

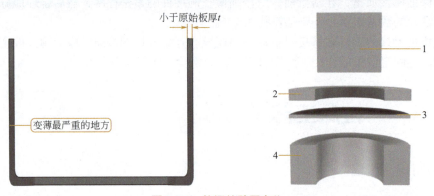

图 2-5-2　拉深件壁厚变化

1—凸模；2—压边圈；3—金属圆板料；4—凹模

4. 拉深模种类及设计要点

(1) 拉深膜类型。根据拉深工艺特点,拉深模分为有压料和无压料两种；根据压料装置结构不同,拉深模有刚性压料模和弹性压料模两种；根据拉深工序次数不同,可分为首次拉深模和多次拉深模；根据坯料变形方向不同,可分为顺拉深模和反拉深模；根据工序特点不同,可分为复合式拉深模、连续拉深模(图2-5-3)。

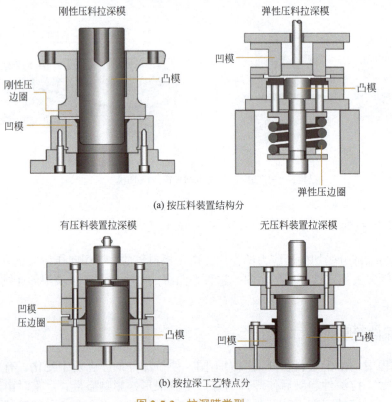

(a) 按压料装置结构分

(b) 按拉深工艺特点分

图 2-5-3　拉深膜类型

（2）拉深膜的设计要点。

❶ 在进行拉深工艺设计时，材料要产生大的流动，因此应采用必要的措施以保证毛坯各个方向变形均匀，对非圆形毛坯更要谨慎处理。常用的方法是：调节压料力，增设拉深筋等。

❷ 起皱是拉深工艺中常见的弊病，因此在设计拉深模时，首先要确定是否采用压料装置，以及采用何种压料装置。压料方式、压料装置形式和压料圈面积等都直接影响拉深件质量，因而要设计得合理、正确。

❸ 压料装置的设计要有利于工件的成形，也要有利于坯料的送进及工件的取出。

❹ 拉深凸模要考虑排气孔，拉深凹模要考虑润滑。

❺ 根据需要，在拉深模上考虑设置拉深深度限程器或压料限程器。

5. 拉深模结构

（1）无压料装置拉深模。这种模具结构简单，上模往往是整体。当凸模直径过小时，还应加上模座，以增加上模部分与压力机滑块的接触面积，下模部分有定位板、下模座与凹模。为使工件在拉深后不至于紧贴在凸模上难以取下，在拉深成形后，冲压件靠凹模下部的刮件环刮下。这种模具适用于拉深材料厚度较大（$t > 2mm$）及深度较小的零件（图2-5-4）。

（2）有料装置拉深模。有料装置拉深模用于材料薄及拉深深度大且易于起皱的工件，为压边圈装在上部的首次拉深模。当压边圈与板料接触后，凸模继续下降，压边圈则在弹簧的作用下压紧毛坯（图2-5-5）。

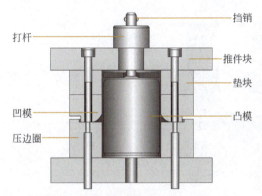

图 2-5-4 无压料装置的简单拉深模

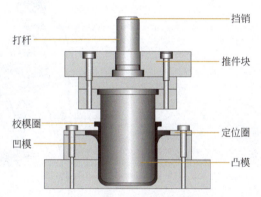

图 2-5-5 有料装置拉深模

（3）刚性压料模（图2-5-6）。

（4）弹性压料模（图2-5-7）。

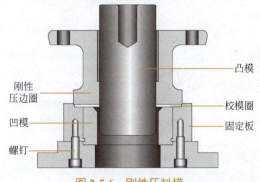

图 2-5-6 刚性压料模

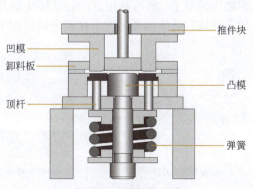

图 2-5-7 弹性压料模

第六节　其他校正工艺

1. 机械校正工艺

手工校正效率低，劳动强度大，仅适用于对小件的校正。对于尺寸较大的工件，则采用专用机械进行校正。

机械校正则是通过校正机对钢板进行多次反复弯曲，使钢板长短不等的纤维趋向相等，从而达到校正的目的。

钣金件的机械整平如下。

（1）操作要求。

❶ 正确使用辊子式整平机。

❷ 按照要求将变形钣金件整平。

❸ 操作时，不得将手放在辊子周边。

（2）操作步骤。

❶ 金属板料的机械整平。整平方法：轴辊的间隙根据板厚进行调节（图2-6-1）。校正的质量取决于辊子的精度。

图 2-6-1　金属板料的机械整平

❷ 滚压已预先成形的工件。滚压方法：首先将工件下面的辊子换成较工件之上的辊子曲率略小的辊子，然后利用急松装置将底辊升起，同时将工件置于辊子之间，调整底轮的压力，使工件能在适度的压力之下在辊子间滑动（图2-6-2）。

 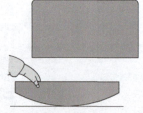 

(a) 前后滚压方法　　　　(b) 样板核对　　　　(c) 钣金件的波形皱纹

图 2-6-2　滚压已预先成形的工件

> **注意：**
> 要全面滚压，以免局部延展伸长。要随时利用样板核对工件的曲率。将钣金件在一个方向依次滚压完后，再将工件调转90°，重复以上操作，滚压线路与原来方向交叉进行（图2-6-3）。

（3）滚压平钣金件的波形皱纹。滚压方法：滚压时金属板移动的方向与原来移动的方向呈对角线，压力保持均匀，并平稳地移动，以免再度造成波纹（图2-6-4）。

（4）大型钣金件的成形方法。成形方法：根据工件的要求在滚压大型钣金件时需要两个人把持工件，在滚压机上按以上描述依次前后移动（图2-6-5）。

图 2-6-3　将钣金件转 90° 后滚压

图 2-6-4　滚压平钣金件的波形皱纹

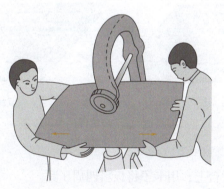

图 2-6-5　大型钣金件的成形方法

视频精讲

2. 火焰校正工艺

（1）火焰校正原理。火焰校正就是对变形的钢材采用火焰局部加热的方法进行校正。金属材料具有热胀冷缩的特性。火焰校正正是利用这种新的变形去校正原来的变形。

（2）火焰校正的加热位置与方式。

❶ 加热位置、火焰能率与校正的关系。火焰校正的效果主要取决于加热的位置和火焰的能率。不同的加热位置可以校正不同方向的变形。若位置选择错误，不但起不到校正的作用，反而会使变形更加复杂、严重。

❷加热方式。加热方式包括点状加热、线状加热和三角形加热（图2-6-6）。

a. 点状加热：加热的区域为一定直径范围的圆圈状点，故称点状加热。校正时可根据工件的变形情况，加热一点或多点，多点加热常采用梅花式。加热点直径一般不小于15mm。当变形量大时，加热点间距要小，一般为50～100mm。

b. 线状加热：加热时火焰沿直线方向移动，也可同时做适当的横向摆动，称为线状加热。加热线的横向收缩一般大于纵向收缩，收缩量随加热线宽度的增加而增加。加热线的宽度一般为钢材厚度的0.5～2倍。线状加热一般用于变形较大的工件，有直线加热、链状加热和锯齿加热三种形式。

c. 三角形加热：加热区域呈三角形的加热方法称为三角形加热。因其加热面积较大，收缩量也较大，并由于三角形高度方向的加热宽度不等，收缩量也不等，因而常用于刚度较大的工件校正。

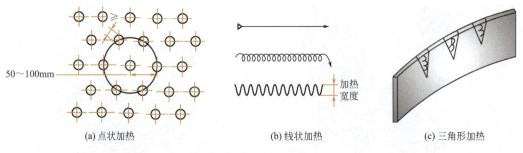

图2-6-6　加热方式

（3）火焰校正的操作。

❶ 中部凸鼓工件的火焰校正（图2-6-7）。

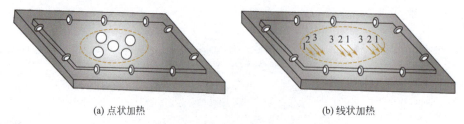

图2-6-7　中部凸鼓工件的火焰校正
1～3—加热次序

步骤1：将板料置于平台上，用卡子将板料四周压紧。

步骤2：用点状加热方式加热凸鼓处周围。

说明：

也可采用线状加热方式，即从中间凸鼓部分的两侧开始加热，然后逐步向凸鼓处围拢的方式进行校平。

步骤3：校平后再用锤子沿水平方向轻击卡子，便能松开卡子，取出板料。

❷ 边缘波浪形工件的火焰校正（图2-6-8）。

步骤 1：用卡子将板料三面压紧在平台上，波浪形变形集中的一边不要卡紧，如图 2-6-8 所示。

步骤 2：用线状加热方式先从凸起两侧平的地方开始加热，再向凸起处围拢，加热次序如图 2-6-8 中的数字和箭头所示。

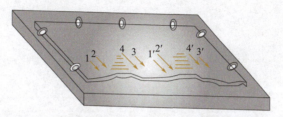

图 2-6-8　边缘波浪形工件的火焰校正

> **说明**：
>
> 加热线长度一般为板宽的 1/3 ～ 1/2，加热线距离视凸起的高度而定，凸起越高，距离应越近，一般取 20 ～ 50mm。若经过第一次加热后还有不平，可重复进行第二次加热校正，但加热线位置应与第一次错开。

第三章 车身钣金作业

第一节　车身修复机作业

1. 车身整形机作业

车身整形机作业也叫车身修复机作业,通过外接不同的焊接工具,可以实现单面点焊、专用螺钉和环形介子焊接、蛇形焊线等功能。

2. 车身整形机的工作原理及类型

车身整形机的工作原理是利用电极头上夹持的各种附件与钢板接触,通过大电流,使接触部位产生电阻热,获取与需求相对应的各种功能。通常还会随机性带有其他附件,如碳弧气刨碳棒(以下简称碳棒)、铜极头及各种规格的销钉、螺钉等,以满足热收缩、钢板焊接销钉、螺钉等功能需求。有的整形机具有电阻焊功能,但由于焊接电流小,焊接质量难以保证。

车身整形机适合对一些内部无法触及的钢板损伤部位进行修整,修复时只需通过一定的焊接方式,将钢板凹陷部位从外部拉出即可,与传统的手工作业相比有无法比拟的优势,车身整形机焊接方式可分为熔植焊、点焊和垫片焊接。

3. 掌握车身整形机整形操作——钢板收缩种类及原理

收缩作业是指通过一定的方法或手段,将已经延展的钢板拉紧,使其恢复到原有状态。钢板在冲压、撞击、修复过程中都有可能发生不同程度的延展。钢板延展后,通常会导致变薄、硬化,其内部晶粒将会发生形变或重新排列,外部主要表现特征为隆起,有时会伴随"鼓动"现象。

收缩作业按照作业温度可分为常温收缩和热收缩,每种收缩方法各有优缺点。常温收缩常见的有打褶法和收缩锤收缩。热收缩可分为火焰收缩、铜极收缩和碳棒收缩三种。其中铜极收缩和碳棒收缩为电极收缩。火焰收缩由于热量过于集中、不易控制等原因已经被逐步淘汰。

热收缩原理:当加热钢棒时,由于两端被限制住,钢棒内部会产生压缩应力,随着温度的不断升高,直至达到红热状态,红热部位会开始膨胀,压缩应力被不断释放;此时,急速冷却加热部位,钢棒就会因为加热部位的膨胀而整体尺寸变短,这就是热收缩原理(图3-1-1)。

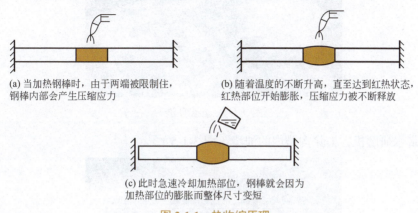

(a) 当加热钢棒时,由于两端被限制住,钢棒内部会产生压缩应力

(b) 随着温度的不断升高,直至达到红热状态,红热部位开始膨胀,压缩应力被不断释放

(c) 此时急速冷却加热部位,钢棒就会因为加热部位的膨胀而整体尺寸变短

图 3-1-1　热收缩原理

4. 车身修复机的使用及注意事项

❶ 单点拉拔训练。

a. 准备前工作:戴口罩、护目镜、工作帽、耳罩等。

b. 选择60号砂纸,安装到磨头上,加注润滑油(图3-1-2)。

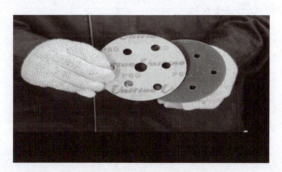

图 3-1-2　将砂纸安装到磨头上

c. 连接气管,并调整转速。

d. 使研磨机成10°~20°角并轻压在损伤处(图3-1-3)。

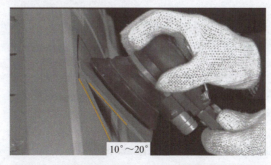

图 3-1-3　使研磨机成10°~20°角并轻压在损伤处

e. 去除外部、中部油漆和搭铁位置油漆（图3-1-4）。

图3-1-4　去除油漆

f. 选择带水研磨机，去除沟槽内的油漆（图3-1-5）。

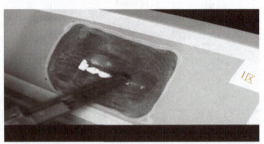

图3-1-5　去除沟槽内的油漆

g. 连接吹尘枪，吹尘并擦拭干净。
h. 安装搭铁、试焊板（图3-1-6）。

图3-1-6　安装搭铁、试焊板

i. 检查焊片，如果有锈迹或焊渣，则应使用板锉或砂纸进行清理。
j. 安装焊片并紧固螺栓（图3-1-7）。

图3-1-7　安装焊片并紧固螺栓

k. 安装拉锤，并紧固螺母。
l. 开启车身整形机电源开关。
m. 切换工作模式至焊接挡位，并调整焊接时间和焊接电流（图3-1-8）。

图3-1-8　切换工作模式至焊接挡位

n. 试焊，参数过小，焊点则无法承受拉拔力量（图3-1-9）。

图3-1-9　试焊

o. 适当调整焊接参数，直到符合要求（图3-1-10）。

图3-1-10　适当调整焊接参数

p. 如果参数调整过大，将加重钢板损坏（图3-1-11）。

图3-1-11　焊接参数调整过大

q. 将焊枪放至水平状态。使用手掌拖住，中指或者食指放到开关位置，其他手指自然握住枪把，另一只手握住焊枪的前段，以便对准焊接部位。

r. 将焊枪呈垂直角度顶住凹陷（图3-1-12）。

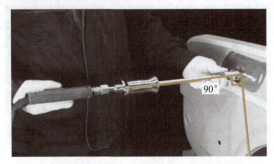

图3-1-12　将焊枪呈垂直角度顶住凹陷

s. 轻轻施加压力，以免接触不实，出现火花（图3-1-13）。

图3-1-13　轻轻施加压力，以免接触不实

t. 启动开关，进行焊接。移动拔锤进行冲击，扭转焊枪，脱开焊点。

u. 更换80号砂纸，磨除焊点（图3-1-14）。

图3-1-14　磨除焊点

v. 选择车身锉，调整其弧度，比钢板曲率略大。

w. 将车身锉呈30°～45°角轻压在损伤处，从损伤处的边缘开始向前推，经过损伤部位达到另一侧。拉回车身锉，再次进行推进。或将车身锉水平放置，沿30°～45°角向前推进（图3-1-15）。

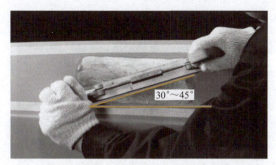

图 3-1-15　将车身搓呈 30°～45° 角轻压在损伤处

> **注意事项：**
>
> 漏出金属光泽的部位一般为高点；反之为低点。

x. 拉拔低点，敲击高点，再次检查与修复直到整个区域都留下锉痕（图 3-1-16）。

图 3-1-16　拉拔低点，敲击高点

y. 复原工具及设备。

（2）整体拉拔训练。

❶ 安装搭铁试焊板（图 3-1-17）。

图 3-1-17　安装搭铁试焊板

❷ 安装焊接介子并紧固螺母（图 3-1-18）。

图 3-1-18 安装焊接介子并紧固螺母

❸开启车身整形机电源开关,并切换至焊接挡位,调整焊接时间和焊接电流。

❹检查焊片,试焊参数过小,焊点则无法承受拉拔力量,适当调整焊接参数,直到符合要求(图 3-1-19)。如果参数调整过大,将加重钢板损坏。

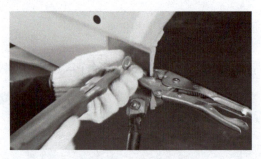

图 3-1-19 检查焊片并试焊

❺焊枪垂直,焊片轻压在损伤处,焊接焊片(图 3-1-20)。

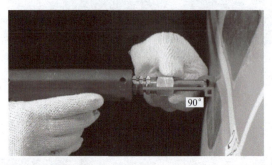

图 3-1-20 焊枪垂直,焊片轻压在损伤处,焊接焊片

❻焊片之间的距离大致为 8~10mm(图 3-1-21)。

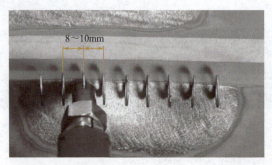

图 3-1-21 焊片之间的距离大致为 8~10mm

❼ 选择钢轴、拉环,穿入焊片孔内(图3-1-22)。

图 3-1-22　穿入焊片孔内

❽ 移动拉塔及固定牢链,与损伤部位垂直,调整吊链高度(图3-1-23)。

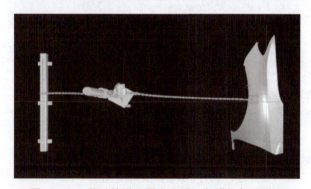

图 3-1-23　移动拉塔及固定牢链,与损伤部位垂直

❾ 选择线凿,检查是否正常。
❿ 选择手锤,检查是否正常。
⓫ 将线凿对准车身线,使用手锤击打线凿的后端(图3-1-24)。

图 3-1-24　使用手锤击打线凿的后端

⓬ 松开链条,观察损伤恢复情况,取下挂钩,取下钢轴与拉环,将拉塔归位。
⓭ 拆卸焊片。

> **注意事项:**
>
> 严禁以左右晃动的方式拆卸焊片,以免出现孔洞。出现孔洞时可采取以下措施:切换模式至收缩挡,将 1.0mm 焊丝放置于孔洞处,使用焊棒进行焊接,磨平焊点(图 3-1-25)。

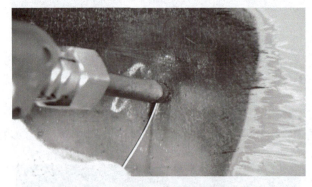

图 3-1-25　使用焊棒进行焊接,磨平焊点

⑭ 取下焊接介子,安装拉锤,试焊。
⑮ 使用拉拔锤将损伤区域拉平。
⑯ 松开搭铁归位。
⑰ 复原设备。
(3)收缩作业训练。
❶ 钢板延展后,将出现隆起,会伴随鼓动现象(图 3-1-26)。

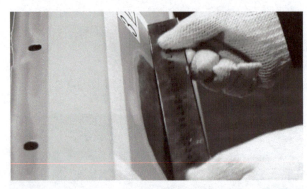

图 3-1-26　用直尺检查钢板隆起部位

❷ 安装搭铁试焊板。
❸ 选择碳棒,将碳棒从中间断开,以方便操作。
❹ 打磨碳棒前端,至平滑圆弧面。
❺ 安装碳棒,紧固螺母。
❻ 开启电源开关,切换工作模式,调整工作电流。若参数过小,则热量难以集中,应适当调整焊接参数,直到合适;若参数调整过大,会导致钢板损坏。
❼ 将碳棒呈 30°~45°角轻压到延展处,以便控制运行轨迹(图 3-1-27)。

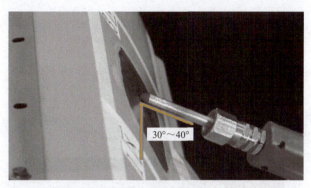

图 3-1-27　将碳棒呈 30°～40° 角轻压到延展处

❽ 启动开关，碳棒从外侧开始沿螺旋状至中间部位。狭长的部位可采用曲线运行的方式收缩（图 3-1-28）。

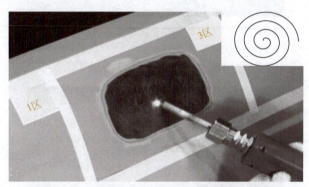

图 3-1-28　碳棒从外侧开始沿螺旋状至中间部位

注意事项：

碳棒运行过程中不能停顿，否则可能导致钢板损坏。

碳棒运行慢，螺旋状容易集中；反之不容易集中。可采用多点、低温小密集的收缩效果。

❾ 达到一定温度后停止加热，松开开关，抬起焊枪，冷却加热部位（图 3-1-29）。

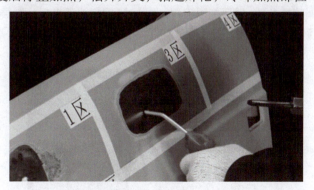

图 3-1-29　达到一定温度后停止加热

❿ 收缩作业完成后应冷却碳棒，以免造成危害。

> **注意事项：**
>
> 若焊枪抬起的距离太近，会导致火花飞溅，造成危险。

⑪ 检查收缩效果。
⑫ 通过手工作业或车身整形机作业修平（图 3-1-30）。

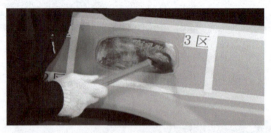

图 3-1-30　通过手工作业或车身整形机作业修平

⑬ 用研磨机修复碳伤，以免出现油漆缺陷（图 3-1-31）。

图 3-1-31　用研磨机修复碳伤

⑭ 拆卸搭铁。
⑮ 复原设备。

> **注意：**
>
> 对于面积小、隆起高、刚性强的区域，可使用铜气头工具进行收缩，收缩方法和碳棒收缩方法相似，首先调整其参数，然后加以赤焊。收缩时，铜气头垂直顶住延展处，轻轻施加压力，启动开关，温度达到后松开开关。并使用吹尘枪冷却（图 3-1-32）。

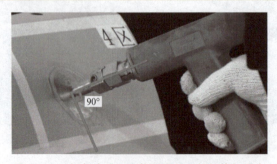

图 3-1-32　铜气头垂直顶住延展处，轻轻施加压力

第二节　切割作业

1. 整体式车身钣金件切割更换

车身上一些外覆盖件受到损伤，可以对其进行钣金加工处理来消除金属板上的凸起、凹坑和褶皱。对于一些损坏严重、锈蚀严重的钣金件，无法修复，只能进行更换。当钣金件发生以下损坏时就需要进行切割后更换。

❶ 碰撞损坏的门和后顶侧板。碰撞造成翘曲，在边缘和车身外表面有严重的加工硬化。
❷ 在后侧围板处碰撞损坏严重，需要进行局部切割去除损坏部件。
❸ 车身侧板经常发生损坏，需要切割后更换新的钣金件。
❹ 对于严重的腐蚀损坏的钣金件，更换通常是唯一的补救方法。将生锈的金属板切割下来，在原来的位置焊接上新的局部钣金件。
❺ 已经破损的钣金件无法修复时，则需要进行局部更换。

在整体式车身结构中，所有的结构性钣金件都焊接在一起，构成一个整体框架。结构性钣金件包括散热器支架、挡泥板、地板、门槛板、发动机的纵梁、上部加强件、后纵梁、内部的护板槽、后备厢地板等。

结构性钣金件是车身其他零部件和外部钣金件的安装基础。因此，结构性钣金件更换后定位的精确性，决定了所有外形的配合和悬架装置的准确性。焊接之前的新钣金件不能草率地用垫片进行调整，结构性钣金件必须精确地定位后才能进行焊接操作。

注意事项：

当需要切割或分割钣金件时，应完全遵照制造厂的建议。有些制造厂不允许反复分割结构性钣金件，有些制造厂只有在遵循他们的正确工艺规程时才能同意分割。所有制造厂都强调：不要割断可能降低乘员安全性的吸能区区域、降低汽车性能的区域或者影响关键尺寸的地方。

2. 钣金件切割设备组成与工作过程

（1）等离子切割的工作特点。在现在汽车中，大量应用高强度钢和超高强度钢。这类钢材的硬度、强度非常大，用切割锯、气割钻时切割效率不高，而使用氧乙炔切割会产生大量的热，从而破坏金属内部的结构和性能，也不能够在现代汽车中使用。

等离子切割机是用等离子弧来切割金属的。等离子弧是一种压缩电弧，是通过磁收缩方式获得的，弧柱电流本身产生的磁场对弧柱有压缩作用（磁收缩效应）。电流密度越大，磁收缩作用越强。由于弧柱断面压缩得很小，因而能量集中（能量密度可达 $100000 \sim 1000000 W/cm^2$）、温度高（弧柱中心温度近 $20000 \sim 30000$℃）、焰流速度快（可达 300m/s 以上）。

等离子弧柱的温度高，远远超过所有金属和非金属的熔点。瞬间能加热和熔化被切割的金属，却不会使金属板过热。借助内部或外部的高速气流吹走熔化的材料，直到等离子气流束穿透金属板而形成切割口。因此等离子弧切割过程不是依靠氧化反应，而是依靠熔化来切割材料，因而比氧切割方法使用范围大得多，能够切割绝大部分金属和非金属材料。

（2）等离子切割机的组成。等离子切割机的控制装置一般都很简单。专门用于切割较薄金属的切割机只需要能切断或接通的开关和一个待用指示灯。当切割机具备切割条件时，该指示灯显示。较复杂的等离子切割设备还包括一个安装在内部的空气压缩机、可调节的输出控制装置以及机载的冷却剂和其他装置。等离子切割电弧一般都采用陡降外特性的直流电源，切割用电源的输出空载电压一般大于150V。根据采用不同电流等级和工作气体而选定空载电压，电流等级越大，选用的切割电源空载电压就越高，等离子切割机的开路电压可能很高（250～400V），所有切割枪和内部接线的绝缘都很重要。

有些切割机上，还装有一个可供操作人员改变电流状态的开关，当切割裸露的金属或带油漆的金属时，通过此开关可选择不同的电流。切割带有油漆或生锈的金属时，最好用连续的高频电弧切入不导电的金属表层，然后继续用这种电弧切割；而切割裸露金属时，只需高频电弧作为触发电弧，当切割枪开始切割后，用直流电弧使切割继续进行下去，对电极和喷嘴的损耗较小。

切割汽车车身零部件的切割枪是小型的，便于操作的，能在零部件比较密集的部位工作。切割枪上的两个关键部件——喷嘴和电极是易损件，喷嘴和电极的损坏都将影响切割的质量。它们在每次切割中都略有损耗，而且如果压缩空气中有水分，或切割过厚的材料，或操作者水平太低，都将使它们过早地损坏。

电极又称为"嵌条"，用金属套管将它固定在所需要的位置上。电极通常由锆或钨制成，这两种金属的硬度高、使用寿命长。在切割厚度超过5mm的钢板时，应该使用钨电极，钨电极适用于除空气以外的其他气体，例如氩气、氮气和氢气，不过在碰撞修理中很少用这几种气体。现在车身修理中用的电极一般为锆电极。

等离子切割机由机内或机外空气压缩机供应压缩空气，也可以采用压缩空气气瓶供气。空气要求干燥、清洁，为了减少污染，在气路上应安装过滤器。空气压力一般应在0.3～0.5MPa，气压过高或过低都将降低切割质量、损坏电极或喷嘴，并降低等离子切割机的切割能力。

（3）等离子切割机的操作过程。

❶将等离子切割机连接到一个清洁、干燥的压缩空气源上，切割机和压缩空气源连接处的最大输送管压力为0.3～0.5MPa。

❷将切割枪和搭铁的电线连接到等离子切割机上。将等离子切割机电源插头插到符合规定的电源上，然后将搭铁夹钳连接到汽车的一个清洁表面，连接处应尽量靠近切割部位。

❸在等离子弧被触发之前，应先将切割喷嘴与工件上一个导电部分相接触。等离子弧被触发以后，很容易切入涂有油漆的表面。

❹拿起切割枪，使切割喷嘴与工件表面垂直，向下推动切割枪，这将迫使切割喷嘴向下移动，直到与电极接触。这时，等离子弧被触发，然后立即停止推动切割枪，让切割喷嘴返回到原来的位置。当等离子弧被触发后，不需要切割喷嘴与工件保持接触。不过，两者保持接触会使切割更容易进行。当切割喷嘴与工件保持接触时，施加在切割枪上向下的力非常小，只要将它轻轻地拉到工件的表面上即可。注意切割枪的电极和喷嘴非常容易损坏，要及时更新（图3-2-1和图3-2-2）。

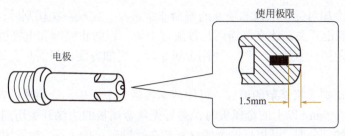

图 3-2-1　切割枪的电极

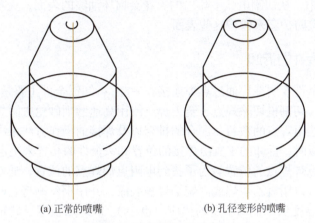

(a) 正常的喷嘴　　　　(b) 孔径变形的喷嘴

图 3-2-2　切割枪的喷嘴

❺ 开始在金属板需要切割的部位移动切割枪，切割的速度由金属的厚度决定，如果移动切割枪过快，它将不能切透工件；如果切割枪移动太慢，将会有太多的热量传入工件，而且还可能熄灭等离子弧（图 3-2-3）。

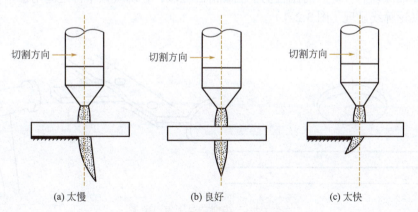

(a) 太慢　　　　　(b) 良好　　　　　(c) 太快

图 3-2-3　切割枪的速度与切割火焰

（4）使用等离子切割机的注意事项。

❶ 当切割厚度在 3mm 以上的金属板时，最好使切割枪与工件呈 45°角，直到等离子火焰切入金属板，等离子火焰不能反射到喷射器上。如果切割较厚的材料时，切割枪与工件保持垂直，火花将被射回到气体喷射器中，这时熔化的金属可能会附着到气体喷射器上，会堵塞各气孔并极大地缩短气体喷射器的寿命。

❷切割枪的冷却对延长电极和喷嘴的寿命非常重要。完成一次切割后，在开始下一次切割前，应关闭切割枪开关，让空气连续几秒流过割炬，以防止喷嘴和电极过热。

❸在进行长距离的直线切割时，使用金属靠尺会更加方便，只需将金属靠尺夹到工件上即可。

❹对于需要切割形状复杂的地方，可用薄木板做一个样板，让喷嘴沿着样板进行切割。

❺切割厚度在 6mm 以上的金属板时，最好先从金属板的边缘开始切割。

❻修理锈蚀的部分时，可将新的金属材料放在锈蚀部位的上面，然后切割补上去的金属，同时也将生锈的部分切除掉。在后侧板上进行连接时，也可采用这种方法。

❼在切割过程中，从切割电弧中喷出的火花会损坏油漆的表面，火花还会在玻璃上留下凹点，可用一个焊接防护套来保护这些表面。

3. 结构性钣金件的拆卸

车身结构性钣金件在制造厂通过点焊连接在一起，拆卸钣金件主要是把点焊的焊点分离，可以用钻钻去焊点、切割枪切除焊点、錾去焊点或用高速磨削砂轮去除焊点等方法。拆卸电阻点焊钣金件的方法由焊点的数目、配合的排列以及焊接的操作方法来决定。当一些点焊区域有若干层金属薄板时，拆卸的工具由焊接的位置和钣金件的布置来决定的。

（1）确定电阻点焊焊点的位置。为了找到电阻点焊焊点的位置，通常要去除底漆、保护层或其他覆盖物。可以用氧乙炔焰或丙烷焰烧焦底漆，并用钢丝刷将它刷掉（丙烷火焰的温度比氧乙炔火焰的温度低，金属所受的热应力也小）。最好用粗钢丝砂轮、砂轮机或刷子来磨掉油漆。

在烧焦油漆之前，要刮掉厚的底漆或石蜡保护层。不要烧透漆层以致金属薄板变色。加热应该仅限于足够软化油漆即可，然后刷去或刮去油漆。如果通过漆层能看清焊点的区域，则没有必要清除油漆。

在清除油漆以后，焊点的位置仍不能看清的区域，在两块钣金件之间用錾子錾开，这样可以使焊点轮廓线显现（图3-2-4）。

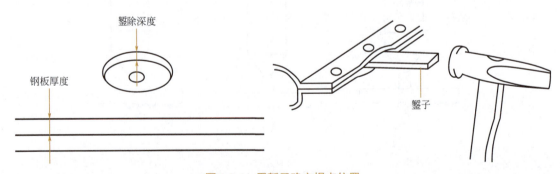

图 3-2-4　用錾子确定焊点位置

（2）分离电阻点焊焊点的方式。

❶钻头分离。确定焊点的位置以后，使用钻头、电焊切割器等工具来钻掉焊点。可以使用两种形式的切割器：一种是钻头式（图 3-2-5）；另一种是孔锯式（图 3-2-6）。无论用哪一种形式的切割器，在切割时都不要切割下面的钣金件，并且一定要准确地切掉焊点，以避免产生过大的孔。

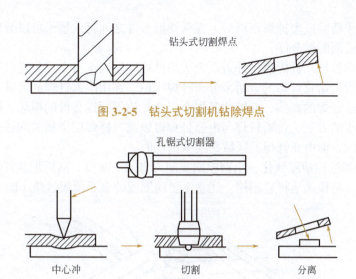

图 3-2-5　钻头式切割机钻除焊点

图 3-2-6　孔锯式切割器钻除焊点

在钣金件中钻掉许多焊点可能是很慢的，使用自身具有夹紧装置的焊点钻除钻进行工作就容易些。手的压力迫使特制的圆形钻头进入焊点，而且钻头有行程限制，在钻透第一层钣金后不会损坏下面的钣金件（图 3-2-7）。

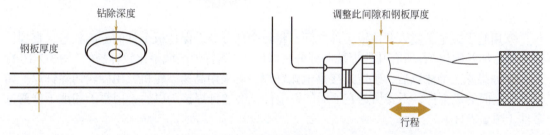

图 3-2-7　调整间隙和钢板厚度一致

❷ 等离子切割分离。使用切割枪可以同时在各种厚度的金属材料中很快地消除焊点，但是使用等离子切割不能保证下层钣金件的完整。

❸ 磨削分离。用高速砂轮也可以清除钣金件的焊点。用钻头不能钻除的焊点或更换钣金件的塞焊点太大，钻头不能钻掉时，可以采用磨削方法。操作时只需要磨削掉上层钣金，而不要破坏下层钣金（图 3-2-8）。

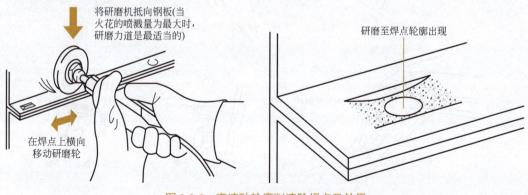

图 3-2-8　高速砂轮磨削清除焊点及效果

钻除、等离子清除或磨掉焊点以后，在两块钣金件之间打入錾子可以分离它们，但是不要切伤或弄弯未受损的钣金件。

（3）分离钎焊区域。钎焊用于外盖钣金边缘处或车顶与车身立柱的连接处，通常是用氧乙炔焊枪或丙烷焊枪熔化钎焊的金属来分离钎焊区域。在用电弧钎焊的区域，电弧钎焊金属熔化的温度比普通钎焊的高些，而熔化钎焊金属会导致下面钣金件的损坏。因此，通常采用磨削分离电弧钎焊的方法。普通钎焊与电弧钎焊可以通过钎焊层金属的颜色来识别，普通钎焊区域是黄铜色的，而电弧钎焊的区域是淡紫铜色的。

❶用氧乙炔焊枪使油漆软化，用钢丝刷或刮刀将油漆除掉。然后加热钎焊焊料，直到它开始熔化呈糊状，再快速地将它刷掉。注意不要使周围的金属薄板过热（图3-2-9）。

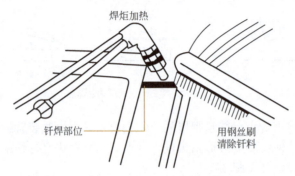

图 3-2-9　用钢丝刷清除钎料

❷用起子或錾子錾入两块钣金件之间，将钣金件分离。保持钣金件的分离状态，直到钎焊金属冷却并硬化。在所有其他焊接部分分离以后，分离钎焊区域是比较容易的（图3-2-10）。

❸如果除去油漆以后，确定连接是电弧钎焊，可采用高速砂轮机，用砂轮切除钎焊。如果更换上面的钣金件，不要切透它下面的钣金件。磨透钎焊接头以后，用錾子和锤子分离钣金件（图3-2-11）。

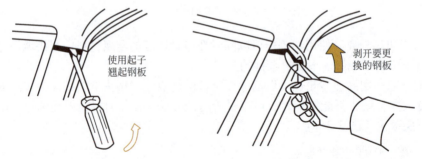

图 3-2-10　撬起、分离钎焊的钢板

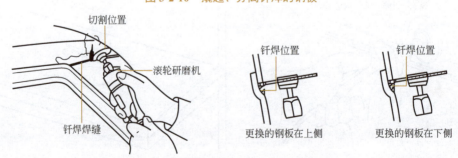

图 3-2-11　使用高速砂轮机来分离钎焊区

第三节　焊接作业

1. 焊接类型与特点

焊接是对需要连接的金属钣金件加热，使它们共同熔化，最后结合在一起的方式。

（1）焊接种类。压焊是通过电极对金属加热使其熔化，并加压使金属连接在一起。在各种压焊方法中，电阻点焊是汽车制造业中最常用的焊接方法，但它在汽车修理业应用还较少。

熔焊是通过电弧或火焰等方式将金属件加热到熔点，使它们熔化连接在一起（通常采用焊条、焊丝）。

钎焊是在需要焊接的金属件上，将熔点比它低的金属熔化（金属件不需熔化）而进行连接。根据钎焊材料熔化的温度，可分为软钎焊和硬钎焊。钎焊材料的熔化温度低于450℃的是软钎焊，高于450℃的是硬钎焊。

每一类焊接方法又可具体分为多种焊接方式（图3-3-1），其中只有几种焊接方式可用于车身制造（图3-3-2）。

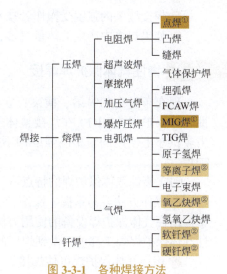

图3-3-1　各种焊接方法
①整体式车身修理用的焊接方式；②不提倡用于整体式车身修理的焊接方式

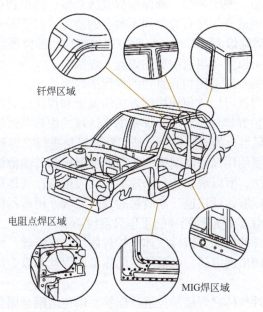

图3-3-2　汽车制造中使用的各种焊接方法

在修理受碰撞而损坏的汽车时，对一些新更换的钣金件则需要使用焊接的方法来修理。

（2）焊接方式的特点。

❶ 由于焊接的形状不受限制，它适合于连接整体式车身结构，焊接后仍可保持车体的完整性。

❷ 可减轻质量。

❸ 密封性能好，能防水、防腐蚀及阻隔空气氧化。

❹ 生产效率高。

❺ 焊接接头的强度受操作者技术水平的影响比较大。

❻ 如果焊接中产生的热量过多，周围的钣金件将会变形。

2. 惰性气体保护焊焊接

现在车身中的纵梁、横梁、立柱等结构件都是应用高强度钢或超高强度钢制造的，惰性气体保护焊（MIG）在焊接整体式车身上的高强度钢板方面比其他常规焊接方式更适合，当今汽车上使用的新型高强度钢不能用氧乙炔或电弧焊进行焊接，而广泛应用惰性气体保护焊。

（1）惰性气体保护焊的特点。

❶ 操作方法容易掌握。操作者只需接受几个小时的指导并经过练习，就可以学会并熟练掌握惰性气体保护焊设备的使用方法。与高级电焊工采用传统的焊条电弧焊相比，普通的惰性气体保护焊焊工都可以做到焊接的质量更高、速度更快、性能更稳定。

❷ 惰性气体保护焊可使焊接钣金件100%地熔化，因此，经惰性气体保护焊焊接过的部位可修平或研磨到与钣金件表面同样的高度，而不会降低强度。

❸ 在薄的金属上焊接时，可以使用弱电流，预防热量对邻近部位的损害，避免了可能发生的强度降低和变形。

❹ 电弧平稳，熔池小，便于控制，确保熔敷金属最多、溅出物最少。

❺ 惰性气体保护焊更适合焊接有缝隙和不吻合的地方。对于若干处缝隙，可迅速地在每个焊缝上点焊，不需要清除熔渣，焊后可以很方便地将这些部位重新上漆。

❻ 一般车身钢板都可以用一根通用型的焊丝来焊接。

❼ 车身上不同厚度的金属可用相同直径的焊丝来焊接。

❽ 惰性气体保护焊焊机可以方便地控制焊接的温度和焊接的时间。

❾ 采用惰性气体保护焊焊接，对需要焊接的小区域的加热时间较短，因而减少了钣金件的疲劳和变形。因为金属熔化的时间极短，所以能轻松进行立焊和仰焊操作。

汽车制造业现在大量使用高强度钢板，而高强度钢板和其他薄钢板比较好的焊接方法就是惰性气体保护焊焊接法，所以现在车身修理中广泛应用惰性气体保护焊。在用惰性气体保护焊进行车身修理时，能够达到快速、高质量的焊接要求。用氧乙炔焊焊接后顶侧板平均耗时约4h，而用惰性气体保护焊进行同样的工作只需约4min。

（2）惰性气体保护焊的原理。惰性气体保护焊使用一根焊丝，焊丝以一定的速度自动进给，在钣金件和焊丝之间出现电弧，电弧产生的热量使焊丝和钣金件熔化，将钣金件熔合连接在一起（图3-3-3）。

在焊接过程中，惰性气体对焊接部位进行保护，以免熔融金属受到空气的氧化。惰性气体的种类由需要焊接的钣金件而决定，钢材都用二氧化碳或二氧化碳和氩气的混合气体作为保护气体。而对于铝材，则根据铝合金的种类和材料的厚度，分别采用氩气或氩气、氮气混合气体进行保护。如果在氩气中加入4%～5%的氧气作为保护气，就可以焊接不锈钢。

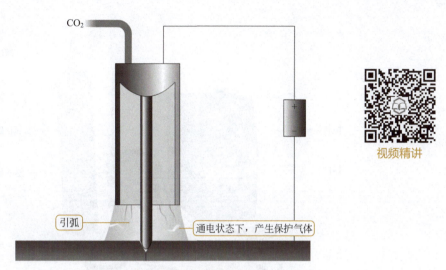

图 3-3-3 惰性气体保护焊的原理

惰性气体保护焊有时又称作二氧化碳保护焊（俗称二保焊）。其实惰性气体保护焊采用完全的惰性气体（例如氩气和氮气）作为保护气体。二氧化碳不完全是惰性气体，准确地说二氧化碳保护焊应该称为活性气体保护焊（MAG）。大多数车身修理中采用二氧化碳或二氧化碳和氩气的混合气作为保护气体，人们还是习惯用惰性气体保护焊来概括所有的气体保护电弧焊接。许多焊机都是既可以使用二氧化碳，又可以使用氩气。

惰性气体保护焊焊接的工作过程如下。

❶ 焊丝在焊接部位经过瞬间的短路、回烧并产生电弧的过程。

❷ 每一次工作循环中都产生一次短路电弧，并从焊丝的端部将微小的一滴液滴转移到熔化的焊接部位。

❸ 在焊丝周围有一层气体保护层，它可以防止大气的污染并稳定电弧。

❹ 连续进给的焊丝与钣金件相接触而形成短路，电阻使焊丝和焊接部位受热。

❺ 随着加热的继续进行，焊丝开始熔化、变细并产生收缩。

❻ 收缩部位电阻的增加将加速该处的受热。

❼ 熔化的收缩部位烧毁，在工件上形成一个熔池并产生电弧。

❽ 电弧使熔池变平并回烧焊丝。

❾ 当电弧间隙达到最大值时，焊丝开始冷却并重新送丝，更接近工件。

❿ 焊丝的端部又开始升温，其温度足以使熔池变平，但还不能够阻止焊丝重新接触工件。因此电弧熄灭，再次形成短路，上述过程又重新开始。

⓫ 这种自动循环产生的频率为 50～200A·次/s。

（3）惰性气体保护焊焊接设备。惰性气体保护焊焊接设备主要由控制部分、减压阀、二氧化碳瓶、送丝结构、焊机、搭铁夹、电缆、气管和焊枪组成（图3-3-4）。

（4）惰性气体保护焊焊接参数的调整。修理人员在焊接时，需要对下列参数进行调整：焊接电流、电弧电压、导电嘴到工件的距离、焊接时焊枪的角度、保护气体的流量、焊接速度、送丝速度等。

❶ 焊接电流。焊接电流的大小会影响钣金件的焊接熔深、焊丝熔化的速度、电弧的稳定性、焊接溅出物的数量。随着电流强度的增加，焊接熔深、剩余金属的高度和焊缝的宽度也会增大（图3-3-5）。焊接电流的调整见表3-3-1。

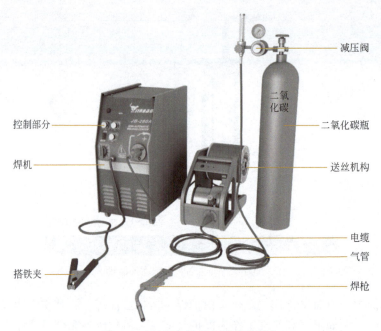

图 3-3-4　惰性气体保护焊焊接设备

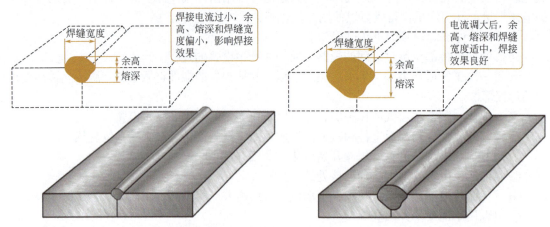

图 3-3-5　电流弱及电流适中

表 3-3-1　焊接电流的调整　　　　　　　　　　　　　　　　　　　　　　单位：A

焊丝直径 /mm	金属板厚 /mm						
	0.6	0.8	1.0	1.2	1.4	1.6	1.8
0.6	20～30	30～40	40～50	50～60	—	—	—
0.8	—	—	40～50	50～60	60～90	100～120	—
1.0	—	—	—	—	60～90	100～120	120～150

❷ 电弧电压。高质量的焊接依赖于适当的电弧长度，而电弧长度是由电弧电压决定的。电弧电压过高时，电弧的长度增大，焊接熔深减小，焊缝呈扁平状。

电弧电压过低时，电弧的长度减小，焊接熔深增加，焊缝呈狭窄的圆拱状。

由于电弧的长度由电压的高低决定，电压过高将产生过长的电弧，从而使焊接溅出物增多，而电压过低会导致起弧困难（图3-3-6）。

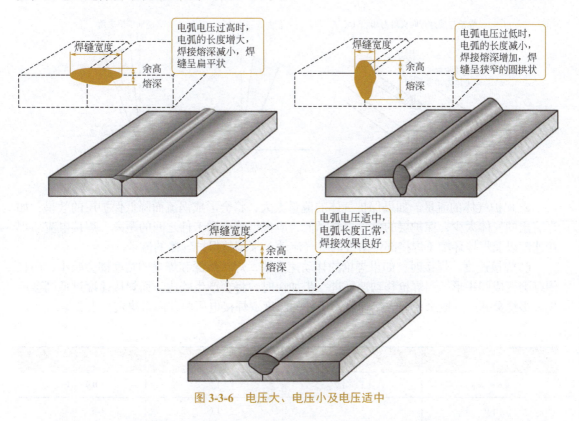

图3-3-6　电压大、电压小及电压适中

❸ 导电嘴到工件的距离。导电嘴到工件的距离（图3-3-7）是高质量焊接的一项重要因素。标准的距离为7～15mm。

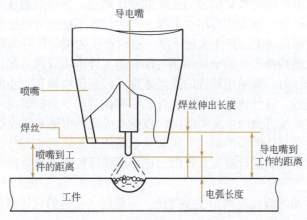

图3-3-7　导电嘴到工件的距离

如果导电嘴到工件的距离过大，从焊枪端部伸出的焊丝长度增加而产生预热，就加快了焊丝熔化的速度，保护气体所起的作用也会减小。如果导电嘴到工件的距离过小，将难以进行焊接，并会烧毁导电嘴。

❹ 焊接时的焊枪角度。焊接方向有两种,即正向焊接和逆向焊接。正向焊接的熔深较小且焊缝较平;逆向焊接的熔深较大,并会产生大量的熔敷金属。采用上述两种方法时,焊枪角度都应在 10°～15° 之间(图 3-3-8)。

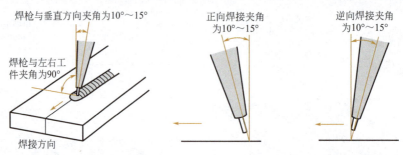

图 3-3-8　焊接方向及焊枪角度

❺ 保护气体的流量。如果保护气体的流量太大,将会形成涡流而降低保护层的效果;如果流出的气体太少,保护层的效果也会降低,应根据喷嘴和工件之间的距离、焊接电流、焊接速度以及焊接环境(焊接部位附近的空气流动)来调整保护气体的流量。

❻ 焊接速度。焊接时,如果焊枪的移动速度快,焊接熔深和焊缝的宽度都会减小,而且焊缝会变成圆拱形。当焊枪移动速度进一步加快时,将会产生咬边。而焊接速度过低则会产生许多烧穿孔。一般来说,焊接速度由工件的厚度、焊接电压两种因素决定(表 3-3-2)。

表 3-3-2　焊接速度调节

钣金件厚度 /mm	焊接速度 /(m/min)	钣金件厚度 /mm	焊接速度 /(m/min)
0.6～0.8	1.1～1.2	1.2	0.9～1
1.0	1	1.6	0.8～0.85

❼ 送丝速度。如果送丝速度太慢,随着焊丝在熔池内熔化并熔敷在焊接部位,将可听到嘶嘶声或啪嗒声。此时产生的视觉信号为反光的亮度增强。当送丝速度较慢时,所形成的焊接接头较平坦。如果送丝速度太快将堵塞电弧,此时焊丝不能充分地熔化,焊丝将熔化成许多金属熔滴并从焊接部位飞走,产生大量飞溅。这时产生的视觉信号为频闪弧光。

在仰焊时,过大的熔池产生的金属熔滴可能会落入导电嘴或进入气体喷嘴,导致喷嘴或导电嘴烧损。仰焊操作时,要采用较快的送丝速度、较短的电弧和较小的金属熔滴,并使电弧和金属熔滴互相接近。将气体喷嘴推向工件,以确保焊丝不会向熔池外移动。如果焊丝向熔池外移动,熔化的焊丝将会产生金属熔滴,直到形成新的熔池来吸收这些熔滴。

一般在焊接中会在气体喷嘴的附近产生氧化物熔渣。必须将它们仔细地清除掉,以免落入喷嘴内部并形成短路。当送丝速度太慢时,还必须清除掉因送丝太慢而形成的金属微粒,以免短路。

❽ 焊枪喷嘴。焊机的焊枪有两个主要功能:一是提供合适的气体保护;二是给工作部位加压,以防止焊丝移出熔池。

如果绝缘有问题(如喷嘴落入熔滴),应流入焊丝的电流便转移到了气体喷嘴上,引起焊丝的燃烧和飞溅,会将喷嘴烧掉。在脏的或生锈的金属上进行焊接时,会对喷嘴产生严重冲击,应先进行清洁,再进行正常的焊接。在锈蚀的表面进行焊接时,应将送丝速度减慢。

在惰性气体保护焊焊机的几个主要组成部分中,喷嘴最为关键,其次是送丝机构,若管道堵塞或损坏将造成送丝速度不稳定,并产生许多金属熔滴,造成气体喷嘴的短路。

使用气体喷嘴的注意事项如下。

a. 距离调整。调整导电嘴到喷嘴的距离大约为 3mm,焊丝伸出喷嘴 5～8mm。将焊枪的导电嘴放在靠近母材的地方,焊枪开关被接通以后,焊丝开始送进,同时保护气体也开始流出。焊丝的端部和工件相接触并产生电弧。如果导电嘴和工件之间的距离稍有缩短,将比较容易产生电弧。如果焊丝的端部形成了一个大的圆球,将难以产生电弧,所以应立即用偏嘴钳剪断焊丝端部的圆球。在剪断焊丝端部的圆球时,不可将导电嘴指向操作人员的脸部。

b. 喷嘴溅出物的处理。如果溅出物黏附于喷嘴的端部,将使保护气体不能顺利流出而影响焊接质量,应迅速清除焊接溅出物。可以使用防溅剂来减少黏附于喷嘴端部的溅出物。导电嘴上的焊接溅出物还会阻碍焊丝进给,接通送丝开关后,但焊丝无法顺利地通过导电嘴,焊丝就会在焊机内扭曲。用一个合适的工具清除掉导电嘴上的溅出物,然后检查焊丝是否能够平稳地流出。

c. 导电嘴的检查。坏了的导电嘴应及时更换,以确保产生稳定的电弧。为了得到平稳的气流和电弧,应适当拧紧导电嘴。

❾ 电源的极性。电源的极性对于焊接熔深起着重要的作用。直流电源的连接方式一般为直流反向极性连接,即焊丝为正极、工件为负极。采用这种连接时,焊接熔深最大。如果需焊接的材料非常薄,应以正向极性连接方式进行焊接,焊丝为负极而工件为正极,焊接时在焊丝上产生更多的热量,工件上的焊接熔深较浅。采用正向极性的缺点是:它会产生许多气泡,需要更多的抛光。

(5) 焊接用固定夹具。大力钳、形夹钳、薄板螺钉、定位焊夹具或各种专用夹具,都是焊接过程中必不可少的工具。在焊接前要用焊接夹具把所要焊接的部件正确地夹在一起,在无法夹紧的地方,常用锤子和铆钉将两块金属板固定在一起。

(6) 惰性气体保护焊的焊接位置。在车身修理时,焊接位置通常由汽车上需要进行焊接部件的位置决定,焊接参数的调整也会受到焊接位置的影响。

❶ 平焊(图 3-3-9)。平焊一般容易进行,而且它的焊接速度较快,能够得到非常好的焊接熔深。对从汽车上拆卸下的零部件进行焊接时,尽量将它放在能够进行平焊的位置。

❷ 横焊(图 3-3-10)。焊接水平焊缝时,应使焊炬向上倾斜,以避免重力对熔池的影响。

图 3-3-9 平焊

图 3-3-10 横焊

❸ 立焊(图 3-3-11)。焊接垂直焊缝时,最好让电弧从接头的顶部开始,并平稳地向下拉。

❹ 仰焊(图 3-3-12)。最难进行的焊接是仰焊。仰焊容易造成熔池过大的危险,而且一

些熔融金属会落入喷嘴而引起故障。在进行仰焊时，一定要使用较低的电压，同时还要尽量使用短电弧和小的焊接熔池。将喷嘴推向工件，以保证焊丝不会向熔池外移动。最好能够沿着焊缝均匀地拉动焊炬。

在实际的车身焊接操作中，尽量要采用平焊或横焊的方式来操作，以达到最好的焊接效果。有时不能进行这两种焊接操作的，只要把焊接部件转换一个角度即可进行。

图 3-3-11　立焊

图 3-3-12　仰焊

（7）惰性气体保护焊的各种基本焊接方法。

❶ 定位焊（图 3-3-13）。这种方法实际上是一种临时点焊，就是在进行永久性焊接前，用很小的临时点焊来取代定位装置或薄板金属螺钉，对需要焊接的工件进行固定。和定位装置或薄板金属螺钉一样，定位焊是一种临时性的措施。各焊点间的距离大小与工件的厚度有关，一般其距离为工件厚度的 15～30 倍。定位焊要求工件之间要正确地对准。

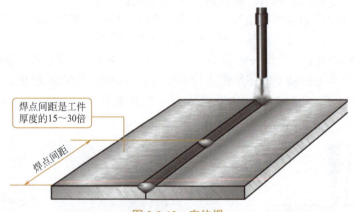
图 3-3-13　定位焊

❷ 连续焊（图 3-3-14）。焊枪缓慢、稳定地向前运动，形成连续的焊缝。操作中保持焊枪的稳定进给，以免产生晃动。采用正向焊法时，连续地匀速移动焊炬，并经常观察焊缝。焊炬应倾斜 10°～15°，以便获得最佳形状的焊缝、焊接线和气体保护效果。导电嘴到板件之间应保持适当的距离，焊枪应保持正确的角度。如果不能正常进行焊接，原因可能是焊丝太长。焊丝过长，金属的焊接熔深将会减小。为了得到适当的焊接熔深，以提高焊接质量，应使焊枪靠近工件。平稳、均匀地操纵焊炬，将得到高度和宽度恒定的焊缝，而且焊缝上带有许多均匀、细密的焊波。

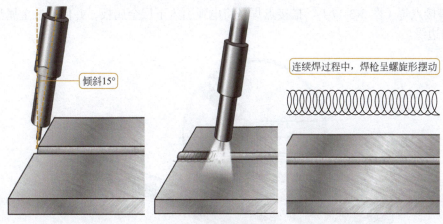

图 3-3-14 连续焊

❸ 塞焊(图 3-3-15)。进行塞焊时,应在外面的一个或若干个板件上打一个孔,电弧穿过此孔,进入里面的工件,这个孔被熔化的金属填满,板件被焊接在一起。

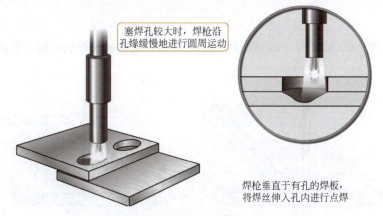

图 3-3-15 塞焊

❹ 点焊(图 3-3-16)。当送丝定时脉冲被触发时,将电弧引入被焊的两层金属板,将两层金属板熔化并熔合焊接在一起。

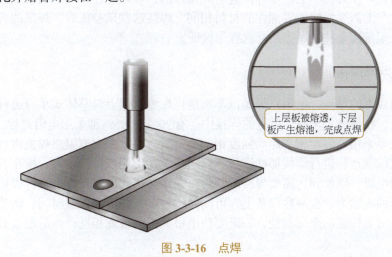

图 3-3-16 点焊

❺ 搭接点焊（图 3-3-17）。搭接点焊是将电弧引入下层金属板，并使熔融金属流入上层金属板的边缘。

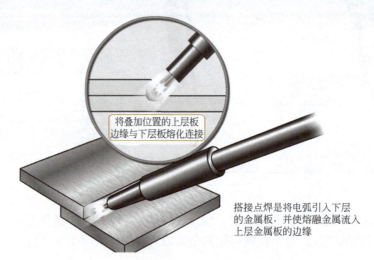

图 3-3-17　搭接点焊

❻ 连续点焊（图 3-3-18）。连续点焊就是一系列相连的或重叠的点焊，形成连续的焊缝。

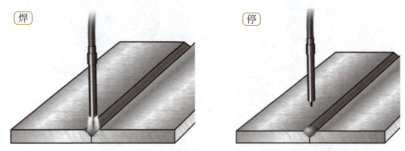

图 3-3-18　连续点焊

（8）焊接质量的检查。在每一次焊接的过程中，应经常检查焊接的质量，可以用一些试验板来进行检查。在对汽车上的零部件进行焊接以前，可以先在一些金属板上进行试焊。这些金属板和汽车上需要焊接的零部件的材料相同。焊接这些试验板时，焊机的各项参数要调整适当，那么车身钣金件的焊接质量就有了保证。

3. 电阻点焊焊接

（1）电阻点焊的特点。电阻点焊是汽车制造厂在流水线上对整体式车身进行焊接时最常用的一种方法。在整体式车身上进行的焊接中，有90%～95%都采用电阻点焊。

在修理大量采用高强度钢和超高强度钢的车身时，要求采用电阻点焊机进行焊接修理。这种焊接方式像制造厂进行焊接那样进行点焊连接。在使用点焊设备时，操作者必须选择合适的加长臂和电极，以便到达需要焊接的部位。采用挤压式电阻点焊机进行焊接时，应适当调整对金属板的夹紧力。在一些设备上，可同时调整电流强度和焊接时间。调整完毕后，将点焊机定位在需要焊接的金属板处，一定要使电极的极性彼此相反，然后触发开关，开始进行点焊。

电阻点焊在欧洲和日本的整体式车身修理中已使用了30多年，现在越来越多的我国汽车制造厂也指定用电阻点焊来修理焊接其制造的汽车，作为一名车身修理人员，有必要掌握电阻点焊的操作方法。

在进行焊接前，要先查阅汽车制造厂提供的汽车维修说明书。更换车身上的各种面板和内部板件时，所有焊接接头的大小应和原来制造厂的焊接接头相类似。除电阻点焊外，更换零部件后的焊接接头的数量应和原来的焊接接头数量相等。强度和耐久性需要根据焊接到车身上的零部件位置决定。根据部件的功用、物理性能和在车身上的位置等因素，汽车制造厂都规定了修理中各部件最佳的焊接方法。

车身修理所用的电阻点焊机通常是指需要在金属板的两边同时进行焊接的设备（双面点焊设备），而不是指那种从同一边将两块金属板焊接起来的点焊机（单面点焊设备）。双面点焊用于结构性部件的点焊，而单面点焊的强度比较低，一般只能用于外部装饰性面板的焊接。

电阻点焊过程中产生的热量少，对板件的影响小，可以进行快速、高质量的焊接，对操作者要掌握的操作技巧的要求也比较少。

电阻点焊机适用于焊接整体式车身上要求焊接强度好、不变形的薄型零部件，如车顶、窗洞和门洞、车门槛板以及许多外部壁板等部件。使用电阻点焊机时，修理人员必须知道如何调整焊机，如何进行试焊和焊接。

电阻点焊焊接有下列优点。

❶ 焊接成本比气体保护焊等低。
❷ 没有焊丝、焊条或气体等消耗。
❸ 焊接过程中不产生烟或蒸气。
❹ 焊接时不需要去除板件上的镀锌层。
❺ 焊接接头的外观质量与制造厂的焊接接头完全相同。
❻ 不需要对焊缝进行研磨。
❼ 速度快。只需1s或更短的时间便可焊接高强度钢、高强度低合金钢或低碳钢。
❽ 焊接强度高、受热范围小、金属不易变形。

视频精讲

（2）电阻点焊的焊接原理。电阻点焊是利用低电压、高强度的电流流过夹紧在一起的两块金属板时产生的大量的电阻热，用焊枪（焊炬）电极的挤压力把它们熔合在一起的（图3-3-19）。

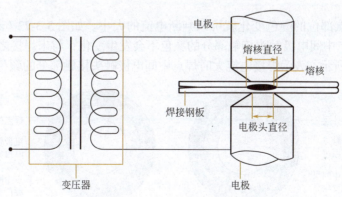

图3-3-19 电阻点焊原理

电阻点焊的三个主要参数如下。

❶ 焊接压力。两个金属件之间的焊接机械强度与焊枪电极施加在金属板上的力有直接关系。当焊枪电极将金属板挤压到一起时，电流从焊枪电极流入金属板，使金属熔化并熔合。焊枪电极的压力太小、电流过大都会产生焊接飞溅物，导致焊接接头强度降低。焊枪电极压力太大会引起焊点过小，如图 3-3-20 所示，并降低焊接部位的机械强度。焊枪电极压力过高会使电极头压入被焊金属软化的部位过深，导致焊接质量降低（图 3-3-20）。

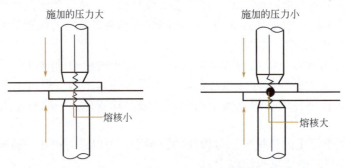

图 3-3-20　焊接压力对焊点的影响

❷ 焊接电流。给金属板加压后，一股很强的电流流过焊枪电极，然后流入两个金属板件。在金属板的接合处电阻值最大，电阻热使温度迅速上升［图 3-3-21（a）］。如果电流不断流过，金属便熔化并熔合在一起［图 3-3-21（b）］。电流太大或压力太小，将会产生内部溅出物。如果适当减小电流强度或增加压力，便可使焊接溅出物减少到最小值。焊接电流和施加在点焊部位的压力对焊接质量都有直接的影响。

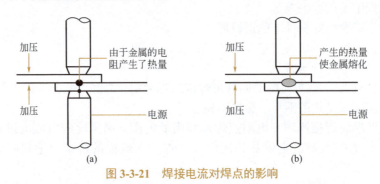

图 3-3-21　焊接电流对焊点的影响

一般通过焊点部位的颜色变化就可以判断电流的大小。如图 3-3-22（a）所示，表示焊接电流正常时焊点中间电极触头接触部分的颜色不会发生变化，与未焊接之前的颜色相同。如图 3-3-22（b）所示，表示焊接电流大时焊点中间电极触头接触部分的颜色变深，呈蓝色。

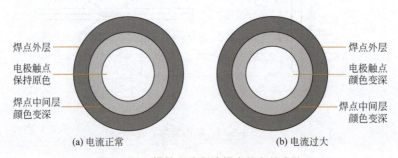

图 3-3-22　焊接电流影响焊点颜色的变化

❸加压时间。电流停止后,焊接部位熔化的金属开始冷却,凝固的金属形成了圆而平的焊点。焊点施加的压力合适会使焊点的结构非常紧密,有很高的机械强度。加压时间是一个非常重要的因素,时间太短会使金属熔合不够紧密,焊接操作时的加压时间一般不少于焊机说明书上的规定值(图3-3-23)。

(3)电阻点焊机设备组成。电阻点焊机由变压器、控制器和带有可更换电极臂的焊枪(焊炬)构成(图3-3-24)。

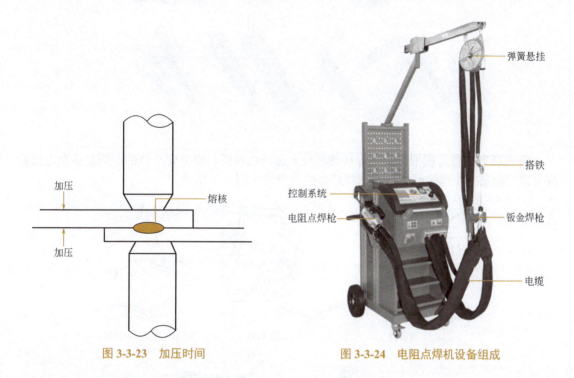

图3-3-23　加压时间　　　　图3-3-24　电阻点焊机设备组成

❶变压器。变压器将低电流强度的220V或380V车间线路电流转变成低电压(2～5V)、高电流强度的焊接电流,避免了电击的危险。

❷控制器。控制器可调节变压器输出焊接电流的强弱,并可以调节出精确的焊接电流通过的时间。

❸带有可更换电极臂焊枪(焊炬)。焊枪通过电极臂向被焊金属施加挤压力,并通入焊接电流。

车身修理所使用的大多数焊枪随着焊臂的加长焊接压力会减小,焊接质量会下降。当配备100mm或更短的缩短型电极臂时,其最大焊接能力达两层2.5mm厚的钢板。一般要求配有加长型或宽距离电极臂的焊机至少可焊接两层1mm厚的钢板。

用于整体式车身修理的电阻点焊机可带有全范围的可更换电极臂装置,能够焊接车身上各个部位的工件。各种电极臂的选用可以焊接汽车上大多数难以焊接的部位,例如轮口边缘、流水槽、后灯孔,以及地板、车门槛板、窗洞、门洞和其他焊接部位。修理人员在修理车身时,应查阅修理手册,寻找合适的专用电极臂,以便对汽车上难以焊接的部位进行焊接(图3-3-25)。

(4)电阻点焊机的调整。为使点焊部位有足够的强度,在进行操作前,请按下列步骤对电阻点焊机进行检查和调整。

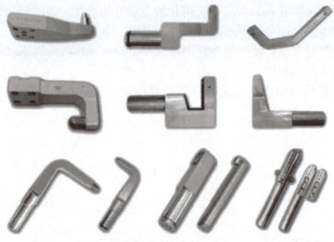

图 3-3-25　不同的电极臂

❶ 选择电极臂。应根据需要焊接的部位来选择电极臂。电极臂选择的原则是多个电极臂都可以焊接某一个部位时，尽量选择最短的电极臂（图 3-3-26）。

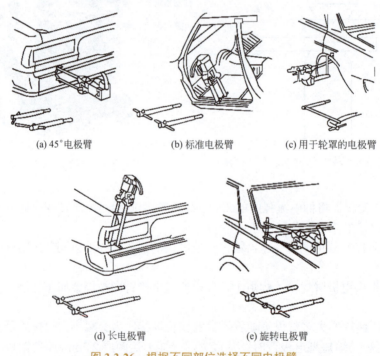

(a) 45°电极臂　　　　　　(b) 标准电极臂　　　　　　(c) 用于轮罩的电极臂

(d) 长电极臂　　　　　　(e) 旋转电极臂

图 3-3-26　根据不同部位选择不同电极臂

❷ 调整电极臂。为了获得最大的焊接压力，焊枪的电极臂应尽量缩短。要将焊枪电极臂和电极头完全上紧，使它们在工作过程中不能松开（图 3-3-27）。

❸ 两个电极头的对准。将上、下两个电极头对准在同一条轴线上。电极头对准状况不好将引起加压不充分，会造成电流过小，导致焊接部位的强度降低（图 3-3-28）。

❹ 选择电极头直径。电极头直径增加，焊点的直径将减小。电极头直径小到一定值以后，焊点的直径将不再增加。必须选择适当的电极头直径，以便获得理想的焊接深度（图 3-3-29）。

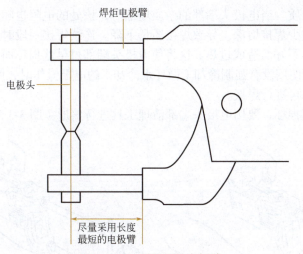

图 3-3-27 调节焊枪电极臂

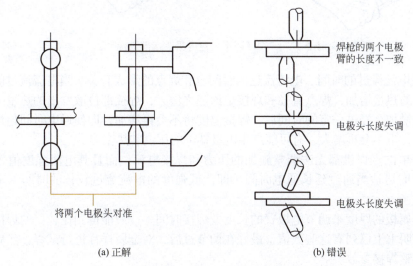

(a) 正解　　　　　　　　　(b) 错误

图 3-3-28 电极头的正确调整

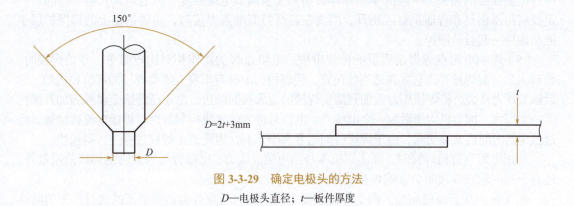

图 3-3-29 确定电极头的方法

D—电极头直径；t—板件厚度

在开始操作前，注意电极头直径是否合适，然后用锉刀将它锉光，以便清除掉电极头表面的燃烧生成物和杂质。当电极头端部的杂质增加时,该处的电阻也随之增加,这将会减小流入母材的电流并减少焊接熔深,导致焊接质量下降。连续焊接一段时间以后,电缆线和电极头端部会因为散热不好而造成过热。这将使电极头端部过早地损坏而增大电阻,并引起焊接电流急剧下降。在使用没有强制冷却(循环水冷却)的电极操作时,可在焊接5~6次后,让电极头端部冷却,再进行焊接。

如果电极头端部损坏,要用电极头端部清理工具进行整形(图3-3-30)。

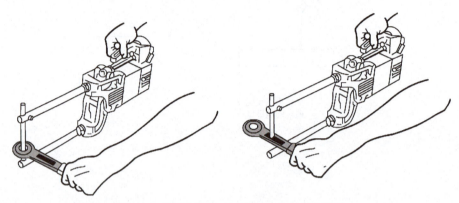

图3-3-30　用专用工具对电极头端部进行整形

❺调整电流流过的时间。电流流过的时间也和焊点的形成有关。当电流流过的时间延长时,所产生的热量增加,焊点直径和焊接熔深随之增大,焊接部位散发出的热量随着通电时间的延长而增加。经过一定的时间后,焊接温度将不会再增加,即使通电时间超过了这一时间,点焊直径也不会再增大,有可能产生电极端部的压痕和热变形。

许多简单的点焊机都无法调整施加的压力和焊接电流,而且其电流强度值较低。这些焊机在操作时可适当通过延长通电时间(即让低强度的电流流过较长的时间)来保证焊接的强度。

根据金属板的厚度来调节电极臂的长度及焊接时间,一般能得到比较好的焊接效果。如果焊机的说明书上已列有这些数值,最好在调节过后,对金属样片进行试焊,然后再检验焊接质量来调整焊接参数。

对车身上的防锈钢板进行焊接时,应将焊接普通钢板的电流强度提高10%~20%,以弥补电流强度的损失。一般简单的点焊机如果无法调节电流强度,可适当延长通电时间。一定要将防锈钢材和普通钢材区别开,因为在进行打磨准备焊接时,防锈钢板上的锌保护层不能和油漆一起被清除掉。

(5)影响电阻点焊焊接质量的操作事项。电阻点焊的操作相对比较简单,开始焊接时,修理人员拿起焊枪并将它放在适当的位置,使焊枪的电极与车身上需要焊接的部位相接触。然后触发压力开关,将焊接压力施加到需要焊接的金属板的两边。由于已经给金属板施加并保持了一个压力,加力机构便激发一个电信号,电信号进入焊接机控制器后,焊接电流被接通,经过预定的时间后又被切断。由于焊接时间通常都小于1s,因此整个焊接过程进行得很快。

使用电阻点焊机焊接时,除了焊机本身的电流、压力、电极臂等因素影响焊接的质量外,还有下列问题在焊接时会影响焊接的质量。

❶工件焊接表面的间隙。两个焊接表面之间的任何间隙都会影响电流的通过。不消除这些间隙也可进行焊接,但焊接部位将会变小而降低焊接的强度。因此,焊接前要将两个金属表面整平,以消除间隙,还要用一个夹紧装置将两者夹紧(图3-3-31)。

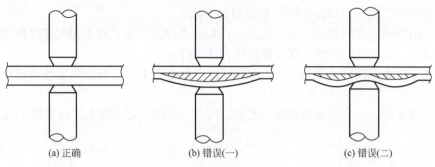

(a) 正确　　　　　　(b) 错误(一)　　　　　　(c) 错误(二)

图 3-3-31　焊接表面的间隙

❷ 工件焊接表面的清洁。需要焊接的金属板表面上的油漆层、锈斑、灰尘或其他任何污染物都会减小电流强度而使焊接质量降低，所以要将这些物质从焊接的表面上清除掉（图 3-3-32）。

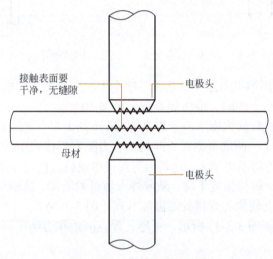

图 3-3-32　焊接表面的清洁

❸ 工件焊接表面的防锈处理。在需要焊接的金属板表面上涂一层电导率较高的防锈底漆。必须将防锈底漆均匀地涂在所有裸露金属板上（包括金属板的端面上）（图 3-3-33）。

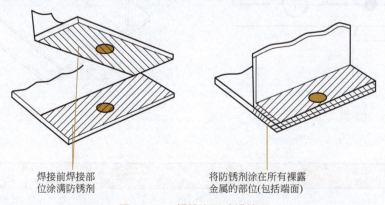

图 3-3-33　焊接表面防锈处理

❹ 点焊操作。进行点焊操作时，要做到以下几点。

尽量采用双面点焊的方法。对于无法进行双面点焊的部位，可采用气体保护焊焊接中的塞焊法来焊接，而不能用单面点焊来焊接结构性板件。

电极和金属板之间的夹角应呈 90°。如果这个角度不正确，电流强度便会减小，会降低焊接接头的强度（图 3-3-34）。

当三层或更多层的金属板重叠在一起时，应进行两次点焊或加大焊接电流（图 3-3-35）。

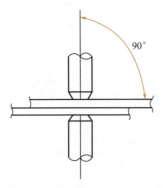

图 3-3-34　电极和金属板之间的夹角

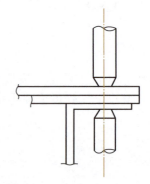

图 3-3-35　三层金属板的点焊

❺ 焊点数量。修理用的电阻点焊机功率一般小于制造厂的点焊机功率。因此，和制造厂的点焊相比，修理中进行点焊时，应将焊点数量增加 30%。

❻ 最小焊接间距。点焊的强度取决于焊点的间距（两个焊点之间的距离）和边缘距离（焊点到金属板边缘的距离）。两层金属板之间的结合力随着焊接间距的缩小而增大。但如果再进一步缩小间距，结合力将不再增大，这是因为焊接电流将流向已被焊接过的焊点产生分流，焊接部位流过电流变小，焊接强度下降。随着焊点数量的增加，这种往复的分流电流也增加。而这种分流的电流并不会使原先焊接处的温度升高（图 3-3-36）。

焊接最小间距示意如图 3-3-37 所示。板厚、焊点间距和边缘距离的关系见表 3-3-3。

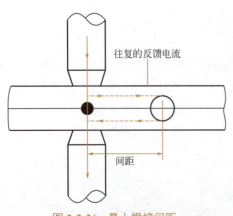

图 3-3-36　最小焊接间距

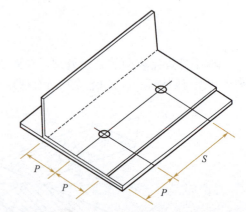

图 3-3-37　焊接最小间距示意

表 3-3-3　板厚、焊点间距和边缘距离的关系　　　　单位：mm

板厚 t	焊点间距 S	边缘距离 P
0.4	≥11	≥5

续表

板厚 t	焊点间距 S	边缘距离 P
0.8	≥14	≥5
1.0	≥17	≥6
1.2	≥22	≥7
1.6	≥30	≥8

❼ 焊点到金属板边缘和端部的距离。焊点到边缘的距离也是由电极头的位置决定的。即使焊接的情况正常，如果焊点到边缘的距离不够大，也会降低焊点的强度。在靠近金属板端部的地方进行焊接时，焊点到金属板端部的距离应符合规定值。如果距离过小，将会降低焊接强度并引起金属板变形（图 3-3-38 和表 3-3-4）。

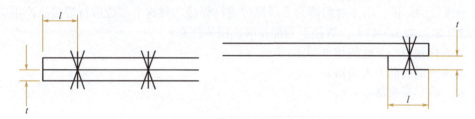

图 3-3-38　焊点到金属板边缘和端部的距离

表 3-3-4　板材厚度和最小距离的关系　　　　　　　　　　　　单位：mm

板材板厚 t	最小距离 l
0.4	≥11
0.8	≥11
1.0	≥12
1.2	≥14
1.6	≥16
2.0	≥17

❽ 电流的调整。在电阻点焊焊接时，电流流过第一个和第二个焊点的电流强度不同，特别是在两层板之间有防锈剂导致电导率降低后，第二个焊点流过的电流会小一些，造成第二个焊点的强度下降。如果电流调大后焊接，会造成第一个焊点电流过大。应该在正常焊完第一个焊点后，把第二个焊点的电流调大一些，才能得到两个焊接强度一致的焊点（图 3-3-39）。

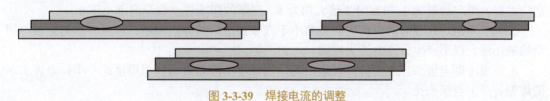

图 3-3-39　焊接电流的调整

❾ 点焊的顺序。不要只沿着一个方向连续地进行焊接操作。这种方法会使电流产生分流而降低焊接质量。应按图 3-3-40 所示的正确顺序进行焊接。当电极头发热并改变颜色时，应停止焊接，使其冷却。

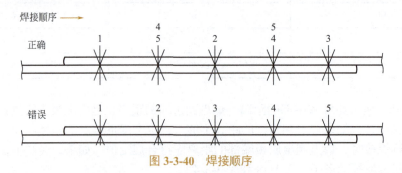

图 3-3-40　焊接顺序

❿ 角落处的焊接。不要对角落的半径部位进行焊接。对这个部位进行焊接将产生应力集中而导致开裂（图 3-3-41）。焊接下列部位时，需要注意。

a. 前支柱和中心支柱的顶部角落。

b. 后顶侧板的前上方角落。

c. 前、后车窗角落。

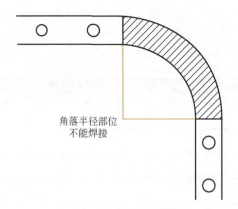

图 3-3-41　角落处的焊接

（6）电阻点焊焊接质量的检验。焊点质量的检验可采用外观检验（目测）或破坏性试验。破坏性试验用于检验焊接的强度，而外观检验则是通过外观判断焊接质量。

❶ 外观检验。除用肉眼看和手摸来检验焊接处的表面粗糙度外，还有下列任务需要检验。

a. 焊接位置。焊接位置应在板件边缘的中心，不可超过边缘，还要避免在原有的焊接过的焊点位置进行焊接。

b. 焊点的数量。焊点的数量应大于汽车制造厂焊点数量的 1.3 倍。例如，原来在汽车制造厂点焊的焊点数量为 4，4 的 1.3 倍大约为 5，则新的修理焊点数量应不小于 6。

c. 焊点间距。修理时的焊点间距应略小于汽车制造厂的焊点间距，焊点应均匀分布。间距的最小值，以不产生分流电流为原则。

d. 压痕（即电极头压痕）。焊接表面的压痕深度不能超过金属板厚度的一半，电极头不能焊偏，产生电极头孔。

e. 气孔。不能有肉眼可以看见的气孔。

f. 溅出物。用手套在焊接表面擦过时,不应被绊住。

❷ 破坏性检验。取一块和需要焊接的金属板同样材料、同样厚度的试验板件,然后按图 3-3-42 中箭头所指的方向施加力,使焊点处分开。根据焊接处是否整齐地断开,可以判断出焊接质量的好坏。实际进行修理焊接时不能用这种方法来检验,试验的结果只能作为调整焊接参数的参考依据。

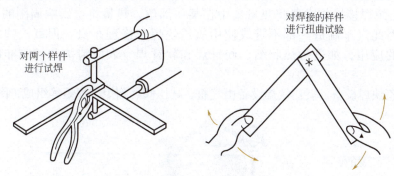

图 3-3-42　破坏性试验

这种实验有以下两种方法。

a. 扭曲实验:扭曲后在其中一个焊片上留下一个与焊点直径相同的孔。如果孔过小或根本就没有孔,说明焊点的焊接强度太低,需要重新调整焊接参数。

b. 撕裂实验:撕裂后在其中一个焊片上留有一个大于焊点直径的孔。如果留下的孔过小或根本没有孔,说明焊点的焊接太低,需要重新调整焊接参数。

非破坏性检验是指在一次点焊完成后,可用錾子和锤子按下述方法检验焊接的质量。

将錾子插入焊接的两层金属板之间并轻敲錾子的端部,如图 3-3-43 所示,直到在两层金属间形成 2~3mm 的间隙(当金属板的厚度大约为 1mm 时)。如果这时焊点部位仍保持正常,没有分开,则说明所进行的焊接是成功的。这个间隙值由点焊的位置、凸缘的长度、金属板的厚度、焊接间距和其他因素决定,这里给出的只是参考值。

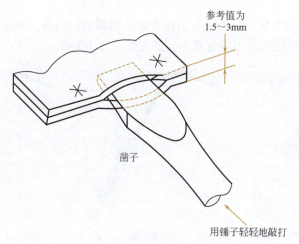

图 3-3-43　非破坏性检验

如果两层金属板的厚度不同,操作时两层金属板之间的间隙限制在 1.5~2mm 范围内。

如果进一步凿开金属板,将会变成破坏性试验。

检验完毕后,一定要将金属板上的变形处修好。

4. 氧乙炔焊接

氧乙炔焊接是熔焊的一种形式,将乙炔和氧气在一个腔内混合,在喷嘴处点燃后作为一种高温热源(大约在3000℃),将焊条和工件熔化,冷却后工件就熔合在一起。

由于氧乙炔焊接操作中要将热量集中在某一部位,热量将会影响周围的区域而降低钢板强度,因此汽车制造厂都不赞成使用氧乙炔焊来修理车身。但氧乙炔焊在车身修理中有其他的应用,如进行热收缩、硬钎焊和软钎焊、表面清洁和切割非结构性零部件等。

(1)氧乙炔焊设备。氧乙炔焊设备由气瓶、减压阀、割炬、焊炬等组成(图3-3-44)。

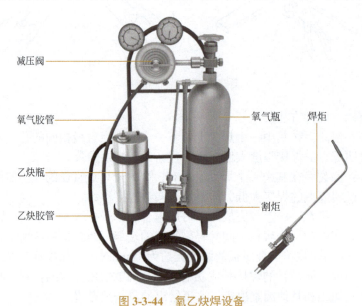

图 3-3-44　氧乙炔焊设备

(2)氧乙炔火焰的类型。氧乙炔火焰作为焊接和切割的热源,根据两种气体的比例不同产生不同的火焰,不同配比的火焰有着不同的用途(图3-3-45)。

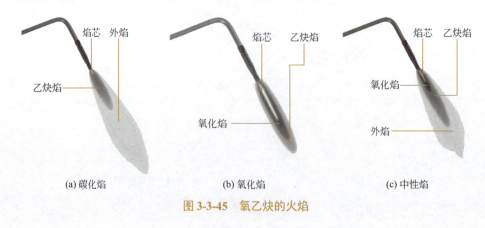

图 3-3-45　氧乙炔的火焰

❶ 碳化焰:碳化焰又称为剩余焰和收缩焰,混合气中乙炔量略多于氧气量时,燃烧生成

的火焰为碳化焰。

❷氧化焰：混合气中氧气略多于乙炔时，燃烧生成的火焰为氧化焰。

❸中性焰：标准的火焰称为中性焰。当氧气与乙炔的体积混合比为1∶1时，产生中性焰。

（3）氧乙炔焊焊炬的调整操作。氧乙炔焊不能用来焊接车身，但可以用来对非结构性钣金件上钎焊过的焊缝进行钎焊、清洁油漆层，对结构性部件的大体切割等。焊炬使用按以下步骤进行调节。

❶将合适的喷嘴安装在焊炬的前端。

❷分别将氧气和乙炔调节器调节到适当的压力值。

❸将乙炔阀旋开约半圈并点燃气体，然后继续旋开压力阀，直到黑烟消失并出现红黄色火焰（图3-3-46）。慢慢地旋开氧气阀，直到出现带有淡黄色透明火焰焰心的蓝色火焰。进一步旋开氧气阀（图3-3-47），直到中间的焰心变尖并轮廓分明。

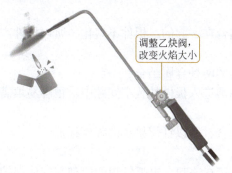

图3-3-46　黑烟消失并出现红黄色火焰

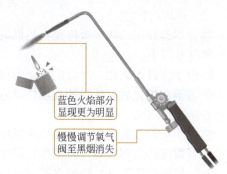

图3-3-47　进一步旋开氧气阀

在氧乙炔焊的焊接中，焊炬可朝向焊缝或背向焊缝操作，前者称为正向焊接（图3-3-48），后者称为逆向焊接（图3-3-49），在这两种操作中焊炬和焊条的角度要有所调整。

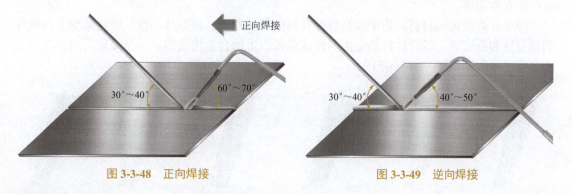

图3-3-48　正向焊接　　　　　　　　　　图3-3-49　逆向焊接

5. 钎焊焊接

（1）钎焊的原理。钎焊只能用在车身密封结构处，在焊接过程中只熔化有色金属，而不熔化工件，有色金属的熔点低于金属板（图3-3-50）。

钎焊类似于将两个物体粘在一起。在钎焊过程中，熔化的黄铜充分扩散到两层板件之间，形成牢固的熔合区。焊接处强度与熔化黄铜的强度相等，小于板件的强度。因此，只能对制造厂已进行过钎焊的部位进行钎焊，其他地方不可使用钎焊焊接。

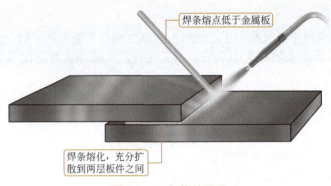

图 3-3-50　钎焊的原理

钎焊有两种类型，即软钎焊和硬钎焊（用黄铜或镍）。在车身修理中所用的钎焊一般是指硬钎焊。

（2）钎焊的特性。

❶钎焊过程中，两块板件是在较低的温度下结合在一起的。板件不熔化，所以板件产生变形和应力较小。

❷由于板件不熔化，所以能够把焊接时不相熔的两种金属结合在一起。

❸黄铜在熔化后有优异的流动性，它能够顺利地进入板件的狭窄间隙中，很容易填满车身上各焊缝的间隙。

❹由于板件没有熔化，只是在金属的表面相结合，所以钎焊接头的强度很低。

❺钎焊操作过程相对比较简单，操作比较容易。

汽车制造厂使用电弧钎焊将车顶和后顶侧板连接在一起。电弧钎焊的原理与气体保护焊接相同。不过电弧钎焊使用氩气来代替惰性气体保护焊接中的 CO_2 或 Ar/CO_2 混合气，还需要专用的钎焊丝。电弧钎焊施加在母材金属上的热量很少，母材的变形或弯曲很小。与黄铜熔敷在母材金属上的钎焊方法相比，电弧钎焊缩短了焊接和抛光的时间。另外，电弧钎焊不会产生有毒物质。

（3）钎焊使用的材料。为了提高钎焊材料的焊接性能，例如流动性、熔化温度、与板件的相容性和强度等，钎焊材料都是由两种或两种以上的合金构成的。车身修理所用的钎焊条的主要成分为铜和锌（图3-3-51）。

(a) 锡钎料(锡、铅)　(b) 铝钎料(铝、硅)　(c) 磷铜钎料(铜、磷)　(d) 黄铜钎料(铜、锌)　(e) 银钎料(银、铜)　(f) 镍钎料(镍、铬)

图 3-3-51　钎焊使用的材料

（4）焊剂。暴露在空气中的金属表面一般都有一层氧化膜，加热会使这层氧化膜变厚。需要钎焊的金属表面上如果有氧化层或粘有外来杂质，钎焊材料就不能和板件充分粘接，而且表面张力将使钎焊材料变成球形，不黏附在板件上（图3-3-52）。

给板件的表面涂上焊剂后，加热会把焊剂变成液体，变成液体的焊剂会清除金属表面的氧化层。氧化层被清除后，钎焊材料将粘接在板件上。焊剂还可以预防板件表面进一步氧化，增加板件和钎焊材料之间的粘接强度（图3-3-53）。

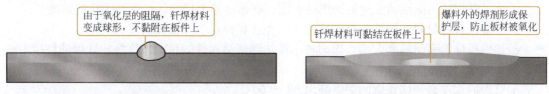

图 3-3-52　未使用焊剂的情况　　　　　图 3-3-53　使用焊剂的情况

（5）钎焊的操作过程。

❶钎焊操作的一般过程如下。

a. 清洁母材表面（图3-3-54）。如果板件的表面上粘有氧化物、油、油漆或灰尘，钎焊材料就不能顺利地流到金属表面上。尽管焊剂可以清除氧化层和大部分污染物，但还不足以清除掉所有的污染物，残存在金属表面上的污染物最终还会导致钎焊的失败。所以在钎焊操作前要用钢丝刷对表面进行机械清洁。

b. 施加焊剂（图3-3-55）。板件被彻底清洁后，在焊接表面均匀地加上焊剂（如果使用带焊剂的钎焊条，则不需要进行该操作）。

c. 对板件加热。将板件的接合处均匀地加热到能够接受钎焊材料的温度。调节焊炬气体的火焰，使它稍微呈现出碳化焰的状态。根据焊剂熔化的状态，推断出钎焊材料熔化的适当温度。

d. 对板件进行钎焊（图3-3-56）。当板件达到适当的温度时，将钎焊材料熔化到板件上，并让其流动，钎焊材料流入板件的所有缝隙后，停止对板件接合处加热。

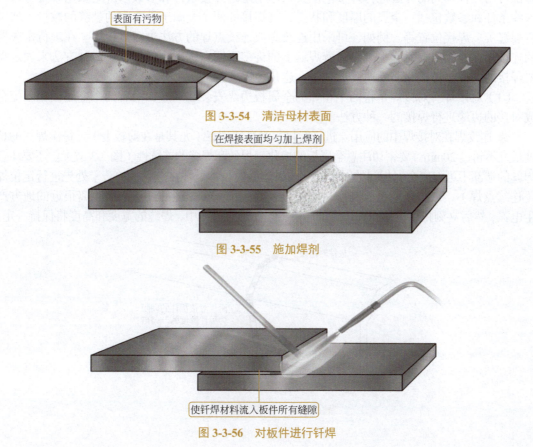

图 3-3-54　清洁母材表面

图 3-3-55　施加焊剂

图 3-3-56　对板件进行钎焊

❷ 钎焊操作的注意事项

a. 为了钎焊材料能顺畅流过被加热的表面，必须将整个接合区加热到同样的温度。
b. 不能让钎焊材料在板件加热前熔化（以免钎焊材料不与板件粘接）。
c. 如果板件的表面温度太高，焊剂将不能达到清洁板件的目的，这将使钎焊的粘接力减小，接头的接合强度降低。
d. 钎焊的温度必须比黄铜的熔点高出 30～60℃。
e. 焊炬喷嘴的尺寸应略大于金属板的厚度。
f. 给金属板预热，使硬钎焊得到更好的熔敷效率。
g. 钎焊前要用大力钳固定好金属板，防止板件的移动和钎焊部位的开裂。
h. 均匀地加热焊接部位，防止板件熔化。
i. 需要调整热量时，移开火焰，使钎焊部位短暂地冷却。
j. 应尽量缩短钎焊的时间（以免降低钎焊的强度）。
k. 避免同一个部位再次钎焊。

（6）钎焊后的处理。钎焊部位充分冷却以后，用水冲洗掉剩余的焊剂残渣，并用硬的钢丝刷擦净金属表面。焊剂可用砂轮或尖锐的工具清除。如果没有完全清除掉剩余的焊剂残渣，油漆就不能很好地黏附，而且接头处还可能产生腐蚀和裂纹。

6. 车身板件焊接的基本操作方法

车身修理所用的惰性气体保护焊包括各种对接焊、搭接焊、塞焊和点焊。每种类型的焊缝都可用几种不同的方法进行焊接。主要根据给定的焊接条件和参数来决定采用哪种方法。这些条件和参数包括：金属的厚度和状态、被焊接的两个金属工件之间的裂缝的数量（如果有裂缝）、焊接位置等。例如，可采用连续焊或连续点焊的方法进行对接焊。在进行永久性的连续焊或连续点焊时，也可以沿着焊缝上的许多不同点进行定位焊，用这种方法来固定需要焊接的工件。搭接和凸缘连接可采用上述几种焊接技术。

（1）对接焊。对接焊是将两个相邻的金属板边缘安装在一起，沿着两个金属板相互配合或对接的边缘进行焊接的一种方法。

❶ 连续焊在对接焊中的应用。进行对接焊时必须注意（尤其是在薄板上），每次焊接的长度最好不超过 20mm。要密切注意金属板的熔化、焊丝和焊缝的连续性（图 3-3-57）。还要注意焊丝的端部不可偏离金属板间的对接处。如果焊缝较长，最好在金属板的若干处先进行定位焊（连续点焊），以防止金属板变形。如图 3-3-58 所示，在焊缝的终点前面距离很近的地方产生电弧，然后立刻将焊枪移动到焊缝的起点处。在焊接过程中，焊缝的宽度和高度将保持一定。

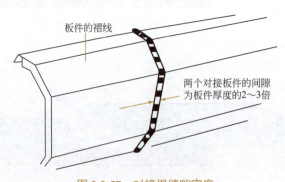

图 3-3-57 对接焊缝隙宽度

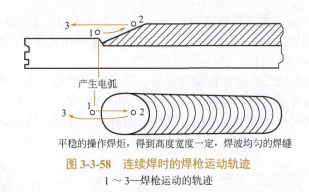

图 3-3-58 连续焊时的焊枪运动轨迹
1~3—焊枪运动的轨迹

焊接时要采用分段的方式,让某一段区域的对接焊自然冷却后,再进行下一区域的焊接(图 3-3-59)。

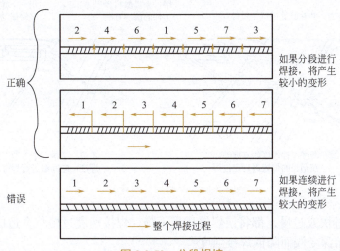

图 3-3-59 分段焊接

尽管外层低碳钢金属板对接焊的敏感性较小,焊接时也要采用分段的方式,以防止由于温度升高而引起弯曲和变形。为了将间隔开的焊缝之间的间隙填满,可先用砂轮磨光机沿着金属板表面进行研磨,然后再将间隙中填满金属。如果焊缝表面未经研磨便将焊接金属填入,则会产生气泡(图 3-3-60)。

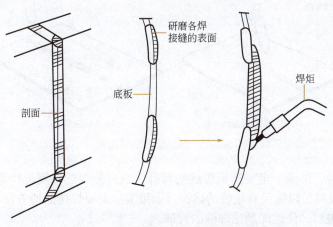

图 3-3-60 添满隔开的焊缝之间的间隙

在焊接金属薄板时，如果薄板厚度为 0.8mm 以下，必须采用不连续的焊接（即连续点焊），以防止烧穿薄板。保持适当的焊炬角度，并按正确的顺序操作，便可得到高质量的焊缝。可采用逆向焊法来移动焊炬，这样比较容易对准焊缝。

若采用对接焊的方法没有得到预期的效果，其原因可能是导电嘴和板件金属之间的距离过大。焊接熔深随着导电嘴和板件金属之间距离的增大而减小。操作时，试将导电嘴和板件金属之间的距离保持几个不同的值，直至获得理想的焊缝，这时的距离值即为最佳值（图 3-3-61）。

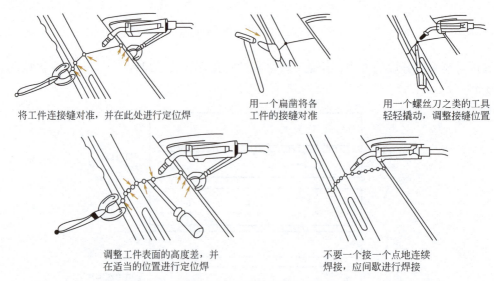

图 3-3-61 对接焊的操作方法

焊枪移动得过快或过慢，都将使焊接质量下降。焊接速度过慢将会造成熔穿；相反，焊接速度过快将使熔深变浅而降低焊接强度。

即使在焊接的过程中形成了理想的焊缝，但是如果从金属的边缘处或靠近边缘的地方开始焊接，金属板仍会产生弯曲变形。因此，为了防止金属板弯曲，应从工件的中心处开始焊接，并经常改变焊接的位置，以便将热量均匀地扩散到板件金属中去。金属板的厚度越小，焊缝的长度应越短（图 3-3-62）。

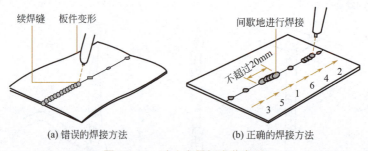

图 3-3-62 防止金属板弯曲变形

进行对接焊时，熔深一定要达到焊缝的背部。当对接焊的金属板件厚度为 1.6mm 以上时，必须留一个坡口，以确保有足够的熔深。如果实际需要焊接的地方没有坡口，可在焊缝处磨出一个 V 形坡口，使熔深到达焊缝的背部。

对接焊完成后不需要再加固。因为再加固过的地方会产生应力集中，使加固过的焊缝强度低于未经加固的焊缝。

❷ 脉冲点焊在对接焊中的使用。可采用惰性气体保护焊焊机进行脉冲点焊操作。现在大多数车身修理用气体保护焊焊机都带有内部定时器，在一次点焊后，便会切断送丝装置并关闭电弧，间隔一定时间后重新进行下一次点焊。间隔时间的设定值取决于工件的厚度。

用气体保护焊焊机进行点焊操作时，最好用一个专用喷嘴来代替一般喷嘴。将具有点焊控制、焊接热量及回烧时间控制功能的焊枪安装到位，然后将喷嘴指向焊接部位并启动焊枪。经过很短的时间以后，送丝时间脉冲被触发，焊接电流被接通，与此同时，电弧熔化外层金属并进入内层金属。然后焊枪自动关闭。无论将焊枪开关触发多长的时间，都不起作用。但是，如果将触发器松开，然后再次揿压，便可得到下一个点焊脉冲。

由于条件上的差异，难以确定惰性气体保护点焊的质量。因此，在承受载荷的板件上，最好采用塞焊或电阻点焊方式来焊接。

在焊接各种薄型的非结构性金属板和外壳上的搭接缝及凸缘时，搭接点焊是一种常用的快速有效的方法。但要将点焊喷嘴放在外层金属板凸缘的上方，角度大约为 90°。这就使它能同时接触两层金属板。电弧熔入凸缘，然后进入下层金属板。

❸ 连续脉冲点焊在对接焊中的使用。气体保护连续点焊使用一般喷嘴，不使用点焊喷嘴。进行连续点焊时，要将点焊的方法和连续焊的焊炬操作及运行方法结合起来。

焊接操作可以看作是焊接 - 冷却 - 焊接 - 冷却的过程，在电弧关闭的时间内，刚刚焊接过的部位会稍有冷却并开始凝固，然后再进行下一个部位的焊接。这种间歇方式所产生的变形较小，熔透和烧透较少。连续点焊的这些特征使它适用于薄型装饰性金属板的连续焊接。

连续点焊的间歇式冷却和凝固使它的变形比连续焊接小。对立焊或仰焊缝进行连续点焊时，焊接熔池不会过热而导致融熔金属流淌。

（2）搭接焊。搭接焊是在需要连接的几个相互依次重叠的金属板的上表面的棱边处将两个金属表面熔化。这种操作方法与对接焊相类似，所不同的是其上表面只有一个棱边。搭接焊只能用于修理原先在制造厂进行过这种焊接的地方，或用于修理外板和非结构性的金属板。当需要焊接的金属多于两层时，不可采用这种方法。

搭接焊操作时也要采用对接焊中所采用的温度控制方法，不能连续进行焊接，应按照能使焊接部位自然冷却并预防温度上升的顺序进行焊接。

（3）塞焊。在车身修理中，可采用塞焊来代替汽车制造厂的电阻点焊。塞焊经常用在曾在汽车制造厂进行过电阻点焊的所有地方，它的应用不受限制，而且焊接后的接头具有足够的强度来承受各结构件的载荷。塞焊还可用于装饰性的外部板件和其他金属薄板上。

塞焊是点焊的一种形式，它是通过一个孔进行的点焊。在需要连接的外层板件上钻（或冲）一个孔来进行焊接，一般结构性板件的孔直径为 8mm，装饰性板件上孔的直径为 5mm，若装饰性板件上的孔太大，会使后面的打磨工作量加大。先将两板件紧紧地固定在一起，焊枪和被焊接的表面保持一定的角度，将焊丝放入孔内，短暂地触发电弧，然后断开触发器。熔融金属填满该孔并凝固。一定要让焊枪深入到下面的金属板。金属板下面的半球形隆起表明有适当的焊接熔深。

间断的塞焊焊接会在金属表面上产生一层氧化物薄膜而形成气泡。如果发生这种情况，可用钢丝刷来清除氧化物薄膜。在进行一个孔的焊点塞焊时要求一次完成，避免二次焊接。

塞焊焊接过的部位应该自然冷却，然后才可以焊接相邻部位。不能用水或压缩空气对焊点周围进行强制冷却。让其缓慢、自然地冷却，会减小金属板的变形，并使金属板保持原有的强度。

塞焊还用于将两个以上的金属板连接在一起。当需要将两个以上的金属板焊接在一起时，应在每一层金属板上冲一个孔（最下面的金属板除外）。每一层附加金属板的塞焊孔直径都应小于最上层金属板塞焊孔的直径。采用塞焊法焊接不同厚度的金属板时，应将较薄的金属板放在上面，并在较薄的金属板上冲较大的孔，这样可以保证较厚的金属板能首先熔化。

进行高质量塞焊的要素如下。

❶ 调整适当的时间、电流、温度。
❷ 把各工件紧密地固定在一起。
❸ 焊丝与被焊接的金属相容。
❹ 底层金属应首先熔化。
❺ 夹紧装置必须位于焊接位置的附近。

7. 镀锌金属的惰性气体保护焊

对镀锌钢材进行气体保护焊接时，不必将锌磨掉。如果将锌磨掉，金属的厚度会降低，强度也随之降低，该区域也极易受到腐蚀。

焊接镀锌钢材时，应采用较低的焊枪运行速度，这是因为锌蒸气容易上升到电弧的范围内，干扰电弧的稳定性。焊枪运行速度较低，可使锌在焊接熔池的端部烧掉。根据镀锌层的厚度、焊接的类型和焊接的位置来决定焊枪运行速度。

与无镀层的钢相比，镀锌钢材的焊接熔深略浅，所以，对接焊时需要底部的直角边缘间隙稍大。为了防止较宽的间隙造成烧穿或过量的熔深，焊接时，应使焊枪左右摆动。焊接镀锌钢材产生的溅出物也比较多。所以，应在焊枪喷嘴的内部加上防溅剂，并且应该经常清洁喷嘴。

镀锌钢板焊接时会产生锌蒸气，而锌蒸气有毒，所以应有良好的通风条件，并且在进行焊接操作时操作人员应该戴上供气的防毒面罩。

8. 铝板的焊接

由于铝板的导热性好，它最适合采用惰性气体保护焊接，用这种方法更容易进行高质量的焊接。在焊接之前要清除焊接区域的氧化层，因为氧化层的存在会导致焊缝夹渣和裂纹。

（1）焊接铝板时的注意事项。

❶ 要使用铝焊丝和100%的氩气。
❷ 和焊接钢板相比，焊接铝板时的送丝速度较快。
❸ 焊接铝板时，焊炬应更加接近垂直位置。焊接方向只能从垂直方向倾斜5°～15°。
❹ 只能采用正向焊接法，不能在铝板上进行逆向焊接。只能推，不能拉。进行垂直焊接时，应从下面开始，向上焊接。
❺ 将送丝滚轴上的压力调低一点，以免焊丝弯曲。但压力不能调得过低，防止造成送丝速度不稳定。
❻ 焊接铝板时，保护气体的数量要比焊接钢板时增加约50%。
❼ 焊接铝板会产生更多的溅出物，应在喷嘴和导电嘴的端部涂上防溅剂。

（2）铝板焊接操作过程如下。

❶ 用溶剂和一块干净的布对焊接部位的正面和反面进行彻底清洁。
❷ 将两块直角边的铝板放在金属台上，并将焊接夹具固定在台上。
❸ 如果铝板表面有涂层，用装有粒度为80号砂轮的砂轮机磨去宽度为20mm范围内的

涂层，让金属裸露出来。也可以使用双向砂轮机，不要将砂轮压得太紧，以免温度升高后，铝板上的微粒脱落，堵塞砂纸或砂轮片。

④ 用不锈钢钢丝刷刷净铝表面，直到表面发亮为止。

⑤ 在喷嘴内装入直径为1mm的铝焊丝，当焊丝伸出喷嘴大约10mm时，启动焊机。

⑥ 按照焊接机的使用说明书调整电压和送丝速度。但是，说明书上给出的只是大概的数值，修理人员可能还要对这些数值进行调整。和钢板的焊接相比，焊接铝板时的送丝速度较快。

⑦ 剪断焊丝的端部，以便将熔化的部分清除掉。

⑧ 将两块铝板放在一起，并在它们之间留一条焊缝。导电嘴到焊接处之间的距离为7~14mm。

⑨ 采用正向焊接法，按照正确的焊接操作方式来焊接。

9. 软钎焊的操作过程

软钎焊不能用来加固金属板上的接头，而只能用于最终的精加工，例如校正金属板表面或修正焊接接头的表面。由于软钎焊具有"毛细现象"，可产生极好的密封效果。

在对一个接头进行软钎焊以前，应先将接合处及其周围的油漆、锈斑、油和其他外来杂质清除掉。软钎焊的过程如下。

① 对需要进行软钎焊的表面加热（加热后用一块布擦净）。

② 充分摇晃焊膏，然后用刷子将它涂在金属的表面上（所涂的面积应比需要钎焊的面积宽12~25mm）。

③ 保持一定的距离进行加热。

④ 按照从中心到边缘的顺序，擦掉焊膏。

⑤ 钎焊部位会呈现出银灰色（如果为浅蓝色，表明加热温度过高）。

⑥ 如果焊接的部位未被焊上，应涂上焊膏重新钎焊。

⑦ 进行软钎焊时，应记住以下几点。

a. 最好使用专用焊炬进行软钎焊。

b. 钎料所含的锌不少于13%。

c. 保持适当的温度。均匀地移动焊炬，使火焰均匀地加热整个需要钎焊的部位（不能只在某一点加热）。当钎料开始熔化时，移开火焰并用刮刀进行修整。

d. 当需要另涂钎料时，必须对原先涂上的钎料重新加热。

第四节 车身校正仪作业

一、车身校正仪的概述及使用

1. 车身校正仪的基本要求

车身修理中为了达到比较好的修复效果，必须使用有能力完成多种基本修复功能的校正仪。为了能够完成车身修复工作，车身校正仪必须具备以下条件。

（1）配备高精度、全功能的校正工具。

（2）配备多功能的固定器和夹具。

（3）配备多功能、全方位的拉伸装置。

（4）配备精确的三维测量系统。

对于车架式车身的汽车，悬架系统和传动系统是直接安装在车架上的，如果车架结构已经过必须的校正，它们的安装位置也应该被校正。但是对于整体式车身的汽车，车身是一个整体结构，一些校正参考点位于车身结构的上部，超过了一般的二维车架校正设备的能力范围。另外，车架式结构可以接受反复的拉伸过程，而整体式车身的薄板结构，要求一次就调好位置，反复拉伸会使钣金件破裂。因此对于整体式车身的修复，其校正设备必须能同时显示每一个参考点变形的大小和变形的方向。这也就是要求校正设备除了具备全方位的拉伸功能外，还要配备一套精确的三维测量系统，能够监控、指导整个校正的过程。只有用这样的设备，车身修理人员才能精确地确定拉伸校正次序，监控整个校正过程，并确定每个拉力的作用效果。

2. 车身校正仪的类型

（1）地框式校正系统。地框式校正系统利用地八卦固定车身的底板纵梁和车架来校正车身（图3-4-1）。

地八卦与地面的固定方式有两种：一种是与地面位置相对固定地埋入式地八卦；另一种是能与地面位置相对移动的滑动式地八卦。前者施工简便，但灵活性较差，后者虽然施工复杂，但车身固定点的可选范围较大，灵活性好。

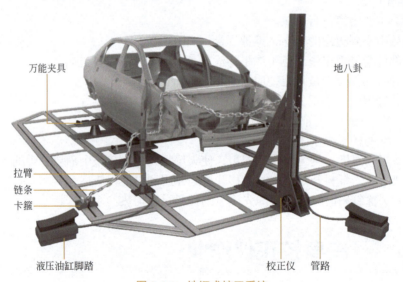

图3-4-1 地框式校正系统

（2）框架式专用车身校正仪。框架式专用车身校正仪（图3-4-2）能够更加灵活地运用于车身和车架的校正，这种校正仪可整体移动，牵引桩也可方便地变换牵引方向；对车身高度方向上的测量也十分容易实现。

（3）L形简易校正仪。L形简易校正仪的牵拉装置装配有液压系统，在可移动的立架和支柱之间用链及夹钳牵拉被损坏的车身部分。因为容易搬运，这种装置很容易安放在损伤部位的牵引方向。但是这种类型的装置只能在一个方向上拉拔。因此，它只适合一些小的碰撞修复，对于复杂的碰撞变形不能进行精确的修复（图3-4-3）。

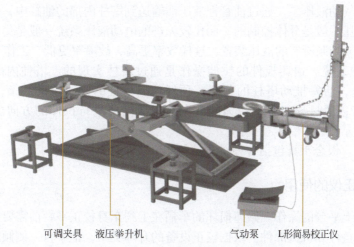

可调夹具　　液压举升机　　　　气动泵　　L形简易校正仪

图 3-4-2　框架式专用车身校正仪

（4）平台式车身校正仪。平台式车身校正仪是一款通用型的车身校正设备，可以对各种类型、型号的车身进行有效校正（图 3-4-4）。

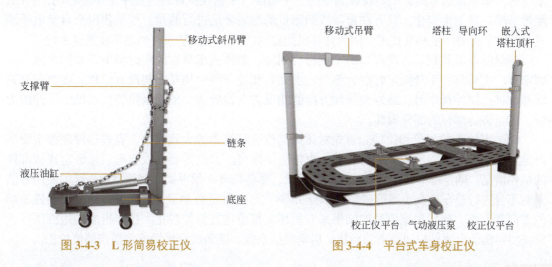

图 3-4-3　L形简易校正仪　　　　　　图 3-4-4　平台式车身校正仪

平台式车身校正仪主要由以下部分组成。

❶ 平台。平台是车身修复的主要工作台，拉伸校正、测量、板件更换等工作都在平台上完成。

❷ 上车系统及升降系统。通过上车系统及平台升降系统可以把事故车放置在校正平台上。上车系统包括车板、拖车器、车轮支架、拉车器（牵引器）等，通过液压升降机构把平台升起到一定的工作高度。平台的工作高度分为固定式和可调式，固定式一般为倾斜式升降，高度为 500～600mm；可调式一般为整体式升降，高度一般为 300～1000mm。

❸ 主夹具。维修前，固定在平台上的主夹具将车辆紧固在平台上，车辆、平台和主夹具成为一个刚性的整体，车辆在伸拉操作时不能移动。为满足不同车身下部固定位置的需要，主夹具结构有多种，双夹头夹具可以夹持比较宽的裙边部位，防止拉伸中损坏夹持部位；单夹头夹具的钳口开口很宽，能够夹持车架。对于一些特殊车辆的夹持部位有特殊的设计，如有些车没有普通车的点焊裙边，像奔驰或宝马车型就需要专门的夹具来夹持。

❹ 液压系统。车身拉伸校正工作是通过液压的强大力量来把车身上的变形板件拉伸到

位。校正仪上的气动液压泵，通过油管把液压油输送到塔柱内部的油缸中，推动油缸中的活塞顶出。气动液压一般是分体控制的，而比较先进的电动液压系统一般是集中控制的，由一个或两个电动泵来控制所有的液压装置，这样效率更高，故障率更低，工作平稳。

❺塔柱拉伸系统。损坏板件的拉伸操作是通过塔柱实现的。塔柱内部有油缸，液压油推动油缸活塞，活塞推动塔柱的顶杆，顶杆伸出塔柱的同时拉动链条，在顶杆的后部有链条锁紧蜗杆，通过导向环把拉力的方向改变成需要进行拉伸的方向。导向环通过摩擦力卡在塔柱上。

❻钣金工具。钣金工具包括各种对车身各部位拉伸的夹持工具。

3. 车身校正仪的使用

（1）事故车上平台的操作。碰撞损坏的车辆在上到车身校正平台前需要拆除一些妨碍操作的车身外部覆盖件和机械部件。根据校正设备的升降类型，把平台一侧倾斜或整体降到最低高度，用手动或电动拉车器把车辆拉到平台上的合适位置。

（2）事故车在平台上的定位。车辆上到平台上后，首先是找好车身与测量系统的基准，其次就是在平台上定位。因为测量工作要贯穿整个车身的维修过程，特别是使用机械式测量系统时，车辆在固定前必须要找好测量的三个基准。车辆在拉伸的过程中是不能移动，否则，测量基准一旦发生变化，只有在重新找到测量基准后才能进行测量。如果使用全自动电子测量系统则不需要测量基准找正，因为计算机能自动找到测量的基准，如超声波测量系统。

测量的基准找到后，就可以对车辆进行固定，整体式车身在固定时至少需要四个以上的固定点。主夹具、车身固定好后，车身、主夹具和校正平台相互之间没有位移。在对车身紧固部件进行拉伸操作时，最好在拉伸方向的相反方向设置一个辅助牵拉装置以抵消拉伸的力量，防止夹持部位的部件损坏。

（3）事故车的测量和拉伸。首先对碰撞部位进行简单的大致修整，有些部件碰撞中变形严重，这些部件可能不需要进行校正，直接更换即可。但这需要大致整形后来确定连接部件的损伤情况，确定哪些部件需要校正恢复形状，哪些部件必须更换。按照测量系统的使用方法来对车身进行整车检查（严重碰撞的车身），对变形部件进行测量，还需要知道受损板件变形的方向和大小。然后根据测量的结果来对损坏的部位进行拉伸校正。拉伸指的是用液压校正设备将损伤的金属件拉回原来的形状。启动液压系统，链条就会慢慢地将损伤部位拉正。

4. 车身校正仪操作时的安全

拉伸操作中的安全事项：使用校正仪时，不正确的操作可能对人员、车身和校正仪都造成损坏，因此要注意以下安全规则。

（1）根据所用设备的说明书，正确地使用车身校正仪。

（2）严禁非工作人员或未经过培训上岗的人员操作校正仪。

（3）车辆固定时要确保主夹具夹钳齿咬合得非常紧固，车辆被牢靠地固定在平台上。

（4）拉伸前汽车要装夹牢固，检查主夹具固定螺栓和钳口螺栓是否紧固牢靠。

（5）一定要用推荐型号与级别的拉伸链条和钣金工具进行操作。

（6）拉伸时钣金工具要在车身上紧固牢靠，链条必须稳固地与汽车和平台连接，以防止拉升过程中脱落。避免将链条缠绕在尖锐器物上。

（7）向一边拉伸力量大时，一定要在相反一侧辅助拉伸，以防止汽车拉离校正台。

（8）操作人员在汽车上面和汽车下面工作时，不要用千斤顶支撑汽车。

（9）严禁操作人员与链条或拉伸夹钳在一条直线上。因为当链条断裂、夹钳滑落、钢板撕裂时，特别是在拉伸方向可能造成直接的伤害事故。

（10）用厚防护毯包住链条或用钢丝绳把链条、钣金工具固定在车身的牢固部件上，万一链条断裂，可防止工具、链条甩出对人员和其他物品造成损伤。

（11）在拉伸时要把塔柱与平台的固定螺栓紧固牢靠，否则拉伸中塔柱滚轮移动装置会受力损坏，可能导致塔柱突然脱离平台造成人员和物品的损伤。

（12）塔柱使用链条进行拉伸时，链条在顶杆的锁紧窝锁紧，链条不能有扭曲，所有链节都呈一条直线。导向环有固定手轮，手轮松开后，一旦链条断裂，导向环因自重向下滑，防止链条向左右甩出。

二、车身测量

1. 车身测量的基本原理

（1）尺寸单位。车身尺寸手册中的尺寸都是用公制单位给出的，但也有少数测量设备制造厂家同时使用公制和英制单位标注。为了容易阅读车身尺寸手册，表3-4-1给出英制单位和公制单位的符号及换算关系。

表 3-4-1 英制单位和公制单位的符号及换算关系

测量名称	英制单位名称及符号	公制单位名称及符号	英制单位-公制单位换算关系	公制单位-英制单位换算关系
长度	英寸（in）	毫米（mm）	1in=25.4mm	1mm=0.0394in
	英尺（ft）	厘米（cm）	1ft=30.5cm	1cm=0.0328ft
	码（yd）	米（m）	1yd=0.914m	1m=1.093yd
	英里（mile）	千米（km）	1mile=1.61km	1km=0.621mile

（2）车身测量的基准。车身测量的基准就是指测量尺寸的起点，即零位置。传统的车身测量方法是平面测量，只能有两个方向的基准，即长度基准和宽度基准，现代的车身测量强调要进行三维测量，需要三个方向的基准，即长度基准、宽度基准和高度基准。只有三维测量的尺寸才能确定车身上某一点的位置。

车身测量一般要有三个基准，即基准面、中心面和零平面。

❶ 基准面。基准面是指与汽车车底平行且距车底一定距离的一个假想平面，在车身尺寸测量图中，基准面在侧视图上投影成一条直线，用基准线来表示（图3-4-5）。

图 3-4-5 基准面

❷ 中心面。中心面是指一个假想的平面，是将汽车分成左右相等的两半，即乘员侧和驾驶员侧，中心面与基准面相互垂直，在车身尺寸测量图中，中心面在俯视图上投影成一条直线，用中心线来表示（图3-4-6）。

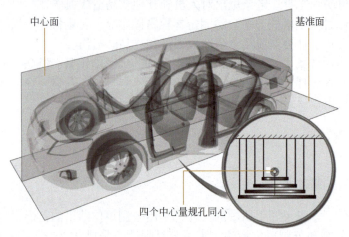

图3-4-6 中心面

❸ 零平面。为了方便对汽车的研究，将车身看作一个长方形结构，并利用两个能同时垂直中心面和基准面的平面把车身划分成前、中、后三个部分。这两个平面处于前、后桥附近，也是假想的平面，为了方便长度测量，把它们确定为测量长度尺寸的起点称为零平面（图3-4-7）。

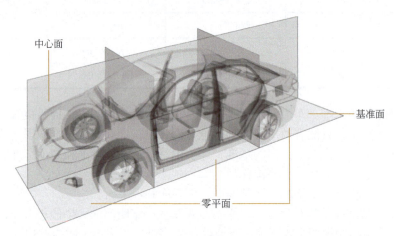

图3-4-7 零平面

（3）基准点和控制点

❶ 基准点。基准点也叫作参考点，是在车架或车身上用来在维修中进行测量的一些特殊点，通常是孔、特殊螺栓、螺母、凹凸点、板件边缘或汽车上的其他位置。维修损坏严重的汽车，实际上就是把这些参考点恢复到符合尺寸精度要求的状态。

❷ 控制点。控制点是车辆在设计、生产时用来实现设计者的意图和保证制造尺寸的一些定位点。要注意的是，汽车制造中所用的控制点不一定会与车身维修技术人员测量车身所用的基准点相同。

（4）车身测量的要求。对于任何车辆，基准点（参考点）都是检验车身其他各点位置是否正确的基准。对于事故车的车身维修，只有使损伤部位所有的基准点都恢复到事故前原有的位置，维修才能算完成。尤其对于承载式车身的维修，必须要对整个维修过程进行测量和记录，观察尺寸的变化。全过程监控尺寸变化情况，才能对每一个环节的维修质量做出及时的评估，为下一个环节的工作做出预见性的调整。

车身测量的要求有以下几个方面。

❶ 准确地找到参考点：精确地测量各个尺寸，正确地分析损伤变形。

❷ 要经常测量：在整个维修过程中要反复、不断地进行测量。

❸ 重复检验测量结果：各参考点都维修好后，再次检验整车的尺寸。

（5）对角线测量法。对角线测量法是在车身截面上选四个点，然后测量两条对角线长度，再加以对比来判断车身受损情况的方法。

❶ 对角线测量法适用场合。

a. 维修时没有发动机舱和车身底部的尺寸数据。

b. 车身测量尺寸图表上没有该数据。

c. 汽车因为严重受损产生了扭曲变形。

❷ 对角线测量法的注意事项。

a. 对角线测量法可以钢卷尺、轨道式量规或中心量规进行测量。

b. 同一尺寸要从不同方向上测量至少各两次。

c. 所有的基准点都需要相对于另外两个或多个基准点进行检查。

d. 测量对角线相等，并不能说明对称截平面一定不变形。

e. 对于非对称式结构，要参考车身尺寸测量图表才能进行正确测量。

2. 车身测量的方法

（1）平面测量。对角线测量实际上就是一种平面测量方法。对角线测量只能测量车身上某一截面上某一基准点的两个方向上的尺寸。

❶ 钢卷尺。钢卷尺测量简单、方便，工具费用低，但测量误差大，不够准确，只能适用于那些对精度要求不高的场合使用。

❷ 轨道式量规。轨道式量规，也叫专用测距尺或杆规，在车身测量两点间的中心距离时比钢卷尺要灵活、方便，特别是在有些基准点之间有阻碍物或者高度不在同一平面上时，更加显得有优势。

轨道式量规结构组成有轨道尺、测距尺和测量头等。轨道尺上有尺寸刻度，可以直接读出两个测距尺间的距离；测量尺，其高度是可以调整的，可以在轨道尺上移动，根据测量基准点之间的距离调整到适当位置；测量头是圆锥形的，有自动定心作用。

（2）中心量规测量。在平面测量时，要通过测量来判断车身是哪一种变形是非常困难的，但判断车身的变形情况又是车身钣金维修中最重要的工作，所以在传统的车身测量上，也要有方法对车身变形进行判别，这种方法就是中心量规测量，可以用在车架或是承载式车身上。

中心量规，也叫自定心规，由水平滑杆、基准点挂杆和中心指针等组成。自定心是指无论水平滑杆调整的宽度如何，中心指针都始终保持在中心位置。

（3）三维测量。三维测量设备主要分两类，即机械测量系统和电子测量系统。

机械测量系统中属于通用型的主要有米桥测量系统。

电子测量系统主要有激光扫描测量系统（图3-4-8）、超声波测量系统（图3-4-9）、传感器系统等。

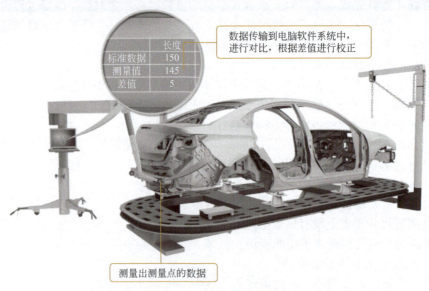

图3-4-8 激光扫描测量系统

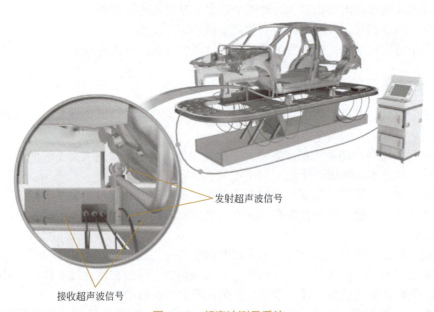

图3-4-9 超声波测量系统

电子测量系统不仅能测量出车身变形的变形量，还会指出汽车的变形方向、碰撞力施加方向，以及在进行拉伸校正时施加拉力的方向，可在拉伸、校正过程中用它来对损伤部位和未损伤部位的基准点进行连续监测。

电子测量系统能够将车身维修前、维修过程中、维修结束后的数据通过打印机打印出来，让车主比较直观地了解到车辆的损伤情况和维修情况。

❶米桥测量系统。米桥测量系统由测量桥、底盘测尺和龙门测架等组成。测量桥由两根

纵杆组成，底盘测尺和龙门测架均可放在测量桥上，并可沿测量桥纵向滑动。测量桥固定在工作平台上平面的中间位置（图3-4-10）。

❷ 激光扫描测量系统。激光扫描测量系统采用激光测量技术，由激光扫描仪以360°扫描方式发射激光到反射挂牌上，然后通过反射挂牌上的反射光栅反射激光给激光扫描仪接收，激光扫描仪通过接收反射回来的激光束测量出数据并传输给计算机，计算机经过计算就可以得到基准点的空间三维尺寸。激光扫描测量系统可同时迅速、准确地测量多个基准点。

❸ 超声波测量系统。超声波测量系统是目前车身测量应用较多的一种设备，测量精度非常高，可在±1mm之间，操作简单方便。

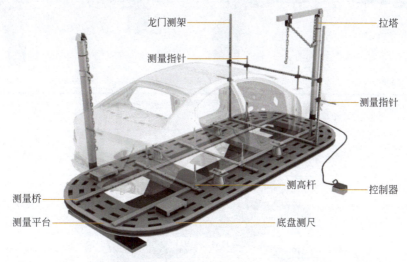

图3-4-10　米桥测量系统

超声波测量系统安装非常简单，它的测量可以在校正平台上进行，也可以在设备配套的支架上进行。其安装主要是把主机柜的计算机连接好，把测量横梁平放在校正平台或者支架上，注意测量横梁要与车底有一定的距离，再把测量横梁的数据线与计算机连接即可。

超声波测量系统的安装和操作都非常简单，操作中不用人工调节基准面和中心线，只需在计算机中确定长度的基准；也不会因为超声波发射器和接收器的位置移动而影响测量的数据准确性。但还是要注意环境的噪声可能会影响到测量的准确度，建议在有噪声的环境中要进行多次测量。

（4）车身各部分尺寸的测量。车身尺寸分为五部分，分别是车身前部尺寸、车身后部尺寸、车身侧面尺寸、车身上部尺寸和车身底部尺寸。

❶ 车身前部尺寸的测量（图3-4-11）。车身前部尺寸主要指发动机舱的尺寸和前挡风玻璃位置尺寸。当汽车受到比较严重的碰撞，发动机罩、两侧围钣金件等需要更换时，必须进行维修，并且要对所有必要的尺寸经过精确测量，才能保证有效维修。

❷ 车身后部尺寸的测量。车身后部尺寸主要指后备厢部位的尺寸和后挡风玻璃位置尺寸（图3-4-12）。可以通过观察后备厢盖在打开和关闭时是否正常，后备厢盖与车身的配合间隙是否均匀，后备厢是否有渗水和后备厢地板是否起皱来判断后车身的变形情况。

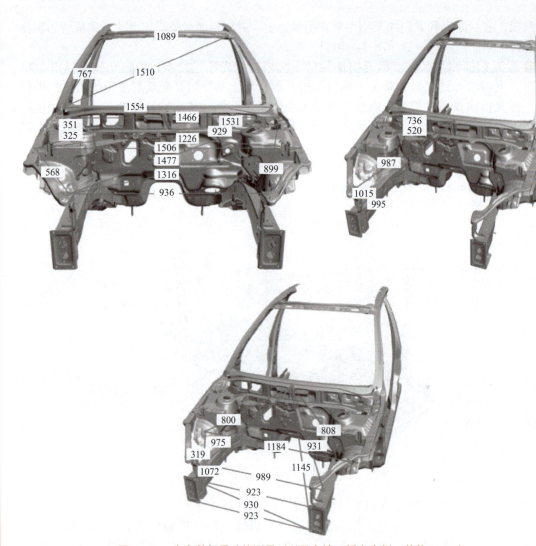

图 3-4-11　车身前部尺寸的测量（以马自达 6 轿车为例，单位：mm）

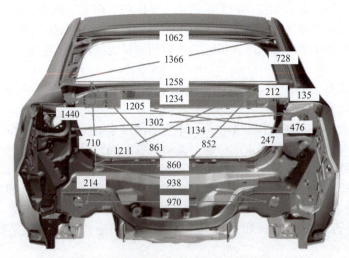

图 3-4-12　车身后部尺寸的测量（以马自达 6 轿车为例，单位：mm）

❸ 车身侧面尺寸的测量（图 3-4-13）。车身侧面的尺寸主要是指车门门框的尺寸和各立柱对角线尺寸等，这些尺寸是否变形，可以通过观察车门在打开和关闭时的情况，车门与门框间隙是否均匀，是否有渗水、漏水现象来进行判断。

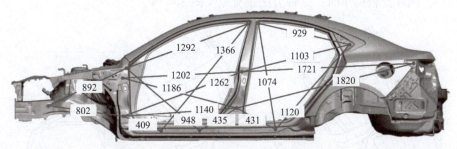

图 3-4-13　车身侧面尺寸的测量（以马自达 6 轿车为例，单位：mm）

❹ 车身上部尺寸的测量。车身上部尺寸主要是指车身前部刮水器枢纽、发动机罩减振孔、发动机罩锁销、减振器上方安装孔、前翼子板支架等位置的尺寸；中部车身前立柱、中立柱和后立柱在车身上方左右两侧之间的尺寸、安全带坚固螺栓上方位置等尺寸；后部车身后备厢上方的尺寸。

❺ 车身底部尺寸的测量。车身任何一部分的尺寸都包括底部的尺寸，车身底部尺寸测量的基准点特别多，几乎所有的车身尺寸测量图表都以车身底部测量基准点为主。

三、车身校正

1. 车身校正的重要性

车辆受到严重撞击后，车身的外覆盖件和结构件钢板都会发生变形。车身外覆盖件的损坏可以用锤子、垫铁和外形修复机来修理，但是车身结构件的损坏修理仅仅使用这些工具是无法完成的。车架式车身的车架和整体式车身的结构件是非常坚固与坚硬的，强度非常高，对于这些部件的整形，必须通过车身校正仪的巨大液压力量才能够进行修复操作，使用车身校正仪可以快速精确地修理这些损坏的构件。

车身的校正，以前以人力来操作，现在使用车身校正仪来进行车身修理操作。

车身校正的重点是"精确地恢复车身的尺寸与状态"。因为车身是车辆的基础，汽车的发动机、悬架、转向系统等都安装在车身上，如果这些部件安装点的尺寸没有校正到原尺寸，那么就会影响车辆的性能。

车身碰撞后，虽然被修复好，但如果用户仍然抱怨轮胎磨损异常、偏向某一边，经检查就可能发现是翼子板的安装处有扩大的裂纹，甚至车门铰链上有扩大的裂缝。要把车身外面的这些缺陷完全修好，往往还要花费大量的时间来重新修理车身内部的一些毛病。不适当的车身和车架校正技术，是车身结构不能恢复到原来尺寸的主要原因。车身校正是一个非常重要的操作过程，车身校正工作的好坏直接影响到汽车的安全性、修理所用的时间以及整车的修理质量。

在车身校正时消除由于碰撞而造成的车身和车架上的变形及应力也是非常重要的。并不是所有的变形部件都可以校正后继续使用的，有些部件特别是高强度和超高强度钢制造的部件，其变形后内部的应力相当大，而且用常规的方法无法完全消除这些应力，所以就不能校正，而要更换。

2. 车身校正的基本原理

校正车身时,有一个基本原理,即按与碰撞力相反的方向,在碰撞区域施加拉伸力。当碰撞力很小,损坏比较简单时,这种方法很有效(图3-4-14)。

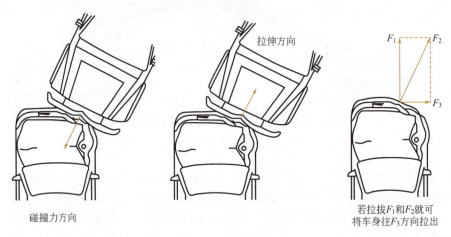

图 3-4-14　施加拉伸力的方向

但是当损坏区域有褶皱,或者发生了剧烈碰撞,构件变形则比较复杂,这时仍要采用沿着一个方向拉伸就不能使车身恢复原状。这是因为变形复杂的构件,在拉伸恢复过程中,其强度和变形也随着改变,因此拉伸力的大小和方向就需要适时改变,把力仅仅施加在一个方向上,则不能取得好的修复效果(图3-4-15)。

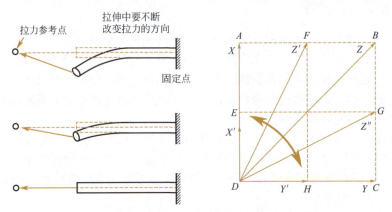

图 3-4-15　拉伸中不断改变拉力的方向及拉伸力分解示意

因此建议在拉伸校正时,要同时在损伤区域不同的方向上施加拉力,有效拉力方向的原理是把力加在与变形相反的方向。

3. 车身校正的基本方法

(1) 车身校正前的准备工作。先要根据测量和损坏分析的结果来制定精确的碰撞修理程序,然后按照已定好的程序完成车身修理操作。

❶ 车身损坏分析。

❷ 车辆部件的拆除。
❸ 车身测量。
❹ 制定拉伸程序。

（2）拉伸操作方式（图3-4-16）。

❶ 单拉系统（单向拉伸）。整体式车身的拉伸校正和车架式车身的拉伸校正有很大不同。通过一系列的单向拉伸，通常可将车架式汽车整平和校直。简单的朝一个方向的拉力，对车架式车身的校正就有相当好的效果。车架式车身的车架金属板厚度在 3mm 以上，可以承受反复的拉伸，一般不会发生拉伸过度或拉断的现象。

图 3-4-16　单拉系统及复合拉伸系统

在整体式车身损坏较轻的表面可以使用简单的单向拉伸。在拉伸修理结构复杂部件的损坏时，一定要注意防止与其关联的那些未损坏的或已修复的部件受到拉伸，以免造成不应有的损坏，甚至无法修复的结果。为了避免发生这类情况，需要辅助拉伸和定位，使用复合拉伸系统。

❷ 复合拉伸系统（多点拉伸）。整体式车身特别是大量使用高强度钢板的整体式车身，结构复杂，碰撞力更容易扩散到整个车身，而且整体式车身大部分的钣金件都比较薄，高强度钢板变形后内部有更多的加工硬化，在修理过程中，这些变形的钣金件恢复形状需要更大的力，当只用一个拉力拉伸校正变形部件时，变形还没有恢复，但是钢板可能已经被撕裂了，所以整体式车身的部件在拉伸时要求有多重拉力。这要求在每次拉伸校正过程中，尽量要找到两个或更多的拉伸点和方向。

复合拉伸具有支承和拉伸甚至双向拉伸的能力，这种能力在修复整体式车身的二次损坏时是很需要的。使用复合拉伸系统，能对任何拉伸进行严格控制，并大大改进拉伸的精确度。

复合拉伸方式可以完成下面一些工作。

a. 可以同时针对三点或四点，精确地按所需方向成功地进行拉伸，对整体式车身修复程度进行必要的控制。

b. 多点的复合拉伸，极大地减小了每个点上多出的力，大的拉伸通过几个连接点加以分散，因此减少了薄钢板被拉断的危险。

（3）车身（车架）的定位。

❶ 车架式车身定位。车架式车身的车架定位可以采用在车架的固定孔（位于车架的架梁上）内放置适当的塞钩进行定位。为使塞钩与车架梁对中，需要用垫块进行调整，或者使用链条张紧器调整。为防止拉伸力过大造成损坏，建议在孔上焊接加强垫片后再拉伸（图3-4-17）。

❷整体式车身定位。对于整体式车身,必须用多点固定的方式。至少需要四个固定点,根据车身结构及拉伸的部位,有时或许还需要另外的固定点(图3-4-18)。

在拉伸时可在车身坚固的梁上焊接若干固定夹,并利用这些固定夹将车身辅助固定,以防止与之相连的、不应拉伸的部件损坏。

图3-4-17　车架式车身定位

图3-4-18　整体式车身定位

(4)车身校正钣金工具的使用。为了更好地对整体式车身进行拉伸修复,针对车身不同部位的变形修复设计了多种钣金工具,可以对车身进行有效的拉伸修复。

在使用钣金工具时必须注意正确的使用方法,否则会损坏夹具和车身。在拉伸时必须使拉力方向的延长线通过夹齿的中间,否则夹钳有可能受扭转的力而脱开,还会对钳口夹持的部位造成进一步的损坏。在设计拉伸夹钳进行多点拉伸时,需要充分发挥想象力和创造力(图3-4-19)。

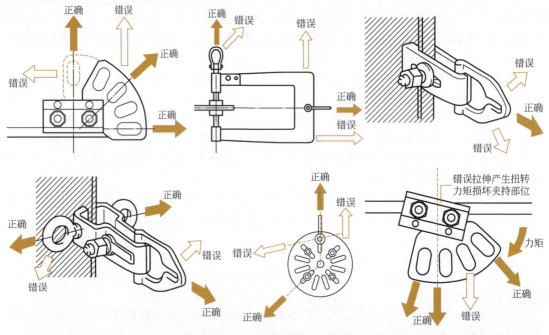

图3-4-19　钣金工具正确和错误的用法

在为拉伸校正做准备时,钣金工具不可能正好夹持在变形区域,如果遇到这种情况,可暂时在需要拉伸的部位焊一小块临时焊片,修复之后,再去掉钢片(图3-4-20和图3-4-21)。

(5)拉伸校正操作。

❶拉伸校正的程序。拉伸校正程序就是从混在一起的众多小问题中,找出修理的先

后次序，找出第一个需要修复的钣金件开始修复，然后再修复第二个钣金件，如此循环、继续。

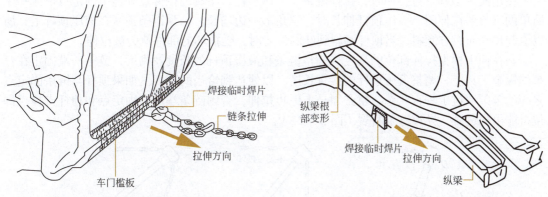

图 3-4-20　门槛板拉伸的临时焊片　　　　图 3-4-21　前纵梁拉伸的临时焊片

整个拉伸校正的程序在车身损坏分析制订修理计划的过程中已经安排好了，在具体的校正修理过程中可能还需要根据具体情况做相应的调整。

整个车身在修理时，要用"从里到外"的顺序完成修理过程。因为车身尺寸的基准再车身中部，需要先对车身中部进行整修，使中部车身尺寸恢复，以它们为基准再对前部和后部尺寸进行测量及校正。而不是车身前部损坏就先修理前部部件，后部损坏就先修理后部部件，要先对车身的中部进行校正，使车身中部和底部的尺寸特别是基准点的尺寸恢复到位。

一个部件受到损坏后，可能存在三个方向的损坏，那么整修的顺序应该是：首先校正长度，然后校正宽度，最后校正高度。

整个拉伸校正的过程中，具体到每一个变形钣金件的拉伸校正时，拉伸校正的程度是由损坏部件的尺寸决定的，拉伸前需要知道每个损坏部件变形的方向和变形的大小，这需要准确地测量来决定，通过三维测量数据和车身标准数据对比可以知道变形的大小及方向。

对一个受损钣金件进行拉伸校正操作时，要用拉伸力使钣金件恢复到原先的状态，金属在受到外力时首先发生弹性变形，超过一定力量后才会发生塑性变形，在每一次的拉伸中，即使车身被拉伸至超过预定尺寸，车身部件也会由于弹性变形的存在而只是部分地恢复尺寸。因此，在拉伸时应预先估计其金属弹性变形量，并在拉伸过程中，留出一定的余量，不要试图一次就把变形拉到位，变形的金属板内部存在加工硬化，如果不把加工硬化消除，拉伸的弹性变形量会很大，大力的拉伸也会使钣金件由于加工硬化而破裂。

每一个钣金件的修复都需要很多次的拉伸操作，每一次拉伸时，只使受损钣金件产生少量的变形，然后卸力、测量，检查一下钣金件变形恢复的程度，还有多少尺寸没有恢复，在重复拉伸、测量、检查的工作过程，直到钣金件的尺寸恢复到标准尺寸的误差范围内。

❷拉伸校正操作。

a.塔柱拉伸。现代的车身校正仪都使用液压的巨大推力通过塔柱内的液压油缸，拉动拉伸链条，导向环变换拉力的方向，通过配备在塔柱上的顶部拉伸杆和下拉式装置可以对车身进行长、宽、高三个方向的拉伸。使用塔柱的链条对固定在车身上的钣金工具进行拉伸，可以进行多点、多向的拉伸。在拉伸时要注意塔柱必须固定牢靠，不能移动，否则有可能会对校正仪本身产生损害。

b. 液压顶杆拉伸。由于校正设备配备情况不同，有些设备只配有一个或两个塔柱，为了在拉伸校正中实现多点多向拉伸，还需要补充一些液压顶杆和链条来进行辅助拉伸。

使用液压顶杆进行拉伸时，拉伸链条、液压顶杆、车身的拉伸点和链条固定点形成一个简单的三角形拉伸图。液压顶杆伸长时，三角形一边增长。因为链条锁紧在液压顶杆上，所以引起顶杆向右方倾斜，当顶杆倾斜到新的位置时，受损坏的部件就会被拉伸。

在拉伸中根据拉伸部位的高度来调整链条和液压顶杆的长度及高度，链条一端固定在汽车的钣金工具上，调整液压顶杆的接管长度，以便达到恰当的高度。如果顶杆与链条固定点之间的链条超过了垂直状态，就必须马上停止拉伸，否则链条端部的固定点和顶杆支撑点部位可能出现过载，导致链条断裂（图3-4-22）。

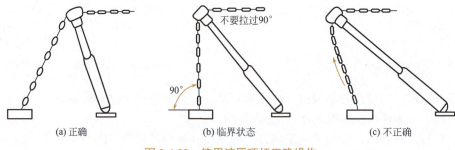

图 3-4-22　使用液压顶杆正确操作

❸ 拉伸操作的注意事项。

a. 由于整体式车身的强度比较高，同时对热很敏感，不要试图一次拉伸就可以完成拉伸校正操作，而要通过一系列的反复拉伸操作：拉伸 - 保持平衡（消除应力）- 再拉伸 - 再保持平衡（消除应力）。在这样一个循环往复的操作过程中，车身金属板可以有更多的时间恢复变形，有更多的时间使金属松弛（消除加工硬化的应力），有更多的时间测量检查和调整拉伸校正的进度。

在拉伸开始时，要慢慢地启动液压系统，仔细观察车身损坏部位的移动，看其变形是否与我们需要的变形相吻合，是否在正确的方向上变形。如果不是，要检查原因，调整拉伸角度后再开始。在拉伸到出现一定变形后要停止并保证拉伸拉力，在用锤子不断锤击损伤区域以消除应力，卸载使之松弛，然后再次拉伸并放松应力。

b. 车身的每个部件都有足够的强度来承受载荷，但在拉伸中钣金工具的夹持部位由于夹持的面积小，会在夹持部位产生非常大的压强，导致夹持部位的板件损坏或断裂。在对一个部位施加拉力比较大时应该多使用一些夹钳，将拉伸力分散到板件的更大的区域。拉伸一个部位用两个夹钳时可以允许比使用一个夹具时增加一倍的拉力。

c. 车身部件的拉伸要从靠近车中心的部分向外进行，当靠近中部部件的控制点尺寸到位以后，可以用一个辅助固定夹，再拉伸下一段没有完全恢复尺寸的部分。如果已经拉伸校正好的部位不进行辅助固定，在拉伸下一段时可能影响已修复好的部位。

d. 在拉伸时要一边间歇地施加拉力，一边检查车身部件的运动，确定拉力在损坏部位是否有效。如果看不到任何效果，就要考虑改变拉伸方向或拉伸的部位。

e. 对于靠近交叉部位的弯曲，如纵梁的弯曲，可以夹住弯曲内侧表面进行牵拉。拉力的方向应与通过零部件原始位置的方向相同。

f. 如果损坏部件一些部位褶皱、折叠得太紧，内部的加工硬化太严重，在拉伸时板件有被撕裂的危险。如果这些部件在吸能区的话则不能进行维修，需要进行更换。在这些部件拉伸时需要对其加热放松应力。加热时要注意，只能在菱形处或两层钣金件连接得较紧的地方加热。如果在车身纵梁或在箱型截面部分加热，只能使其状态进一步恶化。加热只能作为消除金属应力的一种手段，而不能把它作为软化某一部分的方法。现代汽车的车身一般不推荐在高强度板件上用焊炬加热，但有时可以小心地用焊炬加热（温度在200℃以下）。

（6）防止过度拉伸。产生过度拉伸的原因一般有两个。

❶ 在修复中没有遵循"先里后外"的拉伸原则，导致修理程序的混乱，修理好的钣金件在其他变形钣金件进行修理时影响了它的尺寸，使原先已经校正好的钣金件长度又加大了，超过了原始尺寸。

❷ 在校正过程中没有经常地、精确地测量拉伸部位的尺寸，没有很好地控制拉伸的程度，这就可能导致过度拉伸。

4. 车身校正技术

（1）车身前端损坏的修复。

❶ 损坏分析确定拉伸程序。一辆汽车的前端被碰撞损坏，如果它的前部横梁一侧的前挡泥板及纵梁损坏严重，则需要进行更换，而另一侧的前翼子板、挡泥板和纵梁可能只是受到对面严重碰撞的影响，损坏并不严重，则需要进行修复。一侧的挡泥板和侧梁要进行修复，另一侧需要更换的部件的支撑连接件也需要在新板件安装前修复好。

❷ 对前纵梁和挡泥板进行拉伸校正。在修理时，对发动机室部位的尺寸可以使用点对点测量来对比，校正好其对角线尺寸。有时用钣金工具对挡泥板上加强筋和纵梁同时进行牵拉将更有效。拉伸中最好使用三维测量系统，因为在损坏部位的长度、宽度和高度都发生变化（特别是高度变化）的情况下，使用三维测量可以确保校正尺寸的正确。

如果拉伸校正一侧的损坏对另一侧的部件产生影响，使另一侧的尺寸变化，那么需要将前横梁和散热器的支撑分开，再分别加以校正。在修理纵梁弯曲损坏时，应该夹紧纵梁里面的损坏面，向前拉伸时，在损坏部位要有一个力同时从里向外拉或从外向里压。修理完弯曲部分后，尺寸应与标准尺寸相吻合。

❸ 对前围和前柱进行拉伸校正。修理一侧的挡泥板和一侧纵梁支撑连接件时，主要是修理接近前围板和前围上盖板的地方。如果碰撞严重，损坏会扩展到车体前立柱，则车门就关不上。如果维修中简单地夹住挡泥板，对纵梁前缘进行拉伸，则不能修理好侧身前柱或前围板的主要损坏。在这种情况下，应取下挡泥板和纵梁，在前围板损坏处夹紧，然后拉伸并注意车门的吻合情况，用这种方法可以取得最好的效果。在拉伸时如果拉伸效果不好，还可以一边拉伸，一边用液压顶杆从里边推压。

❹ 拉伸校正中重要的测量点。在车身拉伸校正过程中，其修复程度由尺寸测量决定。前地板加强筋上的参考孔和前翼子板的安装孔，都是一些标准的参考点，在评估损伤时，对这些部位进行测量，确定损伤是否已扩散到这些部位。

（2）车身后部损坏的修复。与车身前部比较，车身后部的板件结构更复杂，损坏可能扩散得更严重，因此，对损坏的评估必须更加精确。在后端碰撞时保险杠会被损坏，而且碰撞力通常会通过后部纵梁的尾端或附近的板件进行传送，引起"上弯"部位的损坏。另外，轮罩也将变形，引起后侧围板向前移动，造成部件之间的间隙变化。如果碰撞十分严重，还将影响到车顶、车门或中柱。将钣金工具或钩子固定在后纵梁的后部、后地板或后顶盖侧板后端部分，一边进行拉伸，一边测量车身下面每一部分的尺寸，观察车身板件的配合和间隙情况来决定修理程度。

（3）汽车侧面损坏的修复。

❶损坏分析确定拉伸程序。汽车受到来自一侧的损坏后，车门槛板中心位置受到严重碰撞，门槛纵梁弯曲，地板会变形，车身前后端弯曲，使车身扭曲成"香蕉状"。修理这种类型的损伤，可使用与拉直一根弯铁丝一样的方法，将车身的两端拉开，再将塌下去的车身侧面向外拉。

❷车辆固定。将车辆用主夹具固定在校正平台上，必要时在车辆上使用一些辅助夹具来加强车辆定位。

❸纵向拉伸车辆的中部。主夹具紧固在车辆的门槛板裙边上，主夹具与平台之间不固定。用液压顶杆顶在两个主夹具上进行中部向两侧的拉伸。同时在中柱门槛上边的裙边上安装两个主夹具进行侧向拉伸。因为中部受损后拉伸力比较大，需要同时进行两个点以上、多个方向的拉伸。

❹拉伸车辆的前端弯曲。由于车辆的前后有弯曲变形，所以要对前端进行校正。通过测量可以看出前纵梁的尺寸有朝向撞击方向的变形，用尼龙带或其他夹具对前纵梁进行拉伸。拉伸时注意链条导向环和链条的高度要与纵梁平齐，不要太高或太低，否则拉伸时会产生向上或向下余力，使纵梁产生上下弯曲变形。

❺拉伸车辆后端。由于车身后纵梁与前纵梁存在同样的问题，也要根据测量尺寸的结果来进行校正。

❻侧向拉伸车门槛板。在碰撞时车门槛板承受了大量的力，变形量大，有些板件可能需要更换，但必须在进行校正后才能进行。通过大力拉钩向外进行拉伸，但应注意车辆板件的接触受力点要根据情况选择不同接触面积的垫块，同时注意拉伸的方向，遵循拉伸的方向，遵循拉伸的要点，使应力充分放松。

❼侧向拉伸中柱。侧身的中柱在碰撞中也会变形，需要拉伸。在车门的铰链、门锁安装点、车门裙边的焊接接口处都会有一些尺寸数据，通过测量来确定拉伸的程度。在拉伸中柱下部时，为了防止中柱上部也跟着变形，需要用尼龙带在中柱上部进行辅助牵拉。

（4）校正后的检查。检查时应该注意以下几点。

❶检查车门与车门槛之间的空隙（应该是一条又直又窄的缝隙）。

❷检查整个车身上部所有部位总的平整情况。

❸然后关车门、掀、关发动机罩盖和后备厢盖，看是否感觉过紧。

四、其他

1. 校正方法

❶向上牵拉。汽车车身有些部件受到向下的碰撞力导致向下的弯曲变形，有些校正仪有斜拉臂装置可以完成向上的拉伸校正工作，但是斜拉臂的拉伸力较小，只能拉伸车顶等需要校正力比较小的部位。对于需要拉伸力较大的部位可以用液压顶杆来辅助向上顶伸。

❷向下拉伸（凹陷修复）。汽车车身有些部件会有向上变形，需要用下拉式装置向下进行拉伸。有时拉伸要在车身底下塞上垫块加以支撑，然后通过下拉式装置将车身高端向下牵拉时，塔柱上的链条（导向环）必须在最低位置。

❸扭曲的修复。车身扭曲后，车辆的一个对角比另一个对角高或者低，在修复这种类型的损伤时，先要把车辆的中部四个点固定在校正台上，在车身较低一侧的校正台上，用液压

顶杆向上拉伸；在车身较高一侧的校正台上用下拉式夹具向下拉伸，必要时再塞上垫块。配合车身尺寸的测量结果，把车身的高度校正到位。

❹ 菱形变形的修复。在菱形变形中，车架是平行四边形。修理时在校正台的每一端都设一个塔柱或液压挺杆，与前面端部拉伸的方法一样，调整牵引链的高度并与汽车相连。将车架的一边固定以防止车身侧向移动，按照变形的方向和大小来拉伸校正车架。

❺ 减振器支座的拉伸。在有些碰撞中，减振器支座会变形，必须进行校正，否则会影响车辆的行驶性能。将减振器专用夹具固定在减振器支座上，用塔柱、链条、钣金工具或液压顶杆连接来校正。

2. 车身板件修复或更换的原则

车身碰撞中损坏的钢板，在损坏分析和制订维修计划时就要确定哪些部件需要修复，那些部件必须更换。许多车身维修人员认为如果损伤部件能够校正，都应该进行彻底的修理，实际上，不是所有的板件都可以修复的，对于一些高强度钢和超高强度钢制造的板件，损坏严重后不能进行维修，需要进行更换；有些吸能区部件变形严重，也需要更换而不能维修。

在修理整体式车身时，不要试图切除一部分损坏部件（如磨损、断裂、弯曲等），然后再在切除部位焊接一个加强补丁来修复。因为现代车身结构中，有些部件（如梁）有意设计成能在碰撞中损坏以吸收碰撞能量的变形区。加强补丁可能会影响部件正常的碰撞变形，而失去吸能作用。当断裂、磨损或弯曲的部件在不用补丁就修理不好时，应该更换整个部件。

3. 金属内部的应力

拉伸校正的目的是将损坏的车身恢复到原来的形状，但是恢复到原来形状的金属会由于再一次的变形而使内部加工硬化（应力）的程度加重，从车身表面上看已经修复好了，但钢板内部的状态并没有恢复。车身恢复的目的是使金属恢复到原来的状态。

外形和状态是不同的，有些材料能变回原来的外形，而不能恢复原来的状态。在拉伸校正过程中，需要解决两个问题：

恢复车身的原来形状；消除或减少由于事故使车身板件反复变形积累的应力，恢复板件在原来的状态。

（1）金属内应力产生的原因。平直金属材料中的晶粒轻度变形，就产生应力。压力解除后，如果金属有足够的弹性，晶粒将回到原来的状态。

如果金属在碰撞中弯曲严重，板件外侧的晶粒受张力而严重扭曲，内侧的晶粒则受压力而扭曲。由于超过了金属的弹性极限，金属会产生塑性变形。在变形的部位有大量应力存在，以保持住这种状态。

如果拉伸校正的金属板外形恢复后，允许这些有微小变形和不均匀晶粒的存在，而不考虑其状态，晶粒并没有随着板件外形的改变而改变晶粒排列状态，金属内部还会有大量的应力存在。

（2）金属内部应力消除。外形修复到与原形接近的金属板，其晶粒仍处于扭曲状态，形成新的扭曲区域。一般通过可控制的加热（一般在200℃以下）和锤击，晶粒能被激活，重新松弛后恢复到原来状态。加热和外力使金属板恢复到原来的状态，减少了应力，使金属板尽可能地恢复平直，并且保持它原来的状态。在进行高强度钢板的应力消除时尽量不要采用加热的方式。

4. 应力对车身部件的影响

车身材料内部形成应力的原因。应力可以看作是一种内部阻力，这种阻力是物质在特定的负载下变形时产生的。在碰撞修理中，应力可定义为一种存在于原材料中的、对维修起阻碍作用的内在阻力。这种阻力（或应力）是由以下原因造成的。

❶ 板件变形。
❷ 过度加热。
❸ 不正确的焊接操作。
❹ 不理想的应力集中。

5. 应力消除

用一块型钢或木块和铁锤，可以消除大量应力。大多数应力消除是冷作用，不需要很多热量，假如需要加热，应加以控制。对现代车身高强度钢板上的应力不能用加热的方式来消除。

加热通常会产生某种程度的氧化或一定量的氧化皮，还会产生脱碳作用。氧化皮影响损坏金属的表面光洁度，脱碳作用引起表面软化，严重影响疲劳寿命。氧化皮的量很大程度上取决于加热的时间和温度。加热件背面氧化皮的厚度总是比暴露于火焰的正面要厚一些。火焰层直接接触表面，由于有燃烧气体保护，不致氧化，但背面一旦达到适当的温度，就会氧化。同一部位每次重新加热，都会产生更多的氧化皮。

6. 车身板件的应力集中

金属结构在某些条件下其强度可能降低，这些条件叫作应力集中。应力集中，顾名思义，就是在负载作用下，应力产生定位凝聚。在整体式车身的设计中，有时设有一些预加应力的零部件，如捷达车前纵梁，用于控制和吸收碰撞力，使车身结构损坏减少到最小程度，增加乘客的安全性。所以，不要把原设计的应力集中件拆除掉，只能按照汽车生产厂维修手册的建议，维修或替换掉有预应力设计的部件。只有全面恢复车身部件的功能、寿命和外形，才是正确的修理。

在有些应力没有完全消除的情况下，可能出现下列情况。

❶ 由于负载的施加和释放引起悬架及驾驶操作部件的疲劳。
❷ 在再次遭到相似的碰撞时，较小的碰撞力就会引起同样或更大的损坏，甚至危及乘客的安全。
❸ 车身尺寸变形，引起各种操作的困难。

这是因为板件的应力导致应力集中，造成出现以上问题。要解决这些问题，还需要重新释放应力。所以在维修时一定注意板件状态的恢复。

第四章

钣金件的拆装流程

第一节　车身前部维修流程

以下维修流程以大众迈腾轿车为例。

1. 锁支架的拆装流程

提示：

- 锁支架是一个与安全性相关的部件，因此只允许在规定位置上对锁支架进行维修。
- 锁支架损坏时必须更换。
- 对于配备车距调节控制单元 J428 的车辆，每次拆卸和安装或更换锁支架时，都必须重新调整车距调节控制单元 J428。

（1）拆卸锁支架。

❶ 使用导杆 T10093 将锁支架置于保养位置。

❷ 由另一位机修工旋出左右两侧纵梁上的导杆 T10093。放置带加装件的锁支架 1。例如置于剪式举升机 VAS6131 A 上（图 4-1-1）。

❸ 拆卸保险杠支架和支撑件。

❹ 根据配备的发动机不同，从锁支架中脱开散热器/增压空气冷却器，但不要拆下。

❺ 从散热器 2 上取下冷凝器 3，沿箭头 A 方向按压固定卡，沿箭头 B 方向提起冷凝器 3，沿箭头 C 方向转动冷凝器，使其从锁支架中脱出，但不要拆下，将其置于工作台上。

提示：

注意连接和固定到锁支架的电线，必要时脱开连接。

❻ 沿箭头 D 方向向上拔出散热器 / 增压空气冷却器和冷凝器之间的锁支架。

提示：

a. 冷凝器禁止挂在管路上。
b. 冷凝器管路不得弯折。

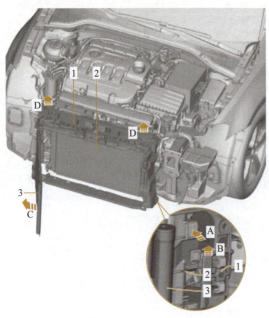

图 4-1-1　拆卸锁支架

图 4-1-2　安装位置

（2）安装锁支架。安装大体以倒序进行，同时注意以下事项。

❶ 每次都要将锁支架的拧紧点 1 拧在保险杠支架上长孔的最前位置（箭头）。只有这样，在发生碰撞事故时锁支架才能推移（图 4-1-2）。

❷ 对于配备车距调节控制单元 J428 的车辆，每次松开、拆卸和安装或更换锁支架时，都必须重新调整车距调节控制单元 J428。

2. 翼子板的拆装流程

提示：

拆卸和安装仅针对左侧翼子板，右侧翼子板的拆卸和安装大体相同。

（1）拆卸翼子板。
❶ 拆卸前轮罩内板。
❷ 拆下前保险杠盖板。
❸ 拆卸大灯。

④ 拆卸左侧排水槽盖板。
⑤ 拆下导水条。
⑥ 将翼子板盖板 5 从翼子板中撬出（图 4-1-3）。
⑦ 拧下六角螺母 6 并取下导向件 7。
⑧ 拔出翼子板的缓冲块 3 和 4。
⑨ 拧出双头螺栓 8。
⑩ 拧出螺栓 2。
⑪ 松开挡风玻璃上的螺栓 9，不要拧出。
⑫ 小心地取下翼子板 1。

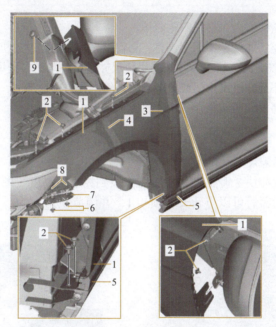

图 4-1-3　拆卸翼子板

（2）安装翼子板。安装大体以倒序进行，同时注意以下事项。
❶ 安装翼子板使其无应力。
❷ 翼子板与翼子板支架无应力地对齐。
❸ 注意平行度和间隙尺寸。

第二节　发动机舱盖、后备厢盖的拆装流程

以下维修流程以大众迈腾轿车为例。

1. 拆卸和安装发动机舱盖

（1）拆卸发动机舱盖。
❶ 拆卸喷水嘴。
❷ 将管路 2 从发动机舱盖 1 中拉出（图 4-2-1）。

❸ 松开铰链 4 左右两侧的六角螺母 3（不要拧下）。进一步的拆卸只能在另一位机修工的帮助下进行。

❹ 拆卸空气压力支撑杆 5。

❺ 拧下六角螺母 3 并从铰链 4 中撬出发动机舱盖 1。

（2）安装发动机舱盖。安装大体上以倒序进行，同时注意：如果管路安装时扭转，则会折断管路。

（3）调整发动机舱盖。

> 🛠 提示：🚗
>
> - 调整发动机舱盖时，汽车必须四轮着地。
> - 左右两侧的调整缓冲块并不用于调整，它们只是起到稳定发动机舱盖或缓冲的作用。
> - 如果发动机舱盖在关闭状态时各处的间隙尺寸都是均匀的，则说明发动机舱盖已经调整到位。发动机舱盖不允许过度内凹或外凸。另外轮廓也必须对齐。
> - 无需费力就能将发动机舱盖卡入发动机舱盖锁中。

❶ 拆卸锁扣。

❷ 在铰链上调整间隙尺寸。

❸ 可以通过调整缓冲块 2 调整发动机舱盖前段到翼子板高度（图 4-2-2）。

❹ 调整好发动机舱盖后可以重新安装锁扣 1，并调节锁扣。

图 4-2-1　拆卸发动机舱盖

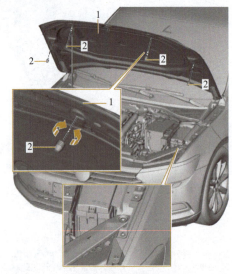

图 4-2-2　调整发动机舱盖前段到翼子板高度

❺ 调节铰链。

a. 如图 4-2-3 所示，通过松开左右两侧铰链 1 上的六角螺母 3，可以将发动机舱盖侧面沿箭头 a 方向和纵向沿箭头 b 方向对齐翼子板并调整置中。

b. 松开发动机舱盖左右两侧铰链 1 上的螺栓 2，可以将发动机舱盖上下沿箭头 c 方向校准其在翼子板之间的高度。

c. 注意间隙尺寸要均匀。

d. 完成调整工作后,对铰链 1、六角螺母 3 和螺栓 2 进行防腐处理。
e. 根据需要调整缓冲块。

❻ 调节锁扣(图 4-2-4)。
a. 不要拧紧新的六角螺母 2。
b. 如果必须松开六角螺母,之后应安装新的六角螺母。
c. 沿箭头方向在长孔中调整发动机舱盖上的锁扣 1。
d. 拧紧六角螺母 2。

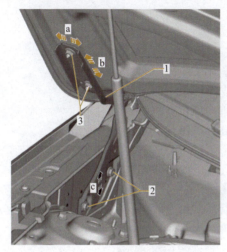 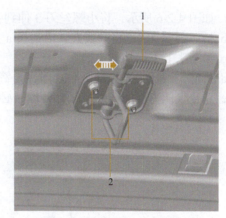

图 4-2-3　调节铰链　　　　　　　　图 4-2-4　调节锁扣

❼ 调整发动机舱盖锁(图 4-2-5)。

 提示:

a. 调整发动机舱盖锁时需要使用新螺栓。
b. 将罩盖 3 从螺栓上撬下。
c. 松开螺栓 2,将发动机舱盖锁 1 根据发动机舱盖的侧面沿箭头 a 方向和高度沿箭头 b 方向进行调整。

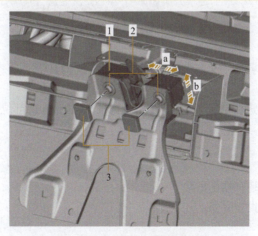

图 4-2-5　调整发动机舱盖锁

（4）拆卸和安装空气压力支撑杆。

❶ 拆卸空气压力支撑杆

提示：

- 二次撬出时可能损坏弹簧夹。
- 可能导致弹簧夹断裂。
- 不得将弹簧夹完全从球座中撬出。

a. 如图 4-2-6 所示，将小螺丝刀 3 伸到弹簧夹 4 下方。
b. 撬起弹簧夹 4，将弹簧夹 4 沿箭头 a 方向推到球座上。
c. 沿箭头 b 方向从球头销 2 上拔下空气压力支撑杆 1。
d. 拆卸空气压力支撑杆 1 后立即将弹簧夹 4 推回原位。
e. 对空气压力支撑杆进行废弃处理时必须对其进行排气。

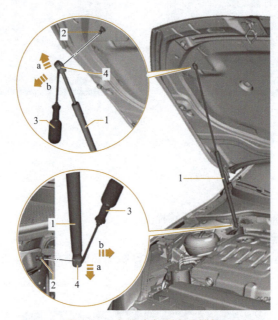

图 4-2-6 拆卸空气压力支撑杆

❷ 安装空气压力支撑杆。安装大体以倒序进行，同时注意：将空气压力支撑杆压到球头销上。

❸ 对空气压力支撑杆进行排气。将空气压力支撑杆 $x=50mm$ 的部位夹在虎钳内（图 4-2-7）。

小心：

- 飞溅的锯屑对眼睛有损伤危险。
- 可能造成眼睛发炎和受伤。
- 戴上防护眼镜。

a. 用一块抹布遮盖锯开区域。
b. 从活塞杆一头的基准边算起，在整条气缸最靠前的 1/3 处锯开空气压力支撑杆的气缸。
c. 排出的机油和抹布应按规定进行废弃处理。

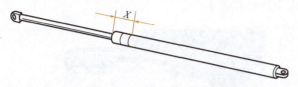

图 4-2-7　对空气压力支撑杆进行排气

（5）拆卸和安装拉索。

❶ 拆卸拉索。
a. 打开发动机舱盖。
b. 拆卸操纵杆。
c. 如图 4-28 所示，将拉索 4 沿箭头 a 方向从轴承座 5 上松开并取下。
d. 将拉索连接器 3 沿箭头 f 方向从支承件 2 中拉出。
e. 沿箭头 b 方向稍微拉出拉索 1。
f. 沿箭头 c 方向打开拉索连接器罩盖。
g. 沿箭头 d 方向放松拉索 1 并沿箭头 e 方向从拉索连接器 3 中取下拉索 1。

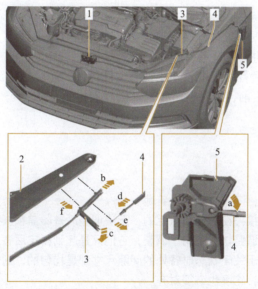

图 4-2-8　拆卸拉索

❷ 安装拉索。安装大体以倒序进行，同时注意：如果没有从轴承座上拆下拉索，安装时拉索会不断从拉索连接器中松开，这样将导致无法打开发动机舱盖。

2. 后备厢盖的拆装流程

（1）拆卸和安装后备厢盖。
❶ 拆卸后备厢盖。

a. 拆卸后备厢盖饰板。
b. 脱开现有电气部件的连接插头及固定卡。
c. 如图 4-2-9 所示，从后备厢盖中穿出电线 2。
d. 松开左右铰链的螺栓 3，不要拧下。其余拆卸工作只能在另一位机修工的协助下进行。
e. 旋出螺栓 3 并取下后备厢盖 1。

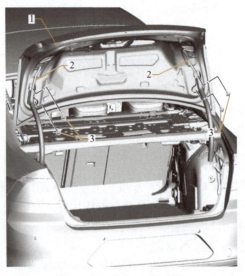

图 4-2-9　拆卸后备厢盖

❷ 安装后备厢盖。安装大体以倒序进行，同时注意以下事项。
a. 由另一位机修工协助安装后备厢盖，拧入螺栓 3。
b. 将电气导线穿入后备厢盖中，连接现有电气部件的连接插头及固定卡。
c. 在关闭后备厢盖之前，应进行解锁部件的功能检测。
❸ 调整后备厢盖。

提示：

- 调整后备厢盖时，汽车必须四轮着地。
- 后备厢盖锁是直接拧在后备厢盖上的，无法调整后备厢盖锁。
- 左右两侧的缓冲调整块并不用于调整，它们只是起到稳定后备厢盖或缓冲的作用。
- 如果后备厢盖处于关闭状态时各处的间隙尺寸都是均匀的，则表明后备厢盖调整到位。不允许过度内凹或外凸，轮廓也必须对齐。
- 后备厢盖必须可以毫不费力地卡入锁扣中。

操作步骤如下。
a. 调整或检查间隙尺寸需要用到调节规 3371。
b. 无法调整后备厢盖锁 2（图 4-2-10）。
c. 松开锁扣 5 并在调好铰链和缓冲调整块后对其进行调整。
d. 松开左右两侧螺栓 4，即可在铰链 7 超大孔中沿箭头 a 和箭头 c 方向调整后备厢盖 1。
e. 松开左右两侧螺栓 6，即可在铰链 7 的超大孔中沿箭头 b 方向调整后备厢盖 1。

f. 调整工作结束后，对铰链和螺栓进行防腐处理。
g. 重新调整缓冲调整块 3。

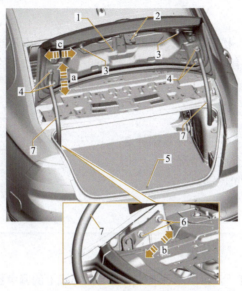

图 4-2-10　调整后备厢盖

❹ 调整缓冲调整块。

> **提示：**
>
> 根据需要更换缓冲调整块。

a. 如图 4-2-11 所示，沿箭头 a 方向或箭头 b 方向旋转卡止滑块 1。
b. 关闭后备厢盖，检查调整情况。

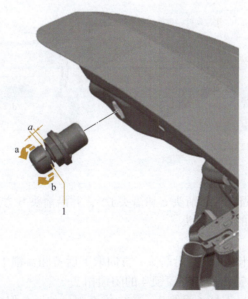

图 4-2-11　调整缓冲调整块

❺ 调整锁扣。

提示：

- 如图4-2-12所示，松开螺栓2，即可将锁扣1在超大孔中沿箭头a和箭头b方向调整。
- 调整锁扣1，使带有门碰锁的后备厢盖锁的凹槽嵌入锁扣1的正中。

a. 拆卸后围支架饰板。
b. 松开螺栓2。
c. 将锁扣1置于最上方位置并拧紧螺栓2。
d. 关闭后备厢盖并检查调整情况。
（2）拆卸和安装后备厢盖锁
❶ 拆卸后备厢盖锁

提示：

如果后备厢盖无法打开，可以用手操作后备厢盖饰板上的紧急操纵机构来将其打开。

a. 如图4-2-13所示，将后备厢盖锁的护盖3沿箭头a方向取下。

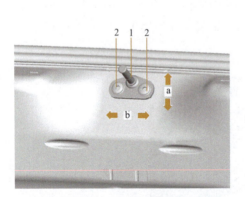

图4-2-12 调整锁扣

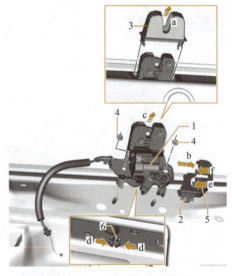

图4-2-13 拆卸后备厢盖锁

b. 拆卸后备厢盖饰板。
c. 打开护盖2，按压固定卡（箭头e和箭头f），并沿箭头b方向取下防盗保护装置5。
d. 脱开后备厢盖锁上的连接插头。
e. 拧出螺母4。
f. 沿箭头d方向按压卡钩6，并沿箭头c方向取下后备厢盖锁1。
g. 如图4-2-14所示，锁止后备厢盖锁4的闭锁扣7。
h. 用一把螺丝刀5将操纵杆6沿箭头c方向推至限位位置并保持。

i. 将拉索 1 沿箭头 b 方向从支架 3 中松开并取下。
j. 将拉索 1 沿箭头 a 方向从操纵杆 2 中穿出。

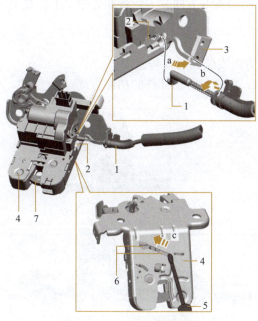

图 4-2-14　取下后备厢盖锁

❷ 安装后备厢盖锁。安装大体以倒序进行，同时注意以下事项。
a. 如图 4-2-15 所示，用一把螺丝刀 5 将操作杆 6 沿箭头 c 方向推至限位位置并保持。
b. 将拉索球头 1 沿箭头 a 方向穿入操纵杆 2 中。
c. 将拉索 3 装入支架 4 中，并沿箭头 b 方向旋转直至卡止。
d. 松开操纵杆 6 并沿箭头 d 方向按下解锁装置 7。

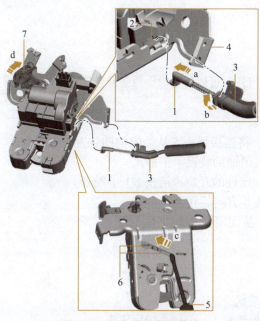

图 4-2-15　安装后备厢盖锁

e. 如图4-2-16所示，将后备厢盖锁1沿箭头a方向装入后备厢盖中，并拧紧螺母3。
f. 连接后备厢盖锁的连接插头。
g. 将防盗保护装置4沿箭头b方向装入后备厢盖锁1上，直至固定卡（箭头d和箭头e）卡止，并关闭护盖5。
h. 安装后备厢盖饰板。
i. 将护盖2沿箭头c方向安装到后备厢盖锁上。
在关闭后备厢盖之前，应进行解锁部件的功能检测。

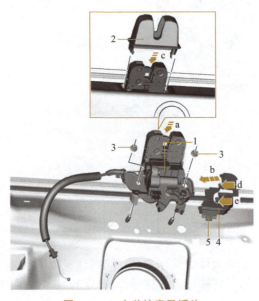

图4-2-16　安装拉索及插头

（3）拆卸和安装关闭辅助装置。

❶拆卸关闭辅助装置。

 提示：

如果后备厢盖无法打开，可以用手操作后备厢盖饰板上的紧急操纵机构来将其打开。

a. 拆卸后备厢盖饰板。
b. 如图4-2-17所示，将连接插头5从关闭辅助装置1上脱开。
c. 将拉索支架3从关闭辅助装置1中撬出。
d. 将拉索球头4从固定件的开口（箭头b）中脱开。
e. 将固定夹2沿箭头b方向旋转90°。
f. 将关闭辅助装置1从固定夹2上拔下。

 提示：

- 固定夹2保持安装状态。
- 安装新的关闭辅助装置1，必须去掉固定夹2。

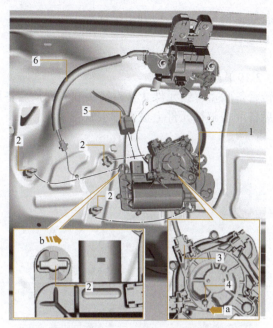

图 4-2-17 拆卸关闭辅助装置

❷ 安装关闭辅助装置。安装大体以倒序进行，同时注意以下事项。
a. 如图 4-2-18 所示，将关闭辅助装置 1 装到固定夹 2 上。
b. 将固定夹 2 沿箭头 c 方向转动约 90°。
c. 将拉索球头 4 通过开口（箭头 b）装入固定件中。
d. 将拉索的支架 3 装入关闭辅助装置 1 上的固定卡（箭头 a）中。
e. 将连接插头 5 与关闭辅助装置 1 相连。
在关闭后备厢盖之前，应进行解锁部件的功能检测。

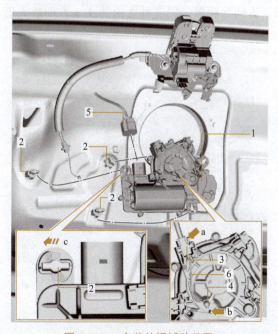

图 4-2-18 安装关闭辅助装置

（4）拆卸和安装后备厢盖解锁元件（带倒车摄像头）。

❶ 拆卸后备厢盖解锁元件

a. 拆卸后备厢盖饰板。

b. 拧出螺栓 1（图 4-2-19）。

c. 沿箭头 a 方向旋转后备厢盖解锁元件 2 并沿箭头 b 方向从后备厢盖中取出。

d. 沿箭头 c 方向从后备厢盖解锁元件上拔下排水软管 3。

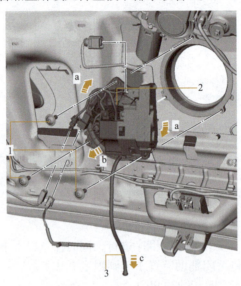

图 4-2-19　拆卸后备厢盖解锁元件

出现电气故障时，可通过后备厢盖锁紧急解锁装置打开后备厢盖。通过后备厢盖饰板内的开口可以够到紧急解锁装置。

❷ 安装后备厢盖解锁元件。安装大体以倒序进行，同时注意以下事项。

a. 如图 4-2-20 所示，将后备厢盖解锁元件 2 沿箭头 a 方向装入后备厢盖 5 中，并沿箭头 b 方向旋转直至卡止。

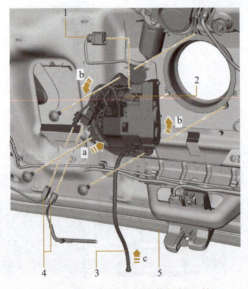

图 4-2-20　安装后备厢盖解锁元件

b. 将排水软管 3 沿箭头 c 方向安装到后备厢盖解锁元件 2 上。
c. 固定连接插头 1 和 4。
在关闭后备厢盖之前，应进行解锁部件的功能检测。
（5）拆卸和安装后备厢盖驱动装置。
❶拆卸后备厢盖驱动装置。

提示：

- 如果要拆卸驱动装置或拉簧，必须支撑住后备厢盖。没有驱动装置或没有拉簧时，后备厢盖无法保持打开状态。
- 如图 4-2-21 所示，球销 9 是铰链的组成部分。
- 驱动装置 1 只安装在左侧。
- 拉簧 4 只安装在右侧。

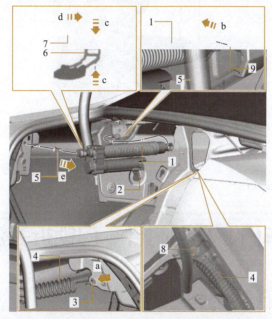

图 4-2-21　拆卸后备厢盖驱动装置

a. 拆卸驱动装置。
- 打开并支撑后备厢盖。
- 拆卸左侧后备厢侧饰板。
- 脱开连接插头 2。
- 沿箭头 c 方向按压固定卡 6，并沿箭头 d 方向略微撬起球座 7，使固定卡 6 落入球座 7 内。
- 沿箭头 b 和箭头 e 方向从球销 5 和 9 上脱开并取下驱动装置 1。

b. 拆卸拉簧。
- 打开并支撑后备厢盖。
- 拆卸右侧后备厢侧饰板。

- 标记拉簧 4 在定位架 3 上的位置（箭头 a），然后从定位架 3 取下拉簧 4。
- 从定位架 8 上取下拉簧 4。

❷ 安装后备厢盖驱动装置。安装大体以倒序进行。

（6）拆卸和安装油箱盖。

❶ 如图 4-2-22 所示，从油箱盖单元 2 的卡止装置中沿箭头 a 方向压出油箱盖 1。

❷ 沿箭头 b 方向取下油箱盖 1。

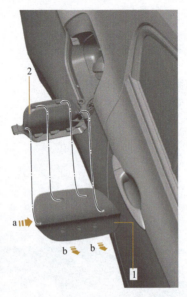

图 4-2-22　拆卸油箱盖

❸ 安装大体以倒序进行。

第三节　车门、车门附件、门锁拆装流程

1. 拆卸和安装车门

（1）拆卸车门。

❶ 如图 4-3-1 所示，将拆卸楔 T10383/1 沿箭头 a 方向插入连接插头 3 和锁止装置 2 之间。

❷ 用拆卸楔 T10383/1 沿箭头 b 方向向上撬锁止装置 2 并沿箭头 c 方向脱开连接插头 3。

❸ 撬下螺栓 7 的罩盖。

❹ 沿箭头 e 方向松开螺栓 7，但不要拧下。

❺ 拧出车门限位器 5 的固定螺栓 4。

❻ 沿箭头 d 方向向内推车门限位器 5。

❼ 将前车门 1 和铰链上部件 6 向上沿箭头 f 方向从铰链下部件中拔出。

（2）安装车门。安装大体上以倒序进行，同时注意以下事项。

❶ 如图 4-3-2 所示，必须沿箭头 d 方向向内推车门限位器 5。

❷ 装入前车门 ❶ 后，铰链接触面必须相互对齐。

第四章　钣金件的拆装流程

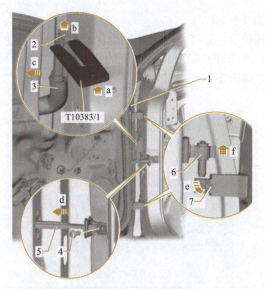

图 4-3-1　拆卸车门

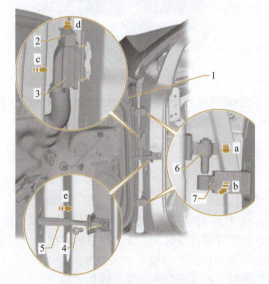

图 4-3-2　安装车门

1—前车门；2—锁止装置；3—插头；4,7—螺栓；5—车门限位器；6—铰链上部件；a～e—部件移动方向

（3）调整车门

提示：

- 仅描述左前车门的调整，右前车门的调整大体相同。
- 为了能够进行车门调整，汽车必须四轮着地。
- 如果前车门在关闭状态时各处的间隙尺寸都是均匀的，就说明前车门已经调整到位。不允许过度内凹或外凸。轮廓也必须对齐。
- 检查间隙尺寸 1（图 4-3-3）。
- 在完成装配或调整工作后，对铰链和螺栓进行防腐处理。

❶ 间隙尺寸调整（图 4-3-3）。

必须松开 A 柱上的螺栓 2、3、5 和 6，才能确保正确调整间隙尺寸。

要松开螺栓 3 时，必须松开并降下驾驶员侧的熔丝盒，并拆下副驾驶员侧的手套箱。

要松开螺栓 6 时，必须拆下 A 柱下部饰板。

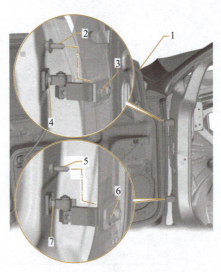

图 4-3-3　间隙尺寸调整

❷ 调整平整度。为了正确调整齐平度，必须松开螺栓 4 和 7（图 4-3-4），为此需要利用专用工具车门调整扳手 3320 及相应的工具头。

❸ 调节锁扣。

提示：

- 如图 4-3-4 所示，立柱内的锁扣螺纹板 1 的固定方法与之前的不一样。
- 螺纹板外的拱形件紧密焊接在立柱上。连接螺纹板的棱边可发生塑性变形。
- 在螺栓 3 松开状态下调整锁扣 2 需要用更大的力气。
- 仅描述左前车门的调整，右前车门的调整大体相同。
- 在关闭前车门时，必须不费力即可完全上锁，且不允许有间隙。
- 如果要调节锁扣，则前车门不得向上或者向下按压。

操作流程如下。

a. 如图 4-3-4 所示，沿箭头 a 和箭头 b 方向调整锁扣，可以调整前车门相对翼子板或相对后车门的齐平度（以消除风噪声）。

b. 通过松开 B 柱上的螺栓 3 调整锁扣 2。

提示：

- 在螺栓 3 松开状态下调整锁扣 2 时需要用更大的力气。
- 拧紧锁扣 2 的螺栓 3。

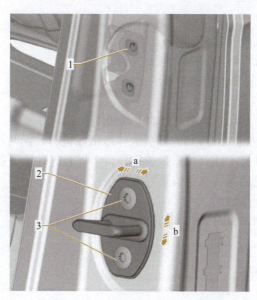

图 4-3-4　调节锁扣

（4）拆卸和安装车门限位器。

❶ 拆卸前车门饰板。

❷ 拔下自粘接式盖板或拆卸前部扬声器。

❸ 拧出 A 柱上的螺栓 2（图 4-3-5）。

❹ 拧出螺栓 3，并通过扬声器的开口（箭头 a）取出车门限位器 1。

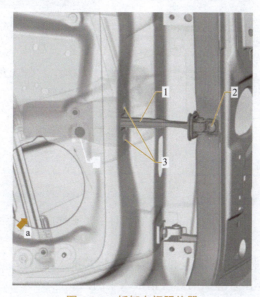

图 4-3-5　拆卸车门限位器

❺ 安装以倒序进行。

2. 车门附件的拆装流程

（1）拆卸和安装车窗升降器电动机 V14/V15。

❶ 拆卸车窗升降器电动机 V14/V15。

视频精讲

a. 拆卸前车门饰板。
b. 用胶带固定车窗以免滑落。
c. 关闭点火开关和所有用电器。拔出点火钥匙。
d. 如图 4-3-6 所示，脱开连接插头 3。
e. 拧出螺栓 2（3 个）。
f. 从拉索鼓轮定位件上取下车窗升降器电动机 1。

❷ 安装车窗升降器电机 V14/V15。安装大体以倒序进行，同时注意以下事项。

a. 将车窗升降器电动机 1 插到拉索鼓轮定位件上。轻轻地上下拉动车窗玻璃，以使车窗升降器电动机和拉索鼓轮之间的啮合齿更好地到位。
b. 拧紧螺栓，连接连接插头 3。
c. 必须用车辆诊断测试器对新的车门控制单元 4 进行编码。

 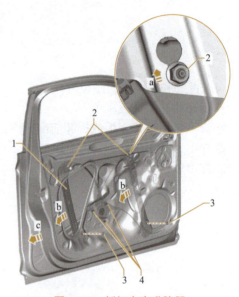

图 4-3-6　拆卸车窗升降器电动机　　　　图 4-3-7　拆卸车窗升降器

（2）拆卸和安装车窗升降器。
❶ 拆卸车窗升降器。
a. 拆卸前车门饰板。
b. 拆卸车窗玻璃。
c. 拆卸车窗升降器电动机。
d. 如图 4-3-7 所示，松开拉索鼓轮的卡钩 4 并将其推入车门内。
e. 拧下螺母 3 并将车窗升降器的螺纹销推入车门内。
f. 松开螺母 2，但不拧下。
g. 沿箭头 a 方向略微向上抬起车门内的车窗升降器并将其推入车门内。
h. 将车窗升降器 1 沿箭头 b 方向旋转 90° 并沿箭头 c 方向通过车门开口将其取出。

❷ 安装车窗升降器。安装大体以倒序进行，同时注意以下事项。

a. 如图 4-3-8 所示，将车窗升降器 1 沿箭头 a 方向穿入车门中，并沿箭头 b 方向旋转 90° 置于安装位置。

b. 将带螺母 2 的车窗升降器上部螺栓穿入车门内板并沿箭头 c 方向向下推。
c. 将车窗升降器的下部螺栓穿入车门内板的固定孔中，并安装螺母 3。
d. 将拉索鼓轮的卡钩 4 压向车门内板，直至听到卡钩卡止声。
e. 拧紧螺母 2 和 3。
f. 安装车窗升降器电动机。
g. 安装车窗玻璃。
（3）拆卸和安装锁芯。

> **提示：**
>
> ● 拆卸和安装仅针对左侧锁芯，右侧大体上可参照左侧。
> ● 车门把手保持拔出的状态。切勿尝试压回车门把手，否则支撑架上的固定凸缘会折断，导致已拆卸的车门把手无法再安装。

❶ 拆卸锁芯。
a. 拆卸锁芯（图 4-3-9）。
b. 撬下盖帽 5。
c. 拉出车门把手 2 至限位位置。
d. 旋出螺栓 4。
e. 松开螺栓 4，并沿箭头 a 方向压入螺栓 4 和锁止机构 6，这样才能释放锁芯。
f. 旋出螺栓 4。
g. 将锁芯 1 沿箭头 b 方向从车门把手支撑架 3 中拉出。

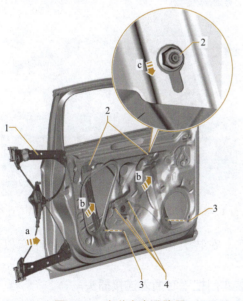

图 4-3-8　安装车窗升降器

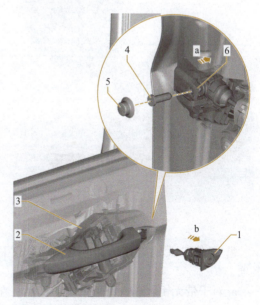

图 4-3-9　拆卸锁芯

❷ 安装锁芯。安装大体以倒序进行，同时注意以下事项。
a. 如图 4-3-10 所示，车门把手 2 从车门中突出。
b. 将锁芯 1 沿箭头 a 方向装入支撑架 3 中。

c. 将螺栓 4 拧入支撑架 3 上的锁止机构 5 上，使锁止机构沿箭头 b 方向将锁芯 1 锁止。

d. 车门把手 2 自动翻转到车门上。

提示：

- 在装配过程中必须将锁芯压紧到车门外板上。
- 接着必须在车门打开时进行一次功能检测。

（4）拆卸和安装带无钥匙进入许可系统的车门把手。

❶ 拆卸带无钥匙进入许可系统的车门把手。

a. 左前车门，拆卸锁芯罩盖。

b. 右前车门，拆卸不带锁芯的罩盖。

c. 如图 4-3-11 所示，将车门把手 1 沿箭头 a 方向从支撑架 2 中脱开。

d. 将车门把手 1 沿箭头 b 方向旋转。

e. 将车门把手 1 沿箭头 c 方向从支撑架 2 中拔出。

f. 脱开车门把手 1 上的连接插头 3。

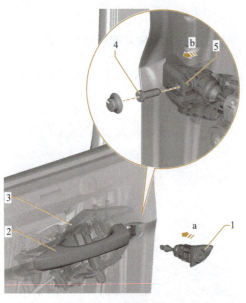

图 4-3-10 安装锁芯

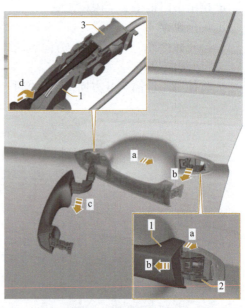

图 4-3-11 拆卸带无钥匙进入许可系统的车门把手

❷ 安装带无钥匙进入许可系统的车门把手。安装大体以倒序进行，同时注意以下事项。

a. 对于带无钥匙进入许可系统的车辆，在安装车门把手时插入连接插头。

b. 如图 4-3-12 所示，将车门把手 1 沿箭头 a 方向装入支撑架中。

c. 将车门把手 1 沿箭头 b 方向旋到车门上。

d. 将车门把手 1 沿箭头 c 方向压到支撑架 2 中。

e. 接着必须在车门打开时进行一次功能检测。

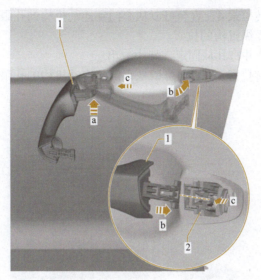

图 4-3-12　安装带无钥匙进入许可系统的车门把手

（5）拆卸和安装车门锁。

 提示：

- 仅描述左车门锁的拆卸和安装。
- 在执行下列操作时，车窗玻璃必须保持关闭状态。
- 这些螺栓都是密封的，每次拧出后都应更换。

❶ 拆卸车门锁。

a. 拆卸前车门饰板。
b. 拆卸车门内盖板。
c. 拆卸锁芯。
d. 对于带无钥匙进入许可系统的车辆，在拆卸车门锁时脱开支撑架和车门锁上的线束连接。
e. 如图 4-3-13 所示，脱开车门锁 1 上的连接插头。
f. 撬下罩盖 3。
g. 拧出螺栓 2。
h. 从车门中取出车门锁 1。

 提示：

执行下列操作时，如有需要可以松开拉索。

a. 松开至支撑架的拉索。
- 拆下盖板。
- 沿箭头 f 方向轻轻地撬起固定卡 5，并沿箭头 a 方向旋转 90°，从支架中脱开拉索 4。

- 沿箭头 b 方向旋转拉索 4，直至可以从车门锁连动机构的孔眼（箭头 c）中取出。
- 松开至车门内部操纵机构的拉索。
- 将拉索 3 旋转 90° 并将其从固定支架中取出。
- 沿箭头 d 方向旋转拉索 3，直至可以从车门锁连动机构的孔眼（箭头 e）中取出。

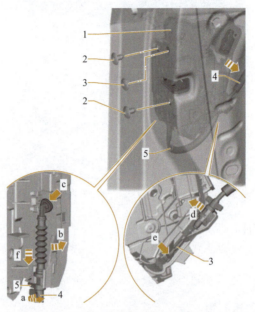

图 4-3-13　拆卸车门锁

b. 拆卸盖板。
- 如图 4-3-14 所示，沿箭头 a 方向松开卡钩 3。
- 沿箭头 b 方向将盖板 1 从车门锁 2 上取下。

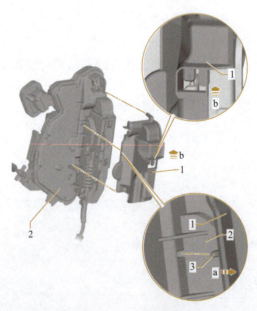

图 4-3-14　拆卸盖板

❷ 安装车门锁。安装大体以倒序进行，同时注意以下事项。
a. 这些螺栓都是密封的，每次拧出后都应更换。
b. 如图 4-3-15 所示，将拆下的拉索 4 和 5 安装到车门锁 1 上。
c. 将车门锁 1 装入车门内。
d. 如果有连接插头，将其连接。
e. 拧入螺栓 2。
f. 卡入罩盖 3。
g. 接着必须在车门打开时进行一次功能检测。

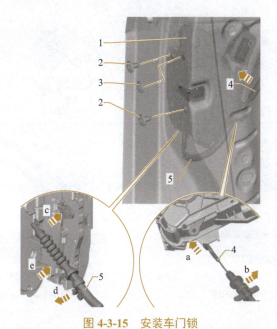

图 4-3-15　安装车门锁
a～e—部件移动方向

h. 安装盖板。
（6）拆卸和安装车窗导向槽。

提示：

- 仅描述左侧车窗导向槽的拆卸和安装，右侧车窗导向槽的拆卸和安装大体相同。
- 取下时不得弯折车窗导向槽！

❶ 拆卸车窗导向槽。
a. 将车窗玻璃降至最低位置。
b. 拆卸内侧车窗密封条。
c. 拆卸外侧车窗密封条。
d. 如图 4-3-16 所示，拆卸前车门 B 柱挡板。
e. 从内部将车窗导向槽 1 的密封唇与车门法兰脱开。
f. 将车窗导向槽 1 的上部沿箭头 c 方向从车门法兰 2 上脱开。

g. 将车窗导向槽 1 从车门框架中沿箭头 a 和箭头 b 方向拉出。

❷ 安装车窗导向槽。安装大体以倒序进行，同时注意以下事项。

a. 为了便于安装，给车窗导向槽喷上肥皂水。

b. 如图 4-3-17 所示，将车窗导向槽 1 沿箭头 b 和箭头 c 方向推入车门框架中。

c. 将车窗导向槽 1 沿箭头 a 方向安装到车门法兰上。

d. 将车窗导向槽 1 的密封唇沿（箭头 d）方向卷到车门法兰 2 上。

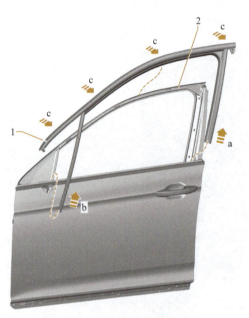

图 4-3-16　拆卸车窗导向槽

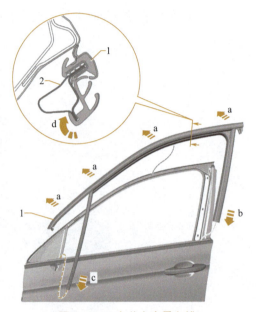

图 4-3-17　安装车窗导向槽

> **提示：**
>
> 安装车窗导向槽 1 时必须确保位置均匀（否则会产生风噪声）。

第四节　汽车天窗的拆装流程

以下维修流程以大众迈腾轿车为例。

1. 拆卸和安装前部滑动天窗玻璃盖板

（1）拆卸前部滑动天窗玻璃盖板。

❶ 如图 4-4-1 所示，打开玻璃盖板 2 直到可以触及挡板 1 为止（图 4-4-1）。

❷ 将挡板 1 沿箭头 a 方向向后推，使其从玻璃盖板 2 上脱开。

❸ 将挡板 1 沿箭头 b 方向从玻璃盖板 2 上取下。

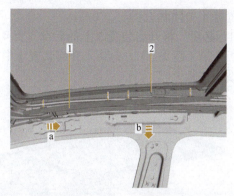

图 4-4-1　拆卸挡板

提示：

用磁力工具取出螺栓，防止螺栓掉入全景滑动天窗的机构中。

❹ 如图 4-4-2 所示，从滑动天窗框架上拉下密封条 3。
❺ 拧出滑动天窗玻璃盖板 1 的左右螺栓 2。
❻ 沿箭头方向将滑动天窗玻璃盖板 1 向上取下。

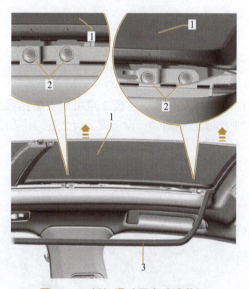

图 4-4-2　拆卸滑动天窗玻璃盖板

（2）安装前部滑动天窗玻璃盖板。安装大体以倒序进行，同时注意以下事项。

提示：

- 每次拆卸后必须更换新螺栓。
- 使用磁力工具旋入螺栓，防止螺栓掉入全景滑动天窗的导轨中。

❶ 将滑动天窗开启装置处于关闭状态。
❷ 如图 4-4-3 所示，如有必要，将开启装置 3 上的后部支臂 4 置于标记 5 内。
❸ 将滑动天窗玻璃盖板 1 沿（箭头 a）方向装入开启装置 3 中。拧入螺栓 2，不要拧紧。
❹ 调整前部滑动天窗玻璃盖板。
❺ 拧紧螺栓。

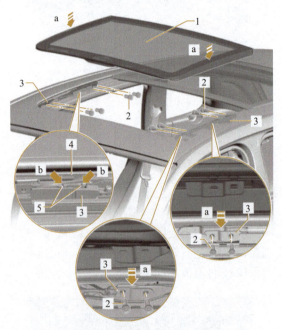

图 4-4-3　安装前部滑动天窗玻璃盖板

❻ 装回拆下的密封条。
❼ 如图 4-4-4 所示，打开滑动天窗玻璃盖板 2 至可以安装挡板 1 为止。
❽ 将挡板 1 沿箭头 c 方向斜着放到滑动天窗玻璃盖板 2 上，并沿箭头 a 方向压入待装开口中。
❾ 将挡板 1 沿箭头 b 方向推至限位位置。
❿ 所有工作都完成后进行滑动天窗电动机的初始化。

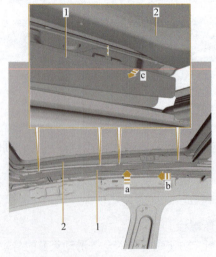

图 4-4-4　安装挡板

2. 拆卸和安装后部滑动天窗玻璃盖板

（1）拆卸后部滑动天窗玻璃盖板。

> **提示：**
>
> 用磁力工具取出螺栓，防止螺栓掉入全景滑动天窗的导轨中。

❶ 将前部滑动天窗向上打开至最大位置。
❷ 如图 4-4-5 所示，从滑动天窗框架上拉下密封条 3。
❸ 拧出后部滑动天窗玻璃盖板 1 的左右螺栓 2。

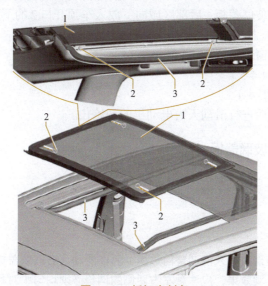

图 4-4-5　拆卸密封条

❹ 如图 4-4-6 所示，将后部滑动天窗玻璃盖板 1 沿箭头 a 方向推到前部滑动天窗玻璃盖板 3 下方（图 4-4-6）。

图 4-4-6　拆卸后部滑动天窗玻璃盖板

⑤将后部滑动天窗玻璃盖板 1 的后部沿箭头 b 方向从车顶开口 2 中撬起。

⑥将后部滑动天窗玻璃盖板 1 沿箭头 c 方向通过车顶开口 2 从前部滑动天窗玻璃盖板 3 下部取出。

（2）安装后部滑动天窗玻璃盖板。安装大体以倒序进行，同时注意以下事项。

提示：

- 安装滑动天窗玻璃盖板时要使用新螺栓。
- 使用磁力工具旋入螺栓，防止螺栓掉入全景滑动天窗的导轨中。

❶将后部滑动天窗玻璃盖板 1 从斜上方装到前部滑动天窗玻璃盖板 3 的下方（图 4-4-6）。
❷将后部滑动天窗玻璃盖板 1 后部区域向下放入车顶开口 2 的下方并向后推（图 4-4-6）。
❸装入螺栓 2，不要拧紧（图 4-4-5）。
❹调整后部滑动天窗玻璃盖板 1（图 4-4-5）。
❺拧紧螺栓 2（图 4-4-5）。
❻安装密封条 3（图 4-4-5）。
❼所有工作都完成后进行滑动天窗电动机的初始化。

3. 调整滑动天窗玻璃盖板

（1）检测高度调整。

提示：

- 前部滑动天窗玻璃盖板只能调整前边缘，后部滑动天窗玻璃盖板只能调整后边缘。
- 为取得良好的外观效果，应注意左右两侧的调整必须均匀（对称）。
- 箭头指向行驶方向（图 4-4-7）。

❶如图 4-4-7 所示，用深度规检查前部滑动天窗玻璃盖板 1 与后部滑动天窗玻璃盖板 2 的调节情况。

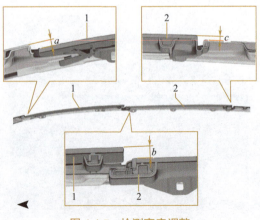

图 4-4-7　检测高度调整

尺寸 a：1.5mm±1.0mm。
尺寸 b：1mm±1mm。
尺寸 c：1mm±1mm。
❷ 如果测得的数值偏离额定值，则必须对相应的玻璃盖板进行调整。
❸ 调整前部滑动天窗玻璃盖板。
❹ 调整后部滑动天窗玻璃盖板。
（2）调整前部滑动天窗玻璃盖板。

提示：

- 在滑动天窗玻璃盖板从滑动位置锁住之后进行滑动天窗的高度调整。
- 箭头指向行驶方向（图 4-4-8）。

❶ 拆下挡板。
❷ 如图 4-4-8 所示，从滑动天窗框架上拉下密封条 3。
❸ 只松开前部滑动天窗玻璃盖板 2 左右两侧的两个前部螺栓 1。
❹ 根据尺寸调整前部滑动天窗玻璃盖板 2。
❺ 拧紧左右两侧的螺栓 1。
❻ 将密封条 3 插入滑动天窗框架上。
❼ 安装挡板。

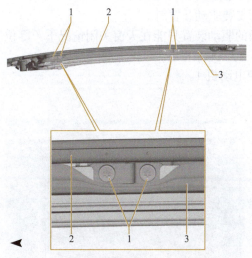

图 4-4-8　调整前部滑动天窗玻璃盖板

（3）调整后部滑动天窗玻璃盖板。

提示：

箭头指向行驶方向（图 4-4-9）。

❶ 如图 4-4-9 所示，拔下内部密封件 1。

❷ 松开后部滑动天窗玻璃盖板 3 的螺栓 2。
❸ 根据尺寸调整后部滑动天窗玻璃盖板 3。
❹ 拧紧左右两侧的螺栓 2。
❺ 将密封件 1 插入滑动天窗框架上。

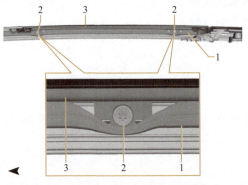

图 4-4-9　调整后部滑动天窗玻璃盖板

4. 拆卸和安装滑动天窗电动机 V1

（1）拆卸滑动天窗电动机 V1。
❶ 拆卸前部照明和操作单元。
❷ 关闭点火开关，拔下钥匙并打开车门。
a. 该状态必须保持到安装驱动装置时。
b. 全景天窗玻璃盖板的驱动装置只能在天窗关闭情况下（零位）拆卸和安装。
❸ 如图 4-4-10 所示，拧出螺栓 3。
❹ 稍微降下滑动天窗电动机 1。
❺ 脱开连接插头 2。

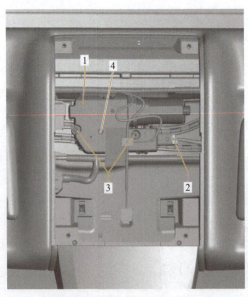

图 4-4-10　拆卸滑动天窗电动机 V1

（2）安装滑动天窗电动机 V1。安装大体以倒序进行。
（3）匹配滑动天窗电动机 V1。

提示：

- 在更换玻璃盖板、电动机或外翻机构后，必须进行自适应运行。
- 在自适应运行中，关闭力限制功能被禁止。

滑动天窗电动机标准化运行如下。
❶ 点火开关已打开。
❷ 如图 4-4-11 所示，将按键向上按（箭头 b），并在整个匹配过程中（约 20s）将其保持于此位置。
❸ 在自适应运行中，玻璃盖板首先关闭，接着向后移动约 200mm。
❹ 盖板再次关闭后，自适应运行就此结束，此时可以松开旋钮。
（4）断电操作。

图 4-4-11　滑动天窗按键

提示：

在停电时，可用六角扳手移动带玻璃盖板的滑动外翻式天窗。

❶ 拆卸前部照明和操作单元。
❷ 如图 4-4-10 所示，将六角扳手插入滑动天窗电动机 1 的螺栓 4 中。
❸ 通过旋转螺栓 4 来关闭玻璃盖板。

第五节　车辆保险杠的拆装流程

以下维修流程以大众迈腾轿车为例。

视频精讲

1. 拆卸和安装前保险杠

提示：

- 在拆卸和安装前保险杠盖板时，必须根据不同的车型考虑到细微的差异。
- 前保险杠盖板只能与散热器格栅一同拆下。

（1）拆卸前保险杠。
❶ 如图 4-5-1 所示，拧出左右两侧的螺栓 3 和 4。
❷ 拧出左右两侧的螺栓 2（朝上）。

❸从下方旋出螺栓 5 和 6。

进一步的拆卸只能在另一位机修工的帮助下进行。

❹沿箭头 a 方向从翼子板左右两侧导向件的卡止装置中拉出前保险杠盖板 1。

❺将前保险杠盖板 1 沿箭头 b 方向从中部导向件的卡止件 7 中拉出。

❻将前保险杠盖板 1 沿箭头 c 方向平行地从车辆上拔下。

❼脱开清洗液管路上的软管接头（如果有）。

❽脱开电气部件的电气连接插头（如果有）。

（2）安装前保险杠。安装大体以倒序进行，同时注意：安装只能在另一位机修工的帮助下进行。

❶连接现有电气部件的连接插头。

> 提示：
> 安装前保险杠盖板时，注意前轮罩内板的位置是否正确。

❷如图 4-5-2 所示，将前保险杠盖板 1 沿箭头 a 方向平行装到锁支架上，直至卡钩卡止。

❸将前保险杠盖板 1 沿箭头 b 方向按压在翼子板左右两侧的导向件 2 上，直至相互卡止。

❹注意间隙尺寸。

❺拧紧所有螺栓。

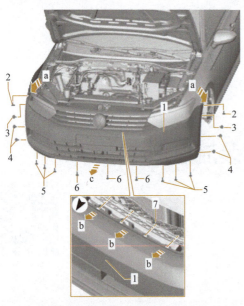

图 4-5-1　拆卸前保险杠

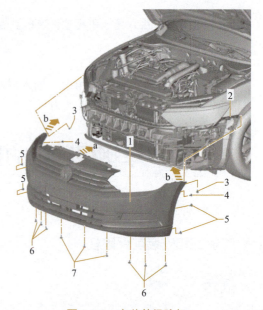

图 4-5-2　安装前保险杠

1—盖板；2—导向件；3～7—螺栓

2. 拆卸和安装后保险杠

（1）拆卸后保险杠。

❶拆卸侧围板中的尾灯。

❷ 如图 4-5-3 所示，拧出左右两侧轮罩中的螺栓 3（朝上）。
❸ 拧出左右两侧轮罩内板区域内的螺栓 4。
❹ 从下方拧出螺栓 5。
❺ 从下方拧出螺栓 6（如果有）。
❻ 拆下膨胀铆钉 7。

视频精讲

其余拆卸工作只能在另一位机修工的协助下进行。
❼ 沿箭头 a 方向从侧围板上左右两侧导向件 2 的卡子中拉出后保险杠盖板 1。
❽ 沿箭头 b 方向从尾灯下方和中间的卡子中松开后保险杠盖板 1。
❾ 将后保险杠盖板 1 沿箭头 b 方向平行地从车上拔下。
❿ 脱开电气部件的电气连接插头（如果有）。

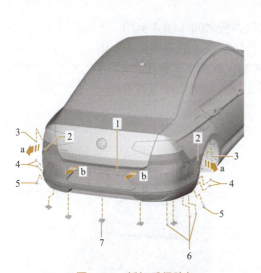

图 4-5-3 拆卸后保险杠

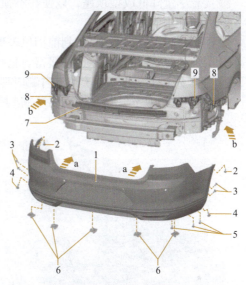

图 4-5-4 安装后保险杠

1—盖板；2～5—螺栓；6—铆钉；7～9—导向件

（2）安装后保险杠。安装大体以倒序进行，同时注意：安装工作只能在另一位机修工的协助下进行。
❶ 连接电气部件的电气连接插头（如果有）。
❷ 如图 4-5-4 所示，将后保险杠盖板 1 沿箭头 a 方向平行地装到车上。
❸ 将后保险杠盖板 1 按压在尾灯下方中部导向件 9 和中部导向件 7 上，直至相互卡止。
❹ 将后保险杠盖板 1 沿箭头 b 方向按压在侧围板左右两侧的导向件 8 上，直至相互卡止。
❺ 注意间隙尺寸。
❻ 从下方压紧膨胀铆钉 6。
❼ 对于配备换道辅助系统的汽车，每次拆卸和安装后都必须校准后部雷达。

第六节　汽车前、后挡风玻璃的拆装流程

以下维修流程以大众迈腾轿车为例。

1. **拆卸和安装前挡风玻璃**

（1）拆卸前挡风玻璃。

❶ 拆卸左右两侧A柱上部饰板。
❷ 拆卸左右两侧遮阳板。
❸ 拆卸车内后视镜。
❹ 拆卸和安装辅助系统前部摄像头。
❺ 拔下玻璃加热装置的插头。
❻ 对于配备雨量和光照识别传感器的车辆，拆卸雨量和光照识别传感器。
❼ 在前挡风玻璃区域内降下成型顶篷。
❽ 接着尽量降低成型顶篷，以使在不损坏成型顶篷的情况下切割前挡风玻璃。
❾ 拆卸排水槽盖板。
❿ 把覆盖膜 VAG 1474/8 推到前挡风玻璃和仪表板之间（图4-6-1）。
⓫ 用锥子 VAG 1474/2 穿过粘接密封材料，将切割线1的一端拉入车内。
⓬ 用拉手 VAG 1351/1、3 固定内侧切割线末端，以免其被拉出。
⓭ 如图4-6-2所示，借助小管件1将切割线2导入玻璃边缘下方。

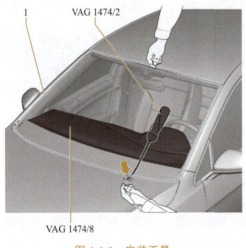

图4-6-1　安装工具

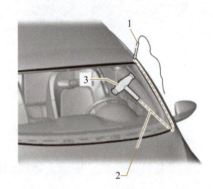

图4-6-2　切割玻璃胶

⓮ 将切割线绕在前挡风玻璃周围，并将切割线1的另一端也拉入车内。
⓯ 注意切割线是否置于前挡风玻璃下的边角处。
⓰ 如图4-6-3所示，将线的一端3固定在粘接玻璃分离工具 VAS 6452（1）上。
⓱ 将切割线绕在卷线器吸盘周围（箭头）。
⓲ 切割时用塑料楔2将切割线压向前挡风玻璃，以便能够在玻璃和车身法兰之间自由移动。
⓳ 如图4-6-4所示，将粘接玻璃分离工具 VAS 6452 装到前挡风玻璃的下角区域内。
⓴ 将左侧粘接玻璃分离工具 VAS 6452 从"位置Ⅰ"移动至"位置Ⅲ"并切割前挡风玻璃。
㉑ 将右侧粘接玻璃分离工具 VAS 6452 从"位置Ⅳ"移动至"位置Ⅵ"并切割前挡风玻璃。

㉒ 用 2 个吸盘 VAG 1344 将前挡风玻璃从汽车上吸起。

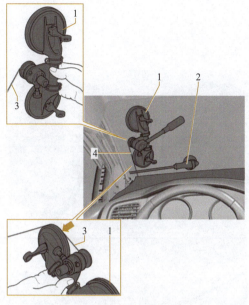

图 4-6-3　安装粘接玻璃分离工具

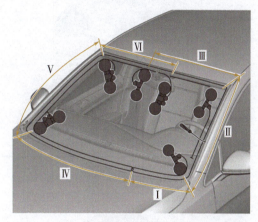

图 4-6-4　取下前挡风玻璃

（2）安装前挡风玻璃。安装大体以倒序进行，同时注意以下事项。
❶ 安装前部摄像头。
❷ 准备未损坏的车窗玻璃用以安装。
❸ 准备新车窗玻璃用以安装。
❹ 准备好车身法兰以便粘接玻璃。
❺ 装入后，将挡风玻璃用胶带固定到车顶上。

2. 拆卸和安装后挡风玻璃

提示：

如果要重复使用后挡风玻璃，务必确保后挡风玻璃加热装置的电气接口未损坏。

（1）拆卸后挡风玻璃
❶ 拆卸高位制动灯 1（图 4-6-5）。
❷ 拆卸左右两侧 C 柱上部饰板。
❸ 在后挡风玻璃区域内降下成型顶篷。
❹ 尽量降低成型顶篷，在不损坏成型顶篷的情况下切割后窗玻璃。
❺ 拆卸后窗台板。
❻ 拆卸后窗玻璃遮阳卷帘。
❼ 拆卸负极导线中的调频（FM）滤频器 R178。
❽ 拔下可加热式后窗玻璃 2 上的连接插头。

⑨ 将所拆下的元件及线束粘接在后窗玻璃上。

⑩ 如图4-6-6所示,用锥子VAG 1474/2穿过粘接密封材料并沿箭头a方向将切割线1拉入车内。

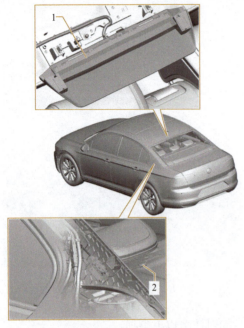

图4-6-5 拆卸高位制动灯

图4-6-6 安装切割线

⑪ 用拉手VAG 1351/1固定切割线末端,以免其被拉出。

⑫ 将切割线绕在后挡风玻璃周围并将线的另一端沿箭头b方向拉入车内。

⑬ 将切割线末端固定在粘接玻璃分离工具VAS 6452或卷线器VAG 1654 A上。

⑭ 如图4-6-7所示,小心地将保护膜3或塑料条VAG 1474/15推到后挡风玻璃和后台板之间。

⑮ 将卷线器VAG 1654 A(4)装入所示位置。

图4-6-7 拆卸后挡风玻璃

⑯ 相应地操作卷线器 VAG 1654 A（4）并在后挡风玻璃两侧的上部区域进行切割。

⑰ 切割时用一个楔子 VAG 1474/5 将切割线 1 压向后挡风玻璃，以便能够在车身法兰和后挡风玻璃之间自由移动。

⑱ 然后切割后挡风玻璃 2 的下部区域。

⑲ 切割时用 2 个吸盘吸住后挡风玻璃。

⑳ 如图 4-6-8 所示，略微打开后备厢盖 2。

㉑ 然后沿箭头 a 和箭头 b 方向从车身上取下后挡风玻璃 1。

（2）安装后挡风玻璃。安装大体以倒序进行，同时注意以下事项。

❶ 准备新玻璃以便安装。

❷ 准备车身法兰以便安装玻璃。

❸ 将后挡风玻璃 1 沿箭头 a 方向装到后备厢盖 2 下方，但不得接触车身法兰。

❹ 校准后挡风玻璃并沿箭头 b 方向按压到车身法兰上。

图 4-6-8　取下后挡风玻璃

图 4-6-9　安装后挡风玻璃

视频精讲

第五章 车身修复作业

以下修复作业以大众迈腾轿车为例。

第一节 车身前部的修复作业

1. 更换右侧托架

（1）拆卸右侧托架。

❶ 松开原始连接。
❷ 取下车身的右侧托架（图5-1-1）。
❸ 清除残余物（图5-1-2）。
❹ 将焊接表面打磨至裸露出金属。

图5-1-1　取下车身的右侧托架

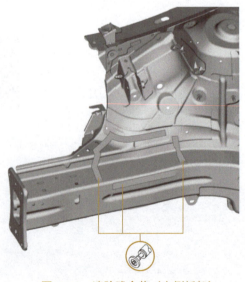

图5-1-2　清除残余物（右侧托架）

（2）安装右侧托架。

提示：

- 仅允许使用获得大众汽车公司许可的焊接设备。
- 在安装时，注意出厂时的原始连接以及所使用的连接工艺。

❶ 钻出用于气体保护塞焊焊缝的孔，直径为7mm。
❷ 从外部将焊接表面打磨至裸露出金属（图5-1-3）。

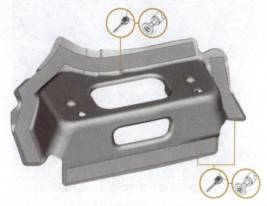

图5-1-3　从外部将焊接表面打磨至裸露出金属（右侧托架）

❸ 当汽车四轮着地或者位于车身校正套件上时，装入和固定新部件。
❹ 焊接右侧托架，气体保护塞焊焊缝（图5-1-4）。

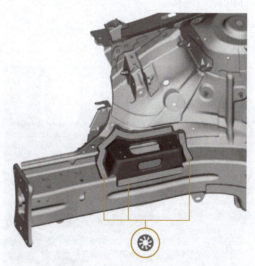

图5-1-4　焊接右侧托架，气体保护塞焊焊缝

2. 更换（副车架）固定座

（1）拆卸（副车架）固定座。

提示：

以左前侧固定座为例，说明如何更换副车架固定座（图 5-1-5）。右前侧固定座的拆卸和安装大体上可参照左前侧。

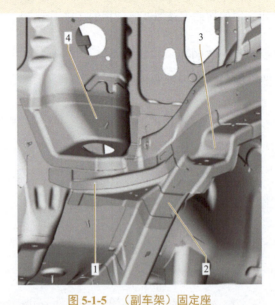

图 5-1-5 （副车架）固定座

1—上纵梁加强件；2—下纵梁加强件；3—副车架固定座；4—封闭板

❶ 松开封闭板的原始连接（图 5-1-6）。
❷ 脱开上下纵梁加强件的原始连接。
❸ 松开副车架固定座原始连接。
❹ 从车身上依次取下部件。

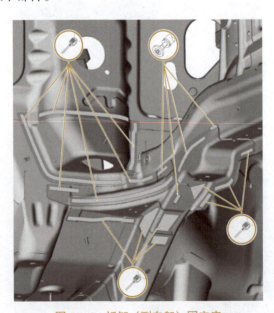

图 5-1-6 拆卸（副车架）固定座

（2）安装（副车架）固定座。

> **提示：**
> - 仅允许使用获得大众汽车公司许可的焊接设备。
> - 在安装时，注意出厂时的原始连接以及所使用的连接工艺。

❶ 钻出用于气体保护塞焊焊缝的孔，直径为 8mm。
❷ 从外部将焊接表面打磨至裸露出金属（图 5-1-7）。

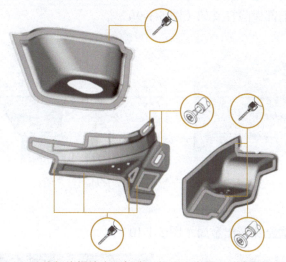

图 5-1-7　从外部将焊接表面打磨至裸露出金属（副车架固定座）

❸ 当汽车四轮着地或者位于车身校正套件上时，装入和固定新部件。
❹ 依次焊接新件，采用电阻点焊焊缝、气体保护塞焊焊缝和气体保护全焊缝（图 5-1-8）。

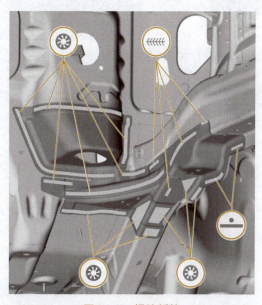

图 5-1-8　焊接新件

3. 更换前保险杠支架

> **提示：**
> 以左前侧保险杠支架为例，说明如何更换保险杠支架。右前侧保险杠支架的拆卸和安装大体可参照左前侧。

（1）拆卸前保险杠支架。
❶ 松开原始连接。
❷ 从车身上取下前部保险杠支架（图 5-1-9）。

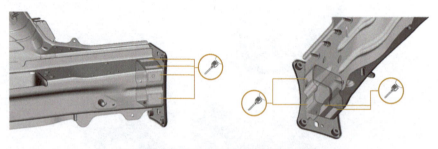

图 5-1-9　从车身上取下前部保险杠支架

❸ 清除残余物。
❹ 将焊接表面打磨至裸露出金属（图 5-1-10）。

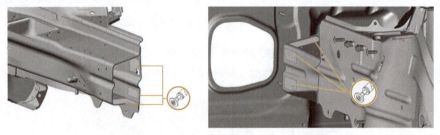

图 5-1-10　将焊接表面打磨至裸露出金属（前保险杠支架）

（2）安装前保险杠支架
❶ 从外部将焊接表面打磨至裸露出金属（图 5-1-11）。

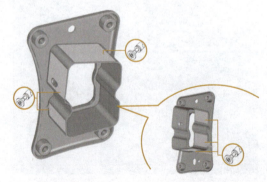

图 5-1-11　从外部将焊接表面打磨至裸露出金属（前保险杠支架）

❷当汽车四轮着地或者位于车身校正套件上时,装入和固定新部件。
❸采用气体保护塞焊焊缝焊接前部保险杠支架(图5-1-12)。

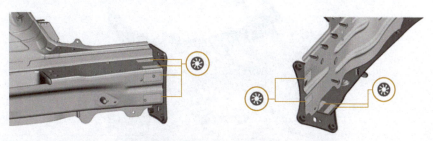

图 5-1-12　采用气体保护塞焊焊缝焊接前部保险杠支架

4. 更换上部轮罩纵梁

(1)拆卸上部轮罩纵梁。
❶上部轮罩纵梁如图 5-1-13 所示。
❷松开原始连接。
❸将上部轮罩纵梁从车身上取下(图 5-1-14)。

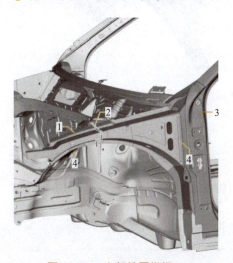

图 5-1-13　上部轮罩纵梁

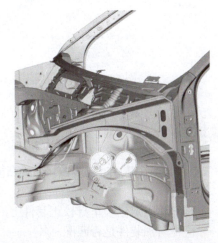

图 5-1-14　将上部轮罩纵梁从车身上取下

1—上部轮罩纵梁;2—切割部位;3—A柱;4—粘接区域

❹清除残余物。
❺将焊接表面打磨至裸露出金属(图 5-1-15)。
❻完全清除残余粘接剂,并打磨粘接表面,直至裸露出金属。
❼在无需焊接的粘接面上涂覆防腐层。
❽接着略微打磨粘接面。
(2)安装上部轮罩纵梁。
❶钻出用于气体保护塞焊焊缝的孔,直径 7mm。
❷从外部将焊接表面打磨至裸露出金属(图 5-1-16)。
❸稍稍打磨无需进行焊接的粘接表面。

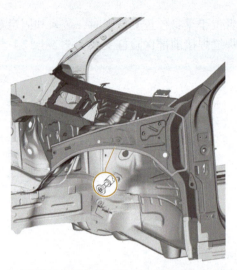

图 5-1-15 将焊接表面打磨至裸露出金属（上部轮罩纵梁）

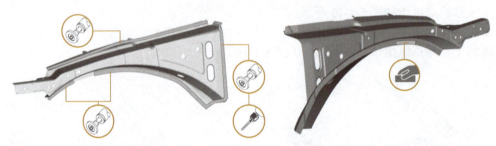

图 5-1-16 从外部将焊接表面打磨至裸露出金属（上部轮罩纵梁）

 提示：

新件必须在 90min 内焊接，否则粘接剂的粘力将减退。

④ 匹配并固定位于车身校正套件上的车辆的新件。
⑤ 检查与加装件是否匹配。
⑥ 将新件从车身上取下。
⑦ 涂抹双组分车身粘接剂。
⑧ 焊接上部轮罩纵梁，采用电阻点焊焊缝和气体保护塞焊焊缝（图 5-1-17）。

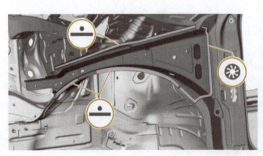

图 5-1-17 采用电阻点焊焊缝和气体保护塞焊焊缝

5. 更换前纵梁

（1）前纵梁如图5-1-18所示。

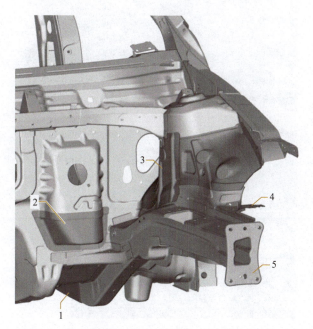

图 5-1-18　前纵梁

1—前部纵梁接口；2—封闭板；3—轮罩加强板；4—大灯支架；5—前纵梁

（2）拆卸前纵梁。

❶ 松开前纵梁原始连接。

❷ 从车身上取下封闭板（图5-1-19）。

图 5-1-19　从车身上取下封闭板

❸ 松开封闭板原始连接（图 5-1-20）。

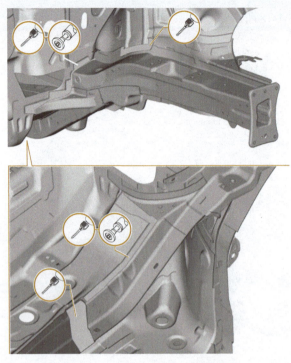

图 5-1-20　松开封闭板原始连接

❹ 从车身上取下纵梁（图 5-1-21）。

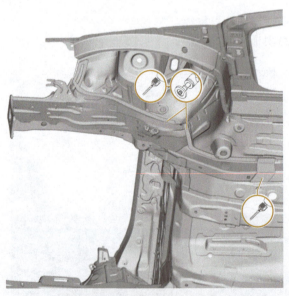

图 5-1-21　从车身上取下纵梁

❺ 清除残余物。
❻ 将焊接表面打磨至裸露出金属（图 5-1-22、图 5-1-23）。

图 5-1-22 将焊接表面打磨至裸露出金属（前纵梁一）

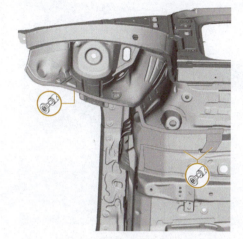
图 5-1-23 将焊接表面打磨至裸露出金属（前纵梁二）

❼ 钻出用于气体保护塞焊焊缝的孔，直径 8mm。

（3）安装前纵梁。

❶ 前纵梁零件如图 5-1-24 所示。

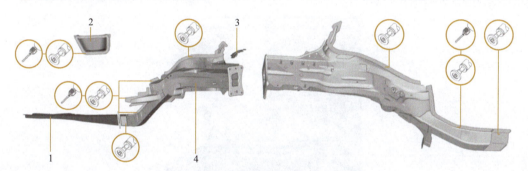

图 5-1-24 前纵梁零件

1—前纵梁总成；2—封闭板；3—大灯支架；4—前纵梁

❷ 当汽车四轮着地或者位于车身校正套件上时，装入和固定新部件。

❸ 检测与相邻部件之间的匹配。

❹ 采用气体保护塞焊焊缝和电阻点焊焊缝（图 5-1-25）。

❺ 压入并固定大灯支架 1。

❻ 焊接前纵梁 2（图 5-1-26）。

❼ 焊接大灯支架 1，采用电阻点焊焊缝。

❽ 压入并固定封闭板 1（图 5-1-27）。

❾ 焊接封闭板 1，采用气体保护塞焊焊缝。

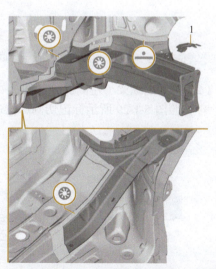

图 5-1-25 采用气体保护塞焊焊缝和电阻点焊焊缝

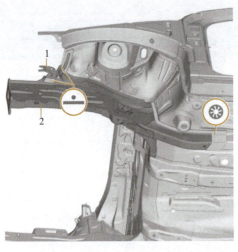
图 5-1-26　焊接前纵梁

图 5-1-27　压入并固定封闭板

6. 更换前纵梁（左侧部分部件）

（1）前纵梁（左侧部分部件）如图 5-1-28 所示。

图 5-1-28　前纵梁（左侧部分部件）
1—前纵梁；2—切割部位

（2）拆卸前纵梁（左侧部分部件）。

❶ 按照图 5-1-29 所示标记切割部位进行切割。

 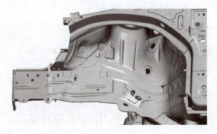

图 5-1-29　按标记切割部位进行切割

❷ 清除残余物。
❸ 将焊接表面打磨至裸露出金属（图 5-1-30）。

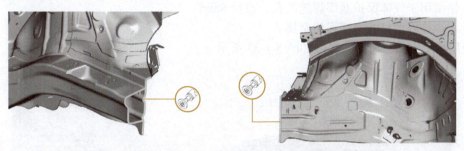

图 5-1-30　将焊接表面打磨至裸露出金属（前纵梁左侧部分部件一）

（3）安装前纵梁（左侧部分部件）。
❶ 在新件上画出切割线并割除阴影区域。
❷ 将焊接表面打磨至裸露出金属（图 5-1-31）。

图 5-1-31　将焊接表面打磨至裸露出金属（前纵梁左侧部分部件二）

如图 5-1-32 所示，使用单独部件的备件。
a. 纵梁盖板 1。
b. 前纵梁 3。
c. 前保险杠支架 2。
d. 在必要时，一起使用焊接螺栓、螺栓、带螺母的焊接螺栓 4。

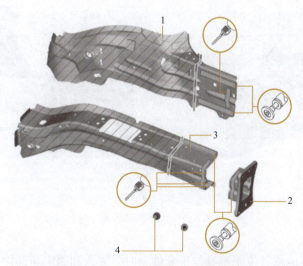

图 5-1-32　画出切割线并切下阴影区域

❸ 在纵梁盖板 1 上画出切割线并切下阴影区域。
❹ 在前纵梁 3 上画出切割线并切下阴影区域。
❺ 钻出用于气体保护塞焊焊缝的孔，直径 8mm。
❻ 将焊接表面打磨至裸露出金属。

使用整个纵梁总成时的焊接如图 5-1-33 所示。

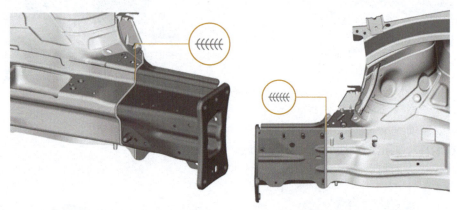

图 5-1-33　使用整个纵梁总成时的焊接

❶ 当汽车四轮着地或者位于车身校正套件上时，装入和固定新部件。
❷ 检测与相邻部件之间的匹配。
❸ 环绕焊接纵梁的切割口，采用气体保护全焊缝。

 提示：

气体保护全焊缝不允许修整（打磨或修平）！

使用单独部件时的焊接如图 5-1-34 所示。

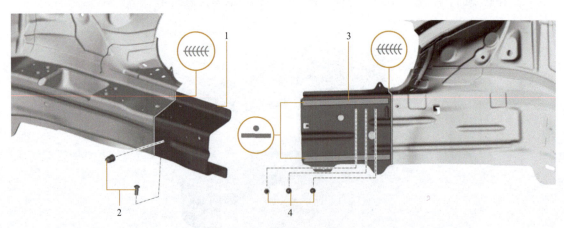

图 5-1-34　单独部件时的焊接

❶ 当汽车四轮着地或者位于车身校正套件上时，装入和固定新部件。

❷ 检测与相邻部件之间的匹配。
❸ 环绕焊接纵梁 1 的切割线，采用气体保护全焊缝。
❹ 环绕焊接纵梁盖板 3 的切割线，采用气体保护全焊缝。
❺ 采用电阻点焊焊缝工艺焊接带纵梁盖板 3 的纵梁 1。
❻ 必要时，一起使用焊接螺栓、螺栓、带螺母的焊接螺栓 2 和 4。将具体位置从旧件上取下。
❼ 安装前保险杠支架。

第二节　车身中部的修复作业

1. 更换带滑动天窗的汽车车顶

（1）带滑动天窗的汽车车顶如图 5-2-1 所示。

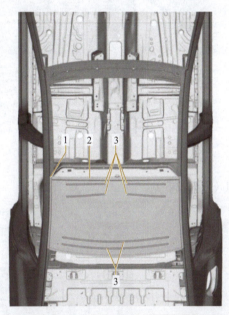

图 5-2-1　带滑动天窗的汽车车顶
1—激光焊缝；2—车顶；3—粘接区域

（2）拆卸汽车车顶。

提示：

- 将织物胶带平行于激光焊缝粘接到左右两侧车顶梁上，这样可避免损坏和维修时的污损。
- 在切开时与车顶横梁保持大约 15mm 的距离，以避免在加工时对其造成损坏。
- 在根据切割线进行切割时，不得损坏后面的钢板。

❶ 沿着与激光焊缝平行的方向粗略切开车顶。
❷ 松开与中部车顶横梁的原始连接。
❸ 松开与后车顶横梁的原始连接。
❹ 从车身上取下车顶（图 5-2-2）。

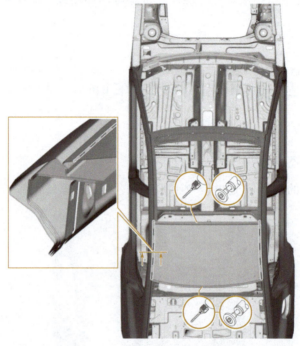

图 5-2-2　从车身上取下车顶

❺ 去除两侧的残余物 1（图 5-2-3）。

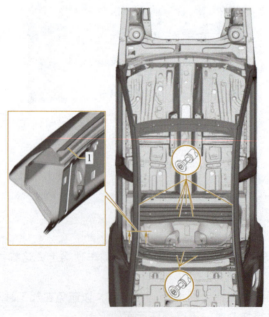

图 5-2-3　去除两侧的残余物

- 在清除车顶残余物 1 时不允许损坏车顶横梁。
- 不得使用切割片或砂轮片。

❻ 清除左右两侧车顶横梁上的焊缝残余物。
❼ 清除所有前后车顶横梁上的残余粘接剂和密封剂。
❽ 在左右两侧车顶横梁上进行防腐蚀处理。
（3）安装汽车车顶。

为了确保车顶维修完好且持久，维修时应特别小心，避免所有的加工故障。

❶ 略微打磨车顶上的左右粘接表面，由此可以保证双组分车身粘接剂与粘接区域形成良好的接合。
❷ 将车顶置于车顶框架上。
❸ 检测滑动天窗和后窗玻璃与车顶的匹配（图 5-2-4）。

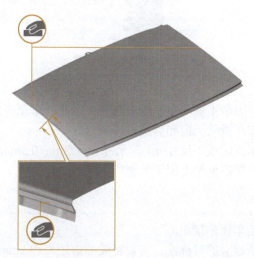

图 5-2-4　检测滑动天窗和后窗玻璃与车顶的匹配

（4）调整车顶的深度尺寸

- 如图 5-2-5 所示，紧固带 1 可以避免车顶从框架中升起或者在粘接过程中出现位移。
- 紧固带 1 不得固定得太紧，避免受到损伤。
- 通过张紧或松开紧固带可以确定尺寸 a，使车顶相对低于侧围板的高度。
- 用调节规来检测尺寸 a。

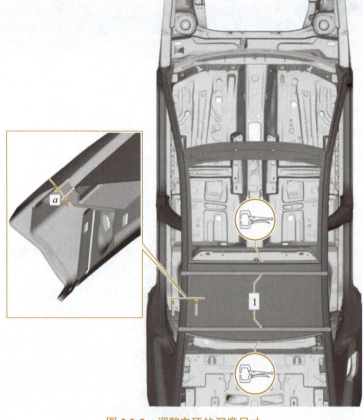

图 5-2-5　调整车顶的深度尺寸

❶ 在所示区域内将紧固带 1 横向在车顶上张紧，以改变车顶高度。
❷ 用夹钳将车顶固定在滑动天窗和后侧玻璃开口处。
❸ 检测车顶横梁的车顶曲线（尺寸 a）。尺寸 $a=4.0mm±0.5mm$。
❹ 必要时将毛毡置于车顶框架上用于平衡。
（5）粘接车顶。
❶ 取下车顶。
❷ 用硅胶清除剂清洁车顶粘接面。
❸ 为了保证粘接剂条相应的对称性，需要将喷嘴剪短大约 2mm。

提示：

为了确保车顶维修完好且持久，维修应特别小心，避免所有的加工故障。

❹ 将单组分装配粘接剂用压缩空气喷枪涂抹在出厂粘接范围内的中部和后部车顶横梁上（图 5-2-6）。
❺ 在车顶横梁的区域内涂覆单组分装配粘接剂时，使用气动喷枪（图 5-2-7）。尺寸 $a≈12mm$；尺寸 $b≈14mm$。

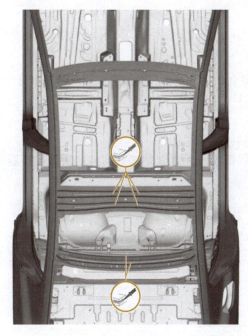
图 5-2-6　粘接车顶（一）

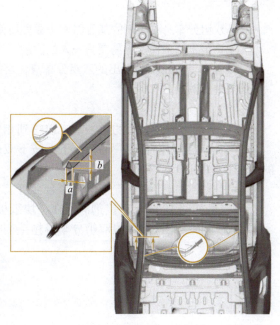
图 5-2-7　粘接车顶（二）

❻ 在车顶平行于左右车顶法兰的内侧涂抹单组分装配粘接剂，其中须使用气动喷枪（图 5-2-8）。尺寸 $a \approx 6\mathrm{mm}$；尺寸 $b \approx 14\mathrm{mm}$。

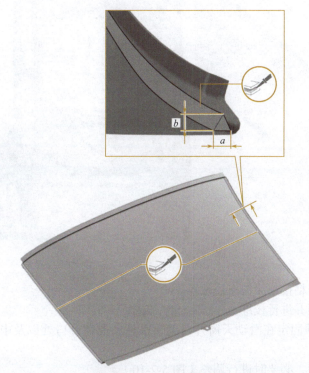
图 5-2-8　粘接车顶（三）

> **提示:**
> - 双组分车身粘接剂的加工时间（凝固时间）大约为 90min。
> - 接下来的工作步骤需要另一人的协助。
> - 立即清除粘接面溢出的双组分车身粘接剂。硬化后，只能通过机械方式对双组分车身粘接剂进行清除。

❼ 切下静力混合套管的第一节，以得到相应的粘接剂条截面。

❽ 在没有静力混合套管的情况下，按下双筒粘接剂喷枪，直至粘接剂均匀地从筒连接器的两个腔中挤出。

❾ 用螺栓将筒连接器拧在静力混合套管上。

❿ 将最初的 100mm 粘接剂涂覆在一块纸板上，然后涂覆在汽车上。

⓫ 在车顶横梁区域涂覆双组分车身粘接剂时，使用双粘接剂筒喷枪（图 5-2-9）。

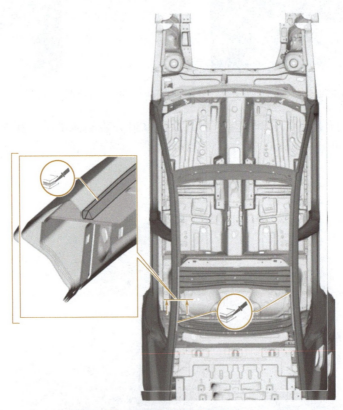

图 5-2-9　粘接车顶（四）

⓬ 用双组分车身粘接剂涂覆车顶法兰。

⓭ 立即装上车顶并进行校准。

⓮ 用夹钳将车顶固定在滑动天窗开口处，在后备厢盖开口处以及中间部分使用紧固带固定。

⓯ 检查车顶深度，必要时进行调整（图 5-2-10）。

⓰ 立即用浸润了硅胶清除剂的抹布抹净车顶边缘溢出的双组分车身粘接剂。

> **提示：**
> - 在粘接后，必须将汽车在室温下（至少 15℃）置于水平面上 8～10h，以使粘接剂成分固化。
> - 只有在最短固化时间结束后，才允许继续在汽车上进行作业。

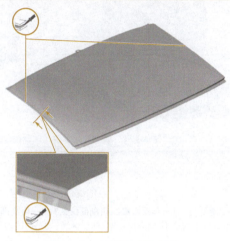

图 5-2-10　粘接车顶（五）

（6）焊接。

❶ 如图 5-2-11 所示，焊接滑动天窗开口和后备厢盖开口内的车顶 1，采用电阻点焊焊缝焊接。

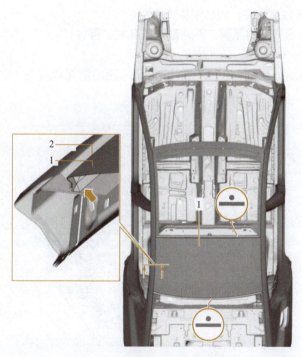

图 5-2-11　采用电阻点焊焊缝焊接

❷ 在车顶和车顶横梁之间的粘接缝处,将薄薄的精细焊缝密封2用粘接密封材料密封好。
❸ 对车顶空腔(箭头)喷涂空腔密封剂后进行防腐处理。

2. 更换车顶横梁

(1)车顶横梁如图5-2-12所示。

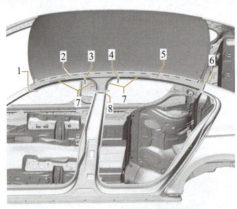

图 5-2-12　车顶横梁

1—前部车顶横梁的切割部位;2—车顶横梁的切割部位;3,4—切割部位;5—车顶横梁;
6—后部车顶横梁的切割部位;7—粘接区域;8—B柱切割部位

(2)拆卸车顶横梁。

> **提示:**
>
> - 切割部位只能用车身锯进行切割,不要损坏下面的加强件。
> - 如果损坏了B柱加强件,则必须将其更换。
> - 考虑到碰撞安全方面的原因,不允许补焊B柱加强件!

❶ 如图5-2-13所示,切割部位2与车顶平行,距离激光焊缝约15mm。

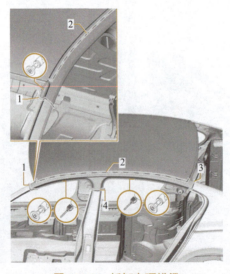

图 5-2-13　拆卸车顶横梁

❷ 切开切割部位 1、3 和 4。
❸ 松开原始连接。
❹ 从车身上取下车顶横梁。
❺ 清除残余物（图 5-2-14）。
❻ 将焊接表面打磨至裸露出金属。
❼ 完全清除残余粘接剂，并打磨粘接表面，直至裸露出金属。

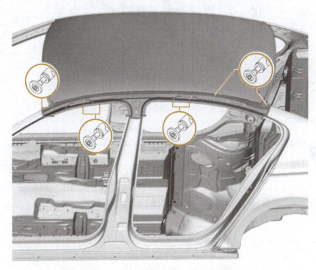

图 5-2-14　清除残余物（车顶横梁）

（3）安装车顶横梁（整个侧围板上指定的切割部位）。

 提示：

　　根据图 5-2-15 所示的切割线可以采用金属惰性气体钎焊焊缝和气体保护全焊缝进行焊接。

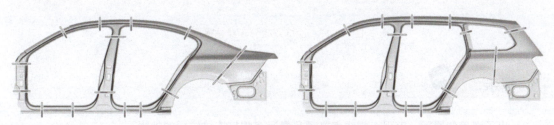

图 5-2-15　焊接位置（车顶横梁）

❶ 在新部件上画出切割部位并割除阴影区域（图 5-2-16）。
❷ 将焊接表面打磨至裸露出金属。
❸ 稍稍打磨无需进行焊接的粘接表面。

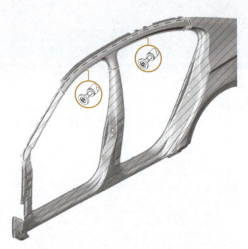

图 5-2-16　画出切割部位并割除阴影区域

> **提示：**
>
> 新件必须在 90min 内焊接，否则粘接剂的粘力将减退。

④ 涂抹双组分车身粘接剂（图 5-2-17）。

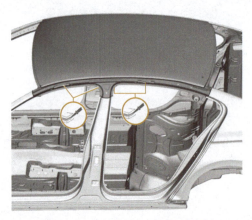

图 5-2-17　涂抹双组分车身粘接剂

> **提示：**
>
> 出于强度的原因，电阻点焊焊点必须尽量远离焊接连接位置的外缘。

⑤ 匹配并固定四轮着地或位于车身校正套件上的车辆的新件。
⑥ 检查与加装件是否匹配。
⑦ 对于车顶横梁，采用电阻点焊焊缝。
⑧ 焊接切割部位，可选金属惰性气体钎焊 / 气体保护全焊缝。

3. 更换A柱

（1）A柱如图5-2-18所示。

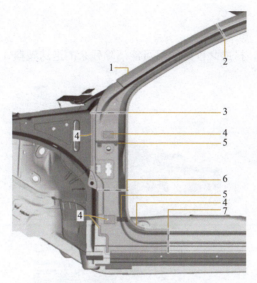

图 5-2-18　A 柱

1—A柱；2—车顶横梁上部的切割部位；3—A柱中部切割部位；4—粘接区域；
5—泡沫成型件；6—A柱下部切割部位；7—下边梁切割部位

（2）拆卸A柱。

切割部位只能用车身锯进行切割，不要损坏下面的加强件。

❶ 如图 5-2-19 所示，根据切割线 1 和 2 进行切割。

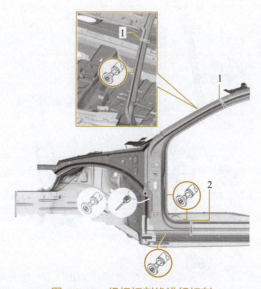

图 5-2-19　根据切割线进行切割

❷ 松开原始连接。
❸ 将A柱从车身上取下。

提示：

如图 5-2-20 所示，打磨之前必须尽可能清除残余的泡沫塑料 1。

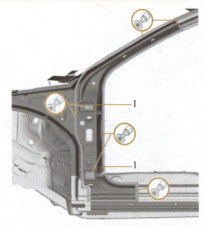

图 5-2-20　清除残余物（A柱）

❹ 清除残余物。
❺ 将焊接表面打磨至裸露出金属。
❻ 完全清除残余粘接剂，并打磨粘接表面，直至裸露出金属。
❼ 在无需焊接的粘接面上涂覆防腐层。
❽ 接着略微打磨粘接面。

（3）安装A柱。

❶ 如图 5-2-21 所示，在新部件上画出切割部位 1 和 2 并割除阴影区域。

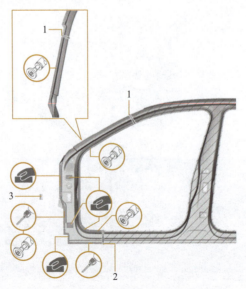

图 5-2-21　在新部件上画出切割部位并割除阴影区域（A柱）

❷ 从外部将焊接表面打磨至裸露出金属。
❸ 钻出并冲出用于气体保护塞焊焊缝的孔,直径 7mm。
❹ 在必要时,为安装准备翼子板支架 3。
❺ 稍稍打磨无需进行焊接的粘接表面。
(4)焊接 A 柱

> **提示:**
> - 新件必须在 90min 内焊接,否则粘接剂的粘力将减退。
> - 在粘上粘接剂后必须清洁车门铰链紧固件的螺纹。

❶ 涂抹双组分车身粘接剂,粘接剂条直径约 4mm(图 5-2-22)。

> **提示:**
> 出于强度的原因,电阻点焊焊点必须尽量远离焊接连接位置的外缘。

❷ 匹配并固定四轮着地或位于车身校正套件上的车辆的新件。
❸ 检查与加装件是否匹配。
❹ 如图 5-2-23 所示,焊接 A 柱 1,采用电阻点焊焊缝和气体保护塞焊焊缝。
❺ 焊接切割部位,可选择金属惰性气体钎焊/气体保护全焊缝。
❻ 压入并焊接翼子板支架 2,采用气体保护塞焊焊缝。

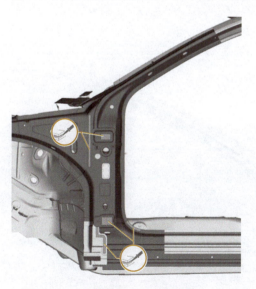

图 5-2-22 涂抹双组分车身粘接剂

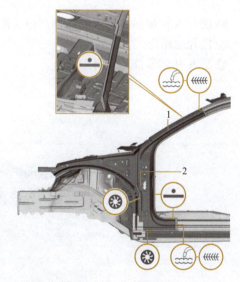

图 5-2-23 焊接(A 柱)

4. 更换 A 柱加强件(部分部件)

(1)A 柱加强件(部分部件)如图 5-2-24 所示。

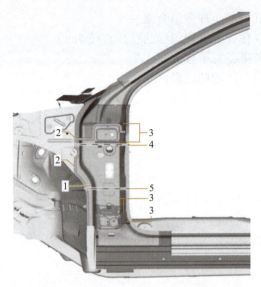

图 5-2-24　A 柱加强件（部分部件）

1—A 柱加强件；2—粘接区域；3—泡沫成型件；4—A 柱加强件切割部位；5—A 柱下部加强件切割部位

（2）拆卸 A 柱加强件。

> **提示：**
>
> 松开 A 柱加强件原始连接时，确保上部铰链加强件仍留在车上。

❶ 切开 A 柱加强件 1 上的切割部位（图 5-2-25）。
❷ 松开原始连接。
❸ 将 A 柱加强件从车身上取下。

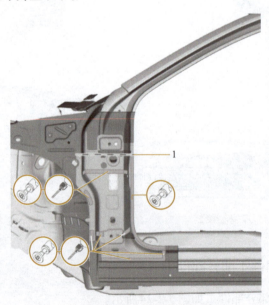

图 5-2-25　切开 A 柱加强件

第五章 车身修复作业

提示：

打磨之前必须尽可能清除残余的泡沫塑料1（图5-2-26）。

❹ 从车内外脱开铰链加强件的原始连接（图5-2-26）。
❺ 从车身上取下下部铰链加强件。

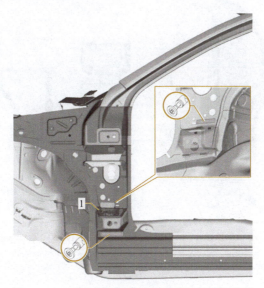

图 5-2-26　从车内外脱开铰链加强件的原始连接

❻ 清除残余物（图5-2-27）。
❼ 将焊接表面打磨至裸露出金属。
❽ 完全清除残余粘接剂并打磨粘接表面，直至裸露出金属。

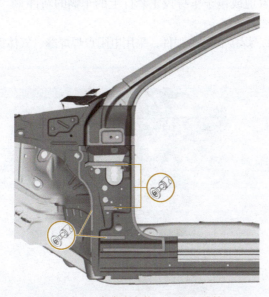

图 5-2-27　清除残余物（A柱加强件）

183

（3）安装A柱加强件。

❶ 如图5-2-28所示，将上部铰链加强件3从新件1上松开并取下。

❷ 在新件上画出切割线2并割除阴影区域。

❸ 从外部将焊接表面打磨至裸露出金属。

❹ 钻出用于气体保护塞焊焊缝的孔，直径7mm。

❺ 将泡沫成型件4装入A柱加强件1中。

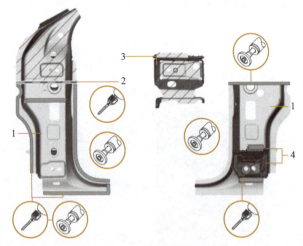

图 5-2-28　在新件上画出切割线并割除阴影区域（A柱加强件）

（4）焊接。

> **提示：**
>
> 出于强度的原因，电阻点焊焊点必须尽量远离焊接连接位置的外缘。

❶ 匹配并固定四轮着地或位于车身校正套件上的车辆的新件。

❷ 检查与加装件是否匹配。

❸ 如图5-2-29所示，焊接A柱加强件，采用电阻点焊焊缝、气体保护塞焊焊缝和气体保护全焊缝。

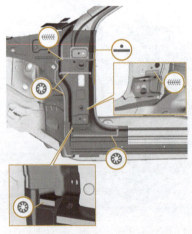

图 5-2-29　焊接（A柱加强件）

❹ 安装连接板。
❺ 安装 A 柱。
❻ 安装上部轮罩纵梁。

5. 更换 B 柱

（1）B 柱如图 5-2-30 所示。

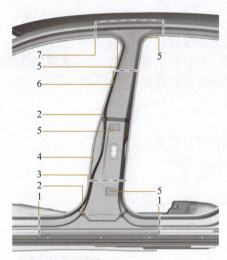

图 5-2-30　B 柱

1—下边梁上的 B 柱切割部位；2—泡沫成型件；3—B 柱下部切割部位；4—B 柱；
5—粘接区域；6—B 柱上部切割部位；7—车顶横梁上的 B 柱车顶切割部位

（2）拆卸 B 柱。

 提示：

切割部位只能用车身锯进行切割，不要损坏下面的加强件。

❶ 切开切割部位 1～3（图 5-2-31）。

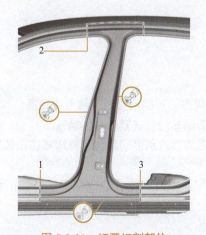

图 5-2-31　切开切割部位

②松开原始连接。
③将B柱从车身上取下。

> **提示：**
>
> 磨削之前必须尽可能清除残余泡沫塑料。

④清除残余物。
⑤将焊接表面打磨至裸露出金属。
⑥完全清除残余粘接剂，并打磨粘接表面，直至裸露出金属。
⑦在无需焊接的粘接面上涂覆防腐层。
⑧接着略微打磨粘接面。
（3）安装B柱。
①在新件上画出切割线并进行切割（图 5-2-32）。
②从外部将焊接表面打磨至裸露出金属。
③冲出用于气体保护塞焊焊缝的孔，直径 7mm。
④稍稍打磨无需进行焊接的粘接表面。

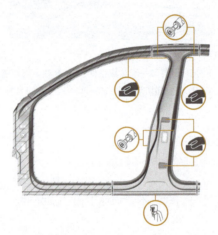

图 5-2-32　在新件上画出切割线并进行切割（B柱）

（4）焊接。

> **提示：**
>
> - 新件必须在 90min 内焊接，否则粘接剂的粘力将减退。
> - 在粘上粘接剂后必须清洁车门铰链紧固件的螺纹。
> - 出于强度的原因，电阻点焊焊点必须尽量远离焊接连接位置的外缘。

①如图 5-2-33 所示，匹配并固定四轮着地或位于车身校正套件上的车辆的新件 1。
②检查与加装件是否匹配。
③将新件 1 从车身上取下。

❹ 涂抹双组分车身粘接剂。
❺ 焊接 B 柱 1，采用电阻点焊焊缝和气体保护塞焊焊缝。
❻ 焊接切割部位，可选择金属惰性气体钎焊 / 气体保护全焊缝。

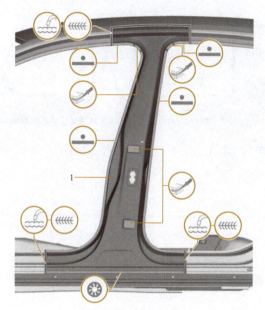

图 5-2-33　焊接（B 柱）

6. 更换外侧边梁

（1）外侧边梁如图 5-2-34 所示。

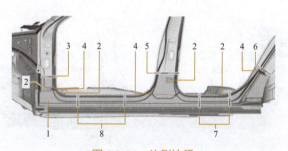

图 5-2-34　外侧边梁

1—B 柱加强件；2—泡沫成型件；3—切割部位

1—下边梁；2—粘接区域；3—A 柱切割部位；4—泡沫成型件；5—B 柱切割部位；
6—轮罩 / 侧围板切割部位；7—车门入口后部切割部位；8—车门入口前部切割部位

（2）拆卸 B 柱加强件。

🛠 提示：

切割部位只能用车身锯进行切割，不要损坏下面的加强件。

❶ 切开切割部位 1（图 5-2-35）。
❷ 松开原始连接。
❸ 从车身上取下下边梁。

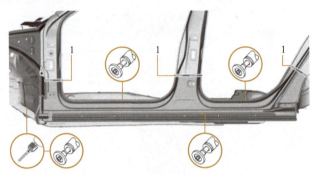

图 5-2-35　拆卸 B 柱加强件

> **提示：**
>
> 磨削之前必须尽可能清除残余泡沫塑料。

❹ 清除残余物（图 5-2-36）。
❺ 将焊接表面打磨至裸露出金属。
❻ 完全清除残余粘接剂，并打磨粘接表面，直至裸露出金属。
❼ 在无需焊接的粘接面上涂覆防腐层。
❽ 接着略微打磨粘接面。

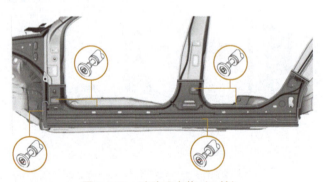

图 5-2-36　清除残余物（B 柱）

（3）安装 B 柱加强件。外侧下边梁上的其他允许切割位置：根据损坏范围不同，可以在下边梁外侧进行切割和组合（图 5-2-37）。

图 5-2-37　在下边梁外侧进行切割和组合

❶ 在新件上画出切割部位、切割并取下阴影区域（图 5-2-38）。
❷ 从外部将焊接表面打磨至裸露出金属。
❸ 钻出并冲出用于气体保护塞焊焊缝的孔，直径 7mm。
❹ 从内侧略微打磨粘接面。

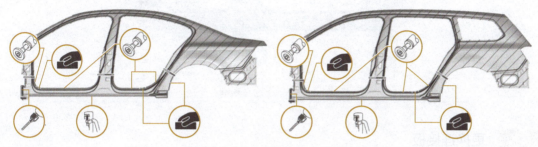

图 5-2-38　在新件上画出切割部位、切割并取下阴影区域

（4）焊接。

 提示：

新件必须在 90min 内焊接，否则粘接剂的粘力将减退。

❶ 涂抹双组分车身粘接剂（图 5-2-39）。

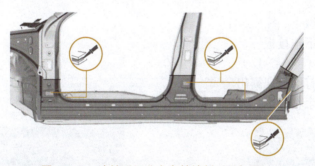

图 5-2-39　涂抹双组分车身粘接剂（后包围）

 提示：

出于强度的原因，电阻点焊焊点必须尽量远离焊接连接位置的外缘。

❷ 匹配并固定四轮着地或位于车身校正套件上的车辆的新件。
❸ 检查与加装件是否匹配。
❹ 如图 5-2-40 所示，焊接外侧下边梁 1，采用电阻点焊焊缝和气体保护塞焊焊缝。
❺ 焊接切割部位，可选择金属惰性气体钎焊 / 气体保护全焊缝。
❻ 对轮罩法兰进行卷边。
❼ 去掉溢出的粘接剂并对轮罩进行密封。

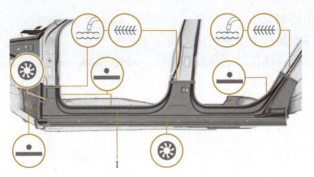

图 5-2-40　焊接（B 柱）

7. 更换连接板

如果只有翼子板的连接板或支架损坏，可以在不拆卸 A 柱（部分部件）的情况下更换连接板。

（1）拆卸连接板。

❶ A 柱部分已拆下。
❷ 松开原始连接。
❸ 松开粘接区域 1（图 5-2-41）。
❹ 从车身上取下连接板。
❺ 清除残余物（图 5-2-42）。
❻ 将焊接表面打磨至裸露出金属。
❼ 完全清除残余粘接剂，并打磨粘接表面，直至裸露出金属。

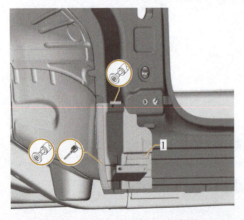 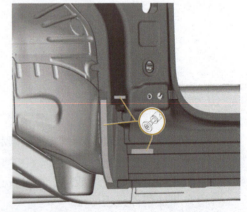

图 5-2-41　从车身上取下连接板　　　　　图 5-2-42　清除残余物（B 柱）

（2）安装连接板。

❶ 从外部将焊接表面打磨至裸露出金属（图 5-2-43）。
❷ 焊接支架和连接板，采用电阻点焊焊缝。

❸ 钻出用于气体保护塞焊焊缝的孔，直径 7mm。
❹ 从内侧略微打磨粘接面。

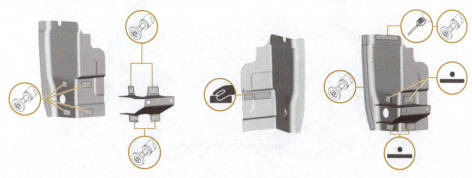

图 5-2-43　从外部将焊接表面打磨至裸露出金属（B 柱）

（3）焊接。

 提示：

新件必须在 90min 内焊接，否则粘接剂的粘力将减退。

❶ 匹配并固定四轮着地或位于车身校正套件上的车辆的新件。
❷ 涂抹双组分车身粘接剂（图 5-2-44）。
❸ 焊接连接板，电阻点焊焊缝和气体保护塞焊焊缝。

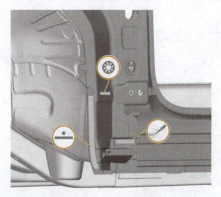

图 5-2-44　焊接（B 柱）

第三节　车身后部的修复作业

1. 更换后包围

（1）后包围如图 5-3-1 所示。

图 5-3-1 后包围

1—后包围；2—尾灯定位件；3—粘接区域

（2）拆卸后包围。

❶ 从车内外脱开原始连接（图 5-3-2）。

❷ 松开粘接区域。

❸ 从车身上取下后包围。

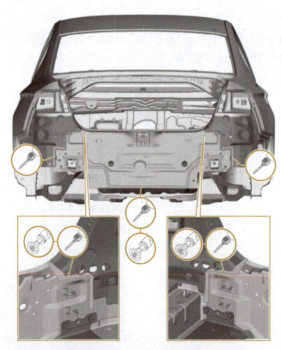

图 5-3-2 从车内外脱开原始连接

❹ 清除残余物（图 5-3-3）。

❺ 完全清除残余粘接剂，并打磨粘接表面，直至裸露出金属。

❻ 在无需焊接的粘接面上涂覆防腐层。

❼ 接着略微打磨粘接面。

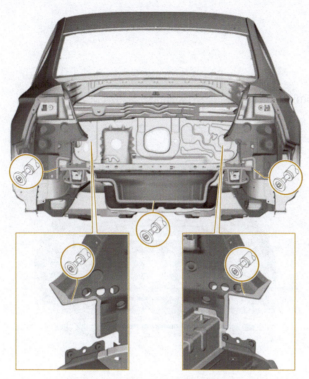

图 5-3-3　清除残余物（后包围）

（3）安装后包围。
❶ 将焊接表面打磨至裸露出金属（图 5-3-4）。
❷ 稍稍打磨粘接表面。

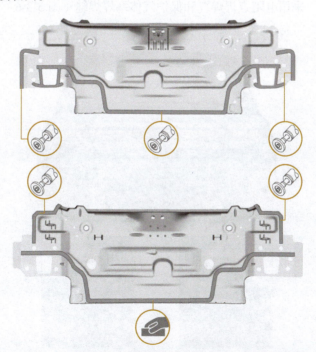

图 5-3-4　将焊接表面打磨至裸露出金属（后包围）

（4）焊接。

> **提示：**
>
> 新件必须在 90min 内焊接，否则粘接剂的粘力将减退。

❶ 涂抹双组分车身粘接剂（图 5-3-5）。

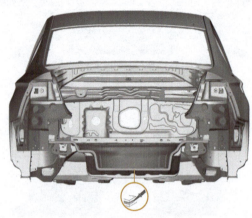

图 5-3-5　涂抹双组分车身粘接剂（后包围）

❷ 匹配并固定四轮着地或位于校直组件上的车辆的新件。
❸ 检查与加装件是否匹配。
❹ 检查后备厢盖的关闭功能。
❺ 焊接后包围，采用电阻点焊焊缝和保护气体塞焊焊缝（图 5-3-6）。
❻ 安装后横梁。

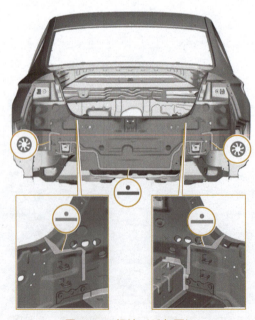

图 5-3-6　焊接（后包围）

2. 更换尾灯定位件

（1）尾灯定位件如图5-3-7所示。

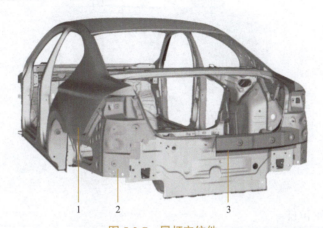

图 5-3-7　尾灯定位件

1—侧围板；2—尾灯定位件；3—封闭横梁

（2）拆卸尾灯定位件。

❶ 松开原始连接。

❷ 从车身上取下尾灯定位件1（图5-3-8）。

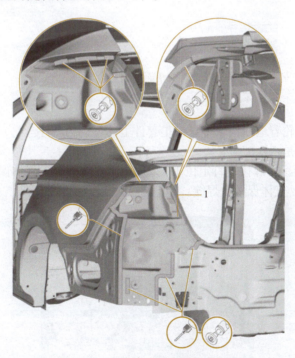

图 5-3-8　从车身上取下尾灯定位件

❸ 清除残余物（图5-3-9）。

❹ 将焊接表面打磨至裸露出金属。

图 5-3-9　清除残余物（尾灯定位件）

（3）安装尾灯定位件。

将焊接表面打磨至裸露出金属（图 5-3-10）。

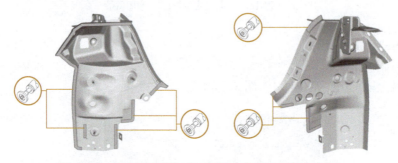

图 5-3-10　将焊接表面打磨至裸露出金属（尾灯定位件）

（4）焊接。

❶ 匹配并固定四轮着地或位于车身校正套件上的车辆的新件。

❷ 检查与加装件是否匹配。

❸ 如图 5-3-11 所示，焊接尾灯定位 1，采用电阻点焊焊缝、气体保护塞焊焊缝，也可选择金属惰性气体钎焊 / 气体保护全焊缝。

图 5-3-11　焊接（尾灯定位件）

❹ 安装后横梁（部分部件）。

3. 更换后横梁

（1）后横梁如图5-3-12所示。

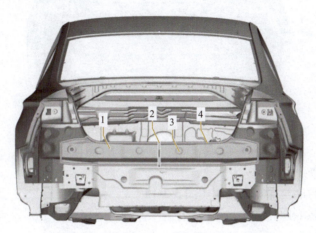

图 5-3-12　后横梁

1—封闭横梁；2—切割部位；3—焊接螺栓；4—粘接区域

（2）拆卸后横梁。

❶ 松开原始连接。
❷ 松开粘接区域。
❸ 从车身上取下后横梁（图5-3-13）。

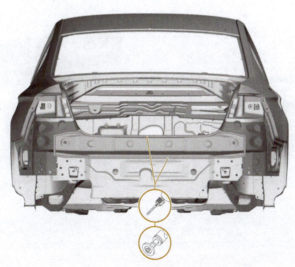

图 5-3-13　从车身上取下后横梁

❹ 清除残余物（图5-3-14）。
❺ 将焊接表面打磨至裸露出金属。
❻ 完全清除残余粘接剂，并打磨粘接表面，直至裸露出金属。

图 5-3-14　清除残余物（后横梁）

（3）安装后横梁。

❶ 将焊接表面打磨至裸露出金属（图 5-3-15）。

❷ 稍稍打磨粘接表面。

> 🔧 **提示**：
>
> - 如图 5-3-15 所示，焊接螺栓 2 也可以在安装后横梁 1 之前进连接。
> - 为此在规定位置为气体保护塞焊焊缝钻孔，直径为 7mm。安装焊接螺栓并从后部焊接，采用气体保护塞焊焊缝。
> - 完成焊接螺栓的焊接后，从内部进行防腐处理。

图 5-3-15　将焊接表面打磨至裸露出金属（后横梁）

（4）焊接。

> 🔧 **提示**：
>
> 新件必须在 90min 内焊接，否则粘接剂的粘力将减退。

❶ 涂抹双组分车身粘接剂（图 5-3-16）。

❷ 当汽车四轮着地或者位于车身校正套件上时，安装并固定新件。

❸ 检查与加装件是否匹配。

图 5-3-16　涂抹双组分车身粘接剂（后横梁）

❹ 检查后备厢盖的关闭功能。
❺ 如图 5-3-17 所示，焊接后横梁 1，采用电阻点焊焊缝。
❻ 压入并固定焊接螺栓 2。
❼ 对焊接螺栓 2 进行焊接，采用电阻点焊焊缝和气体保护全焊缝。

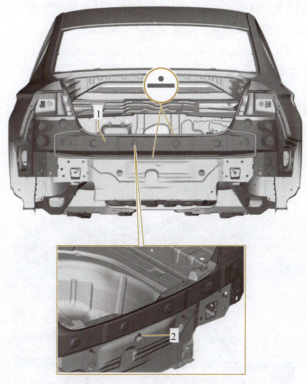

图 5-3-17　焊接（后横梁）

4. 更换 C 柱加强件

（1）C 柱加强件如图 5-3-18 所示。

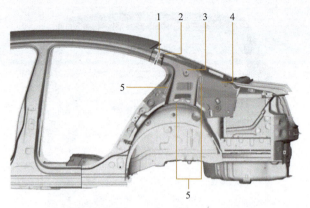

图 5-3-18　C 柱加强件

1—切割部位；2—泡沫成型件；3—C 柱加强件；4—内部侧围板；5—粘接区域

（2）拆卸 C 柱加强件。

> **提示：**
> - 切割部位只能用车身锯进行切割。不得损坏下面的内置侧围板。
> - 打磨之前必须尽可能清除残余的泡沫塑料 1（图 5-3-19）。

❶ 根据切割线进行切割。
❷ 松开原始连接。
❸ 松开粘接区域。
❹ 将 C 柱加强件从车身上取下（图 5-3-19）。

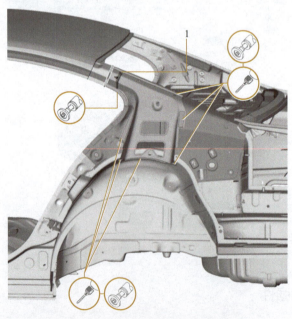

图 5-3-19　将 C 柱加强件从车身上取下

提示：

打磨之前必须尽可能清除残余的泡沫塑料1（图5-3-20）。

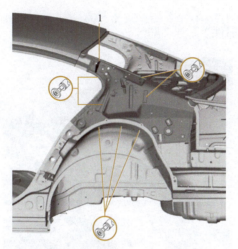

图 5-3-20　清除残余物（C 柱加强件）

❺ 清除残余物。
❻ 将焊接表面打磨至裸露出金属。
❼ 完全清除残余粘接剂，并打磨粘接表面，直至裸露出金属。
（3）安装 C 柱加强件。
❶ 在新件上画出切割线 1 并割除阴影区域（图 5-3-21）。
❷ 将焊接表面打磨至裸露出金属。
❸ 稍稍打磨无需进行焊接的粘接表面。

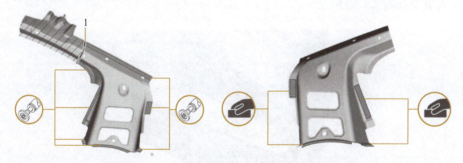

图 5-3-21　在新件上画出切割线并割除阴影区域

（4）焊接。

 提示：

新件必须在 90min 内焊接，否则粘接剂的粘力将减退。

❶ 匹配并固定四轮着地或位于车身校正套件上的车辆的新件。
❷ 检查与加装件是否匹配。
❸ 涂抹双组分车身粘接剂（图 5-3-22）。
❹ 用电阻点焊焊缝焊接新件。
❺ 用气体保护全焊缝焊接切割部位。
❻ 安装泡沫成型件 1。
❼ 安装侧围板（部分部件）。

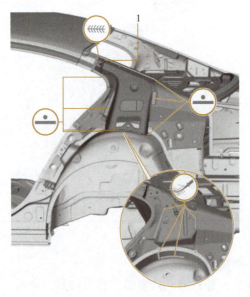

图 5-3-22　涂抹双组分车身粘接剂（C 柱加强件）

5. 更换后纵梁（部分）

（1）后纵梁如图 5-3-23 所示。

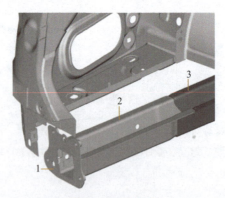

图 5-3-23　后纵梁
1—纵梁盖板；2—后纵梁；3—纵梁

（2）拆卸后纵梁。
❶ 松开原始连接。

❷ 从车身上取下后纵梁（图 5-3-24）。

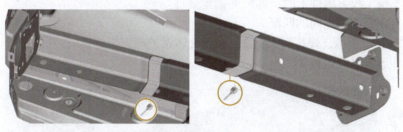

图 5-3-24　从车身上取下后纵梁

❸ 清除残余物（图 5-3-25）。
❹ 将焊接表面打磨至裸露出金属。

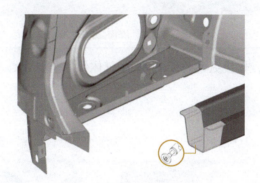

图 5-3-25　清除残余物（后纵梁）

（3）安装后纵梁。将焊接表面打磨至裸露出金属（图 5-3-26）。

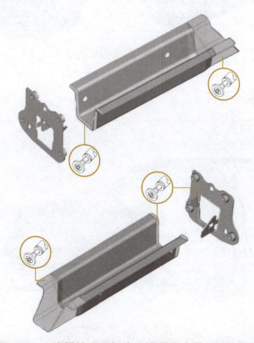

图 5-3-26　将焊接表面打磨至裸露出金属（后纵梁）

（4）焊接。

① 当汽车位于校直组件上时，匹配并固定新件。

② 检测与相邻部件之间的匹配。

③ 如图 5-3-27 所示，焊接后纵梁 2，采用气体保护塞焊焊缝。

④ 调整并固定纵梁盖板 1。

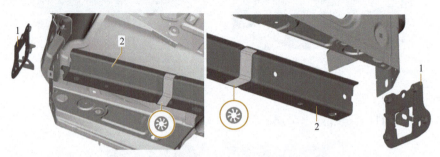

图 5-3-27　焊接后纵梁

⑤ 如图 5-3-28 所示，焊接纵梁盖板 1，采用气体保护全焊缝。

⑥ 安装后备厢底板。

⑦ 安装后部封闭板。

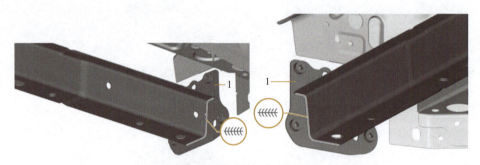

图 5-3-28　焊接纵梁盖板

6. 更换侧围板（部分部件）

（1）侧围板如图 5-3-29 所示。

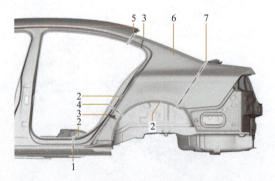

图 5-3-29　侧围板

1—下边梁切割部位；2—粘接区域；3—泡沫成型件；4—轮罩切割部位；
5—侧围板上方切割部位；6—侧围板；7—切割部位

（2）拆卸侧围板

提示：

- 切割部位只能用车身锯进行切割，不要损坏内部加强件。
- 在切割下边梁时，注意备件裁切。

❶ 如图 5-3-30 所示进行切割。
❷ 松开原始连接。
❸ 磨去轮罩的外侧边缘。
❹ 松开后挡风玻璃和后备厢盖开口间的原始连接。
❺ 脱开尾灯定位件上的原始连接。
❻ 从车身上取下侧围板（图 5-3-31）。

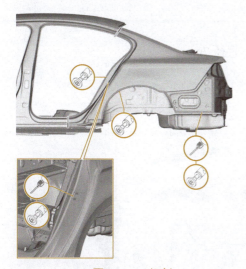

图 5-3-30　切割

图 5-3-31　从车身上取下侧围板

提示：

如图 5-3-32 所示，打磨之前必须尽可能清除残余的泡沫塑料 1。

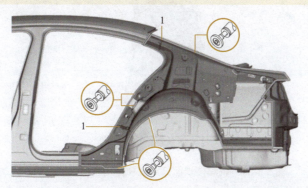

图 5-3-32　清除残余物（侧围板）

⑦ 清除残余物。
⑧ 将焊接表面打磨至裸露出金属。
⑨ 完全清除残余粘接剂,并打磨粘接表面,直至裸露出金属。
⑩ 清洁轮罩卷边区,使其无灰尘且无油脂。
⑪ 在无需焊接的粘接面上涂覆防腐层。
⑫ 接着略微打磨粘接面。
(3)安装侧围板。

提示:

- 根据损伤范围,将不需要的钢板件从新件上松开。
- 对于其他损伤范围,也可以使用整个切割件。

❶ 在新部件上画出切割部位并割除阴影区域。
❷ 将焊接表面打磨至裸露出金属(图 5-3-33)。
❸ 钻出并冲出用于气体保护塞焊焊缝的孔,直径 7mm。
❹ 稍稍打磨无需进行焊接的粘接表面。

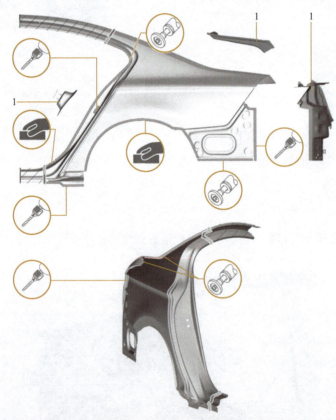

图 5-3-33　将焊接表面打磨至裸露出金属(侧围板)

(4)焊接。

提示：

- 新件必须在 90min 内焊接，否则粘接剂的粘力将减退。
- 在门锁加强件上，涂覆双组分车身粘接剂时，不要涂覆气体保护塞焊焊缝的焊接区域。
- 在粘上粘接剂后必须清洁 U 形护圈紧固件的螺纹。
- 对于右侧侧围板，在焊接之前必须在燃油加注管接头区域涂覆单组分装配粘接剂。

❶ 涂覆双组分车身粘接剂（图 5-3-34）。

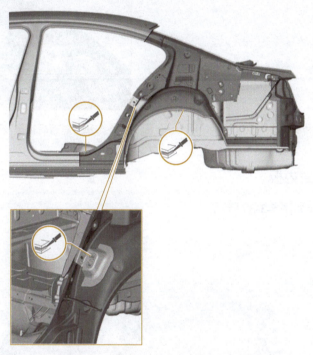

图 5-3-34　涂覆双组分车身粘接剂（侧围板）

提示：

出于强度的原因，电阻点焊焊点必须尽量远离焊接连接位置的外缘。

❷ 匹配并固定四轮着地或位于车身校正套件上的车辆的新件。
❸ 检查与加装件是否匹配。
❹ 如图 5-3-35 所示，用电阻点焊焊缝和气体保护塞焊焊缝焊接侧围板 1（图 5-3-35）。
❺ 焊接切割部位，可选择金属惰性气体钎焊/气体保护全焊缝。
❻ 对轮罩法兰 2 进行卷边并清除溢出的粘接剂。
❼ 焊接后挡风玻璃开口区域中的侧围板，采用电阻点焊焊缝（图 5-3-36）。
❽ 焊接侧围板与密封槽，可选择金属惰性气体钎焊/气体保护全焊缝。
❾ 焊接到尾灯定位件的连接，采用气体保护塞焊焊缝。

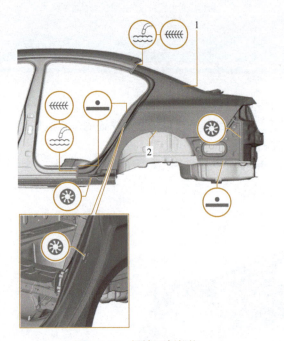

图 5-3-35　焊接切割部位

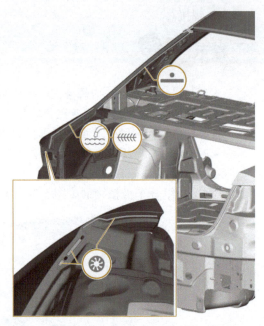

图 5-3-36　焊接后挡风玻璃开口区域中的侧围板

7. 更换外轮罩内板

（1）外轮罩内板如图 5-3-37 所示。

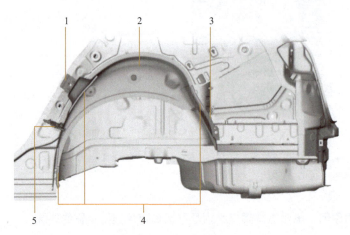

图 5-3-37　外轮罩内板

1—轮罩加强件；2—外侧轮罩内板；3—连接件；4—粘接区域；5—泡沫成型件

（2）拆卸外轮罩内板。

❶ 如图 5-3-38 所示，松开轮罩加强件 1 的原始连接。

❷ 将轮罩加强件 1 从轮罩外板 2 上取下。

❸ 松开轮罩外板 2 的原始连接。

❹ 将轮罩外板 2 从车身上取下。

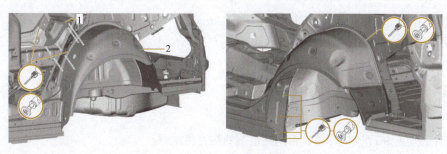

图 5-3-38 将轮罩外板从车身上取下

❺ 清除残余物（图 5-3-39）。
❻ 将焊接表面打磨至裸露出金属。
❼ 完全清除残余粘接剂，并打磨粘接表面，直至裸露出金属。
❽ 在无需焊接的粘接面上涂覆防腐层。
❾ 接着略微打磨粘接面。

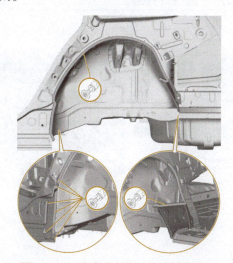

图 5-3-39 清除残余物（外轮罩内板）

（3）安装外轮罩内板。
❶ 将焊接表面打磨至裸露出金属（图 5-3-40）。

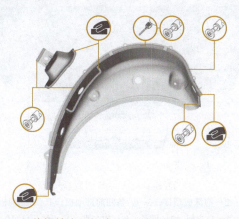

图 5-3-40 将焊接表面打磨至裸露出金属（外轮罩内板）

❷钻出用于气体保护塞焊焊缝的孔,直径 7mm。
❸稍稍打磨无需进行焊接的粘接表面。
(4)焊接

> **提示:**
> 新件必须在 90min 内焊接,否则粘接剂的粘力将减退。

❶匹配并固定四轮着地或位于车身校正套件上的车辆的新件。
❷检查与加装件是否匹配。
❸涂抹双组分车身粘接剂。
❹如图 5-3-41 所示,焊接外侧轮罩板 1,采用电阻点焊焊缝和气体保护塞焊焊缝。
❺将双组分车身粘接剂涂抹到轮罩外板 1 上并压入轮罩加强件。
❻焊接轮罩加强件,采用电阻点焊焊缝。
❼安装侧围板。

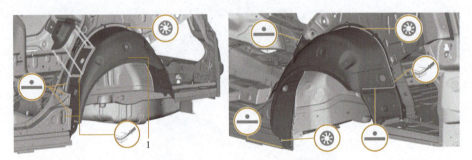

图 5-3-41 焊接外侧轮罩板

8. 更换后备厢底板

(1)后备厢底板如图 5-3-42 所示。

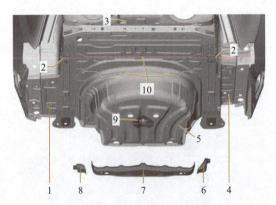

图 5-3-42 后备厢底板
1—左侧地板钢板;2—泡沫成型件;3—后备厢前部地板;4—右侧地板钢板;5—后备厢后部地板;6—右支架;7—横梁;8—左支架;9—定位座;10—粘接区域

（2）拆卸后备厢底板。

❶ 松开原始连接。

❷ 松开粘接区域。

❸ 从车上取下后备厢后部地板（图 5-3-43）。

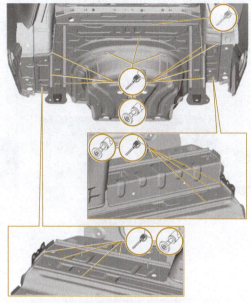

图 5-3-43　从车上取下后备厢后部地板

❹ 清除残余物（图 5-3-44）。

❺ 完全清除残余粘接剂，并打磨焊接表面，直至裸露出金属。

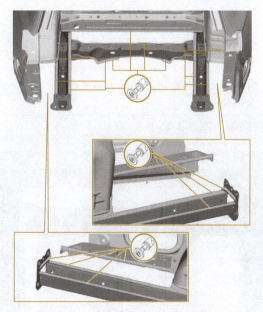

图 5-3-44　清除残余物（后备厢底板）

（3）安装后备厢底板。

❶ 钻出用于气体保护塞焊焊缝的孔，直径 7mm。
❷ 将焊接表面打磨至裸露出金属。
❸ 稍稍打磨无需进行焊接的粘接表面。
❹ 如图 5-3-45 所示，焊接固定座 1 和后备厢后部地板，采用电阻点焊焊缝。
❺ 焊接横梁 2 和后备厢后部地板，采用电阻点焊焊缝。
❻ 焊接支架 3 和 4，采用电阻点焊焊缝。

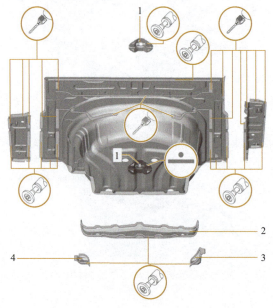

图 5-3-45　将焊接表面打磨至裸露出金属（后备厢底板）

（4）焊接。

> **提示：**
>
> 新件必须在 90min 内焊接，否则粘接剂的粘力将减退。

❶ 涂抹双组分车身粘接剂（图 5-3-46）。

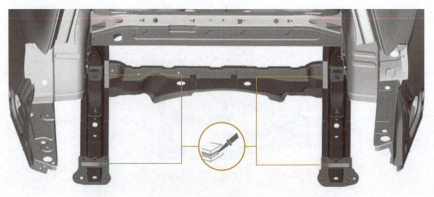

图 5-3-46　涂抹双组分车身粘接剂（后备厢底板）

❷ 当车辆四轮着地或位于校直组件上时,压入并固定新件。
❸ 检查与加装件是否匹配。
❹ 如图 5-3-47 所示,焊接左侧地板钢板 1、右侧地板钢板 3 以及后备厢后部地板 2,采用电阻点焊焊缝和保护气体塞焊焊缝。
❺ 安装封闭板。

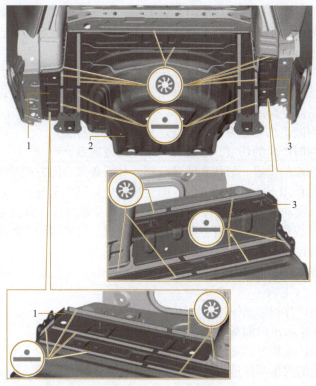

图 5-3-47　焊接(后备厢底板)

第四节　损伤修复

在钣金车间进行汽车碰撞损坏修复的主要操作流程包括以下几个方面。

(1) 分析损坏程度。对事故车辆判定其损坏程度,为后续操作提供凭证。

(2) 保险公司定损核损。在实际操作中,已投保的事故车辆需要保险公司对其进行损伤评估,确定赔偿金额。

(3) 制订修理计划。根据修理人员或者保险公司确定的损伤评估,制订车辆的修理计划。

(4) 装饰件等部件拆除。对受损部位的相关装饰件进行拆除,以便直接对受损部位进行修复,同时防止修复过程中碰损完好的部件。

(5) 新钣金件更换。受损严重的钣金件需要进行更换。

(6) 防腐蚀处理。钣金件修复的最后步骤是对钣金件进行防腐蚀处理。

一、车身损伤分析

1. 车身损伤检查方法

（1）目测检查方法。目测检查车身损伤，通常检查的部位是钣金件的连接部位、零件的棱角和边缘部位。如果存在损伤，这些部位会出现错位断裂、钣金件裂缝、起皱、涂层有裂缝或剥落、有锈蚀等现象。通过目测车门、翼子板、发动机罩、后备厢盖、车灯与车身之间的配合间隙是否均匀，尺寸是否符合车身维修手册的规定，开关车门是否顺畅等来检查车身的损伤情况。

（2）综合检查方法。仅仅从目测检查方法来检查车身损伤，是没有办法准确掌握车身变形情况的。对车身维修方案的制定不能提供充分的数据资料。如若车身损伤，应结合目测和必要的设备来进行综合检查，整体过程如下。

❶ 从有无车架判断出汽车是整体式车身还是承载式车身。
❷ 根据汽车碰撞时产生的伤痕，通过目测来确定碰撞点。
❸ 根据碰撞点伤痕的位置、形状和波及范围，分析碰撞力的方向及大小。
❹ 根据碰撞力的作用点、大小和方向，确定损坏是局限在车身上，还是涉及其他机械部件，如车轮、悬架、发动机等；沿碰撞力作用路径检查受损部件，直到无损坏处。
❺ 利用测量工具或设备，对车身主要部位进行测量，将实测的车辆车身尺寸与车身维修手册的标准值加以对比，找到误差，判断损伤程度。
❻ 检查悬架及整车的其他系统。

注意事项如下。
- 首先处理玻璃碎片和金属锐边，以防伤人。
- 立即擦净从车中渗出的润滑油等，以防有人滑倒。
- 选择在照明条件比较好的场地进行损坏检查。
- 如果要对较重的汽车部件进行拆卸，需配备吊装设备。

2. 车辆碰撞损伤的影响

（1）碰撞对整体式车身的影响。对于整体式车身汽车，其前部和后部均设计了挤压吸能区。受到撞击时，这些区域会折曲变形，使得碰撞振动产生的冲击能量被尽可能吸收（图5-4-1）。

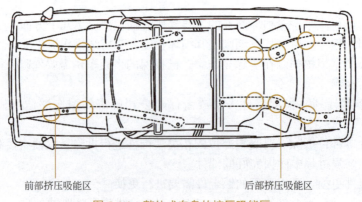

前部挤压吸能区　　　后部挤压吸能区

图5-4-1　整体式车身的挤压吸能区

整体式车身的碰撞损伤情况大致如下（以前置前驱轿车为例）。

❶ 前端碰撞损伤。较轻的碰撞，保险杠被向后推，前侧梁、保险杠支撑、前翼子板、散热器支座、散热器上支撑和机罩锁紧支撑等都会被折曲。较重的碰撞，前翼子板会弯曲并触到前车门，机罩铰链会向上弯曲至前围上盖板，前侧梁会弯曲，前悬架横梁因此也发生弯折（图5-4-2）。

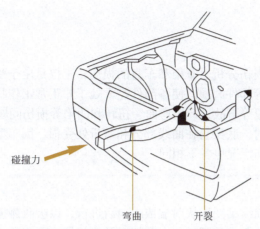

图 5-4-2　整体式车身汽车的弯曲及开裂效应

❷ 后端碰撞损伤。较轻的后端碰撞，后保险杠、后地板、后备厢盖及地板可能发生变形，相互垂直的钢板产生翘曲。严重的后端碰撞，后顶盖侧板会塌陷至顶板底面。对于四门汽车，中心车身支柱会弯曲，后侧梁上弯等损伤随之出现。

❸ 侧面碰撞损伤。侧面碰撞通常造成车门、前部构件、中心车身支柱以及地板发生变形。前翼子板中部受到严重的侧向碰撞时，前轮会被推进去，前悬架横梁和侧梁均会发生变形，影响悬架系统和转向系统的性能。

❹ 顶部碰撞损伤。由坠落物撞击车顶，受损的不仅仅是车顶钢板，车顶侧梁、后顶盖侧板以及车窗也会受损伤。汽车倾翻后，车身支柱和车顶钢板都会弯曲，车身前部和后部部件也可能被撞伤。

（2）碰撞对承载式车身的影响。承载式车身是由车架及连接在承载上的壳体构成的。承载式车身有较柔和的部位，主要用来缓冲来自前端或后端的碰撞冲击。图5-4-3中用圆圈圈出部位即是较柔和的部位。车身壳体通过橡胶件与车架连接。遇到强烈的振动或冲击时，这些连接螺栓也会折损，致使车架与车身之间出现裂缝。

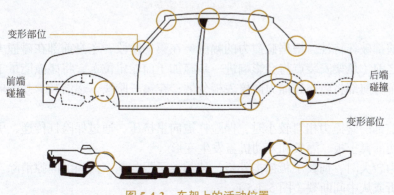

图 5-4-3　车架上的活动位置

车架的变形大致有以下五种。
❶ 左右弯曲。
❷ 上下弯曲。
❸ 断裂损伤。
❹ 菱形变形。
❺ 扭转变形。

3. 碰撞受损评估

（1）车架和车身的损伤分析。车架和车身的损伤，不仅是由于受到大的载荷作用而造成的，也可能是因为车门等部件磨损，使各部件经常处于非正常工作状态而造成的，但多数情况下，是因为冲击、翻覆等事故，产生弯曲、扭转和凹陷等损伤问题。

当受外力冲击作用时，底架易在曲线部分和弯折处受损，因车型结构不同，冲击部位和冲击力不同，造成的损伤情况也各不相同。

（2）车身破坏的特性及诊断。
❶ 车身前部。
a. 车身前部碰撞。前纵梁变形从前端依次向后进行，以吸收碰撞能量。由前纵梁和副车架传递的能量被有效地分散到地板架、中间架以及侧门槛。而门前立柱传递的能量被有效地传递至上边梁，以防止车厢发生变形（图5-4-4）。

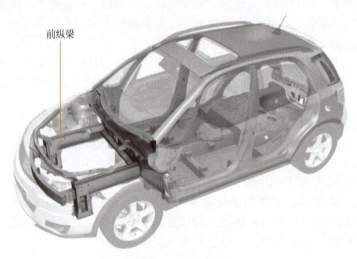

图 5-4-4　前纵梁示意

b. 车身前部破坏特性。根据碰撞力的幅度，在第一阶段，车身前部在碰撞力尚未传递到悬架安装点之前（悬架安装点将会影响进一步施加于前轮定位），将碰撞能量予以吸收；在第二阶段，车身前部将阻止碰撞力向仪表板分散；在第三阶段，逐渐减少并削弱已达到仪表板的碰撞力。

当来自前部的碰撞力相对较小时，保险杠被向里挤压，通过保险杠传递，引起前纵梁变形，然后再使前翼子板、隔板和发动机盖发生变形。

当碰撞力较大时，前翼子板撞击外板，使前翼子板与前车门间的间隙消除。此时，发动机盖铰链弯折或从中间断裂（图5-4-5）。

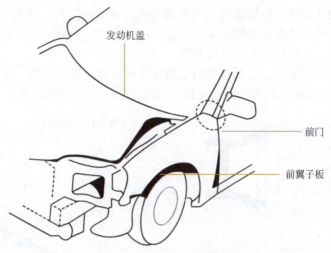

图 5-4-5 前部钣金件的撞力破坏

如果汽车的前部较低,则碰撞发生时极有可能出现因车辆压过路面上的一个物体而导致前纵梁被压下或抬起。如果前纵梁被压下,则前面铰链根部会发生变形,并由此提起车门(图 5-4-6);相反,如果前纵梁被抬起,则铰链安装部的根部也会发生变形,导致车门下移(图 5-4-7)。

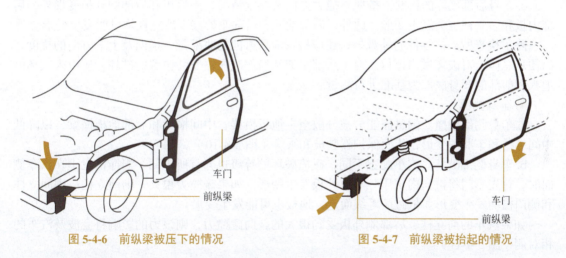

图 5-4-6 前纵梁被压下的情况　　　　　图 5-4-7 前纵梁被抬起的情况

c. 前车身破坏的诊断。车身前部骨架由隔板、前纵梁、轮罩、减振器支架组成。对破坏进行评价时,不仅要检查各部分零件,而且要检查仪表板和前立柱的变形,这一点非常重要。

评价破坏时,如果仅凭借外观检查,将会忽视某些严重的损坏,因此建议采用相应的仪表对车身进行测量,尤其对减振器支架和纵梁上的一些部位,必须采用仪器进行测量。如果破坏程度较高,还必须测量车身底部的尺寸,即使其外观似无损坏,仍必须进行检查。

❷ 车身后部。

a. 车身后部碰撞。后车架变形从后端依次向前进行,以吸收碰撞能量。燃油箱和车厢由大断面后车架予以保护,以防受到碰撞能量影响(图 5-4-8)。

b. 车身后部破坏特性。如果碰撞力不是特别大，则后保险杠、后板、后备厢盖/或背门中任何一件或多件的变形都能够吸收碰撞能量，此时后侧外板可能会隆起。后部地板也会发生变形，并进一步导致后部车架的后端变形。

在碰撞力过大的情况下，后部立柱的下端和车顶板也会发生变形。此外，中间立柱也可能变形。有些情况下碰撞力的影响程度足以使后部车架的向上弯曲部分发生变形（图5-4-9）。

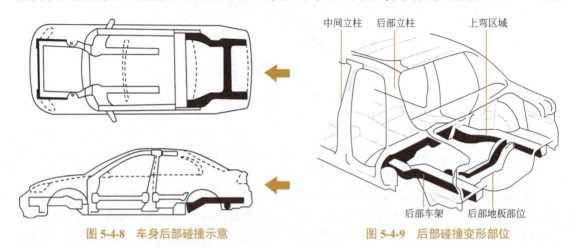

图 5-4-8　车身后部碰撞示意　　　　图 5-4-9　后部碰撞变形部位

c. 车身后部破坏的诊断。按照碰撞力方向及幅度情况，除后板和后部侧外板变形外，后部内板和后立柱也会发生变形。此外，后部地板和后部车架甚至后立柱均可能发生变形。

除了检查所连接零件的外观外，还应检查前后方向的收缩量、横向及上下方向的挠度，以便从总体上对破坏做出评价。对于后部车架和后部减振器安装位置的破坏，应以未破坏的地板和前部的车身底部为基准进行测量。

❸ 车身侧部。

a. 车身侧部碰撞。侧碰撞能力被分散至主地板横梁、中间横梁和后部地板横梁，以降低中间立柱和车厢的变形，从而保护驾驶员和乘客（图5-4-10）。

b. 车身侧部破坏。汽车配置不同，碰撞破坏的等级也会有所不同。当撞击发生在汽车侧面时，首先车门将被向内挤压，导致外板发生变形。如果碰撞力很大，则前立柱、中间立柱和侧门槛均发生变形。依碰撞等级而定，地板也可能发生变形。

如果汽车的前立柱、后部侧外板受到很大的斜向碰撞力，则该力的影响将会波及汽车的相对侧（图5-4-11）。

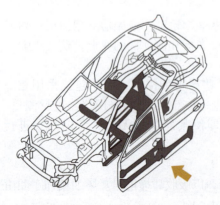 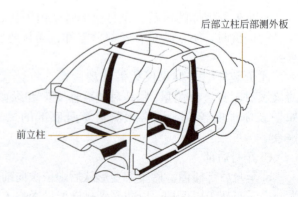

图 5-4-10　车身侧部部件示意　　　　图 5-4-11　车身侧部碰撞的影响

当碰撞力作用于前翼子板中间部位时,前轮将受到冲击。随碰撞等级而定,其影响可能波及减振器支架和前纵梁。如果这种情况发生,悬架系统将会出现多处破坏,并且车轮定位和轴距均发生偏离,转向系统也很有可能会受到影响(图5-4-12)。

c.车身侧部破坏的诊断(图5-4-13)。横向撞击力大部分被传递到侧门槛和侧立柱,而这些部件大部分不易维修。车身侧部的大部分零件为槽形断面,因此具有较高的刚性。尽管如此,在较大碰撞力的作用下,这些零件仍然易于弯曲。

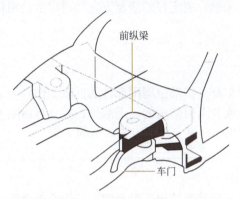

图 5-4-12 前翼子板中间碰撞的影响

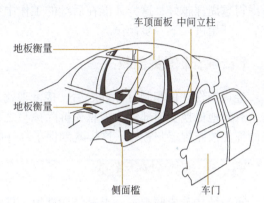

图 5-4-13 车身侧部破坏的诊断

如果碰撞力集中作用于立柱,则整个车身会因碰撞力分散至车顶板而出现变形趋势,如果发生这种情况,维修将难以进行。

如果碰撞力过大,则整个维修工作的规模将会比较大,因为维修将涉及底部、轮罩以及地板横梁。由于传递到中间立柱的碰撞力同时会造成相对侧的侧板表面变形,所以有必要检查整个车身是否受到碰撞影响。除了对车门位置、开启尺寸等进行外观检查外,还有非常重要的一点就是利用地板架和横梁作为测量基准测量车身底部尺寸,以便对破坏程度做出评价。

二、保险公司定损核损

在对受损车辆定损时,保险公司需要同被保险人和第三者车损方一起核定。车辆定损的基本程序如下。

(1)保险人必须指派两名定损员一起参与定损。定损员根据现场勘察记录,详细核对本次事故造成的损失部位和修理任务,逐项列明修理工时费、换件任务及金额。

(2)定损员接到核准的报价单后,再与被保险人和第三者车损方协商修理、换件任务和费用。协商一致后,三方共同签订《汽车保险定损确认书》。受损车辆原则上应一次定损。定损完毕后,由被保险人自选修理厂修理或到保险人推荐的修理厂修理。

三、制订修复计划

要彻底修复好一辆车,就要对其碰撞受损情况做出全面、准确的诊断,找出受损的严重程度、范围及受损部件,依此制订修复计划。一个有经验的车身修理人员一定会把大量的精力用在损坏评估上,因为一旦在修复中发现新的损坏情况,修复的方法及工序必将随之改变,这会导致大量人力、物力和时间的浪费。因此进行彻底的、精确的损坏诊断和制订合理的修复计划是高质量、高效率修复的基础。

该阶段的主要工作是:针对直接受损部位、间接受损部位及惯性效应受损部位,确定具体的修复方式；根据车身各部位材料的应用情况，确定需要采用的焊接工艺；考虑在校正拉伸过程中如何使用辅助支撑定位，以确保顺利修复；考虑在实施焊接换件作业中如何对所需更换部件进行准确定位，以避免在焊接完毕后再对所更换的部件位置进行校正。

制定的修复方案，除了要考虑降低维修成本之外，还要综合考虑整体维修质量，比如局部拉伸时如何保证周边部位不受影响，切割和焊接时如何保证金属内部结构尽量不发生较大变化，以及使用何种钻孔、打磨工具不会对安装造成影响。凡是与整体修复方案有关的因素，考虑得越周详越好，这样才能在后续的工作中有备无患。制定好的修复方案经过保险公司核定后，开始进入下一步操作。

四、拆除相关部件

经过损伤评估和制订计划之后，接下来就是对车身受损部位周围部件的拆除工作。为了安全有效地更换受损部件，需首先拆除掉与之相连或者阻碍修理的周围部件，并且将拆除下来的部件按照规定归置好。这样既确保了部件的使用率，又方便了定损人员的工作。

五、新钣金件的更换

车身结构分成两类：一类是结构性钣金件；另一类是非结构性钣金件。结构性钣金件以前纵梁为例，非结构件以后侧围板为例，介绍新钣金件更换修复工作。

1. 结构性钣金件更换（以前纵梁为例）

将车辆放在车身校正台上定位，在更换钣金件之前，必须做好所有的钣金件校正工作，否则新的钣金件将无法正确安装。

校正完成后，将新钣金件安装到指定部位。用夹具将新的钣金件定位，使用测量系统检查新的钣金件与汽车上完好的钣金件是否对齐，新钣金件的测量点尺寸是否符合误差要求。经必要的调整后将新钣金件夹紧在正确的位置，然后将它焊接到与之相配合的钣金件上。具体操作步骤如下。

（1）拆除旧的钣金件。按照所属车型车身修理手册确认焊点位置和焊点数量，使用气动钻钻除所有焊点。依照各车型的车身修理手册确认钢板的连接形式后，选择钻头直径及钻除方向。使用錾子检查所有焊点的钻除情况，但不能施力于錾子上，以免钢板裂开（图5-4-14）。

（2）车身准备。在钻除焊点时或剥离钢板时所产生的毛刺要磨平，注意不要把钢板磨薄。进行电阻点焊焊接的部位要清理干净，露出新的金属（图5-4-15）。

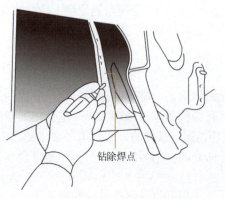

图 5-4-14　钻除焊点

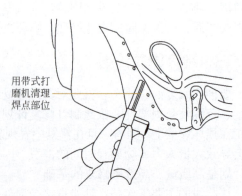

图 5-4-15　清洁电阻点焊部位

（3）清洁车身结合面。用钢丝刷刷除钢板焊接部位周围的车身密封胶及底层漆。清洁去蜡后，在钢板焊接的结合面涂抹点焊防锈底漆。

（4）新钢板焊点位置定位。在点焊或塞焊的位置做上不同的记号（图5-4-16）以便于辨认，并在新的钢板上做记号（先决定两端的位置，再分配其余的焊点数）。如果用塞焊，则先要在新钣金件上钻孔。

（5）清洁新钣金件。要磨除实施点焊焊接部位的底漆，在磨除底漆后的表面上涂抹点焊防锈底漆。

（6）将前挡泥板和纵梁的装配标记对准，并用台虎钳夹将它们夹紧。没有参考标记的零件，新钣金件应该安装在旧钣金件相同的位置上。

（7）暂时安装车身前横梁。用锤子和木块依次轻轻地敲击钣金件，使它按需要的方向移动，直至彼此相配。同时要用测量工具来确定新钣金件的安装位置。

（8）如测量尺寸与参考值相符，通过二氧化碳保护焊点焊一个定位焊点（图5-4-17），暂时安装前地板加强件。定位焊点应选择在容易拆除的部位，用画线笔在不焊接零件的末端画一条位置线并钻一个小孔，用金属板螺钉将这些零件固定在一起。用画线笔在挡泥板安装区域画一条线，但不将这些钣金件焊接在一起。

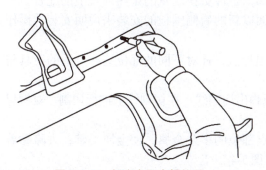

图5-4-16　标出电阻点焊位置

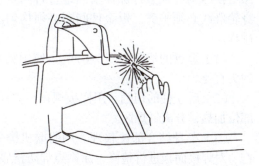

图5-4-17　新钣金件定位焊点

（9）依照标准孔或旧零件的装配痕迹来暂时固定安装散热器支架。

（10）调整尺寸。首先进行测量，确定悬架上支座及前翼子板隔板前后端安装点的定位。检查零件与前照灯左右尺寸的差异，并调整到合理状态。

（11）检查左右翼子板隔板上段的高度，用测量系统测量翼子板前、后安装孔与其他测量点的尺寸，调整到误差范围内。

（12）组装车身覆盖件并检查装配间隙，利用发动机罩铰链和翼子板等的安装痕迹来实施组装，安装间隙在焊接后再调整。检查翼子板与门是否正确配合，如果间隙不正确，可能是由于挡泥板或侧支架高度在左右两边偏离。

（13）在焊接以前，要再一次核实所有尺寸。使用测量系统对零件定位时，新零件上的测量点应与车身相对一侧上的零件相同。如果尺寸不匹配，必须校验参考点位置。

（14）焊接新钢板（图5-4-18）。在焊接时应从强度较高的部位开始焊接，焊接的两个钣金件要结合良好，没有缝隙，焊接时要采用分段焊接，以减小焊接应力与变形。焊接后拆除焊接夹钳，并重新测量。

（15）焊接表面处理（图5-4-19）。在有些部位能明显看到的焊点必须研磨至与钣金件齐平，而要喷涂底层漆的部位只要稍微研磨修饰即可。

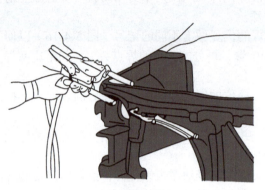
图 5-4-18 焊接新钢板

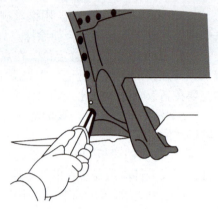
图 5-4-19 焊接表面处理

2. 非结构性钣金件更换（以后侧围板为例）

在更换非结构性的外部钣金件时，可以只用肉眼检查与相邻钣金件是否匹配，而不用像更换结构性钣金件那样精确地进行测量。外部钣金件更换注重的是在外观上的配合，车身轮廓线必须平齐。钣金件间距必须均匀。下面以新的后侧围板的安装来说明安装的操作过程。

（1）焊点的清除（图5-4-20），使用钻头钻出焊点，针对不同的部位选择合适的工具与钻头直径。

（2）后立柱的切割。用样板规在后立柱外板画出切割线，在切割线上进行切割。对铜焊部位加热，分离钎焊区。

（3）车身结合部位整理。用研磨机磨平焊点部位的多余金属，使金属平整，去除黏着物。对焊接面板进行整修，涂刷点焊防锈底漆（图5-4-21）。

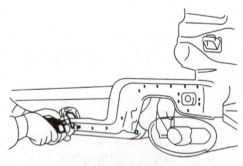
图 5-4-20 焊点的清除

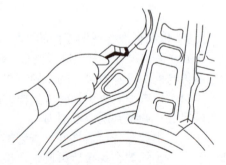
图 5-4-21 涂刷防锈底漆

（4）新钣金件的切割准备。用塑胶样板规刻划切割线，使用气动锯在切割线上进行切割（图5-4-22），要防止钢板变形。

（5）暂时安装后侧围板。用台虎钳将后侧围板固定，要保证钣金件的末端和边缘的匹配。

（6）仔细调节新钣金件与周围钣金件的配合。调节钣金件以便与车门和车身轮廓彼此匹配。然后将后备厢盖安装在正确位置上，并调节间隙和水平偏差。要进一步确定后窗孔对角尺寸，若有差别，应适当地进行校正，使后窗玻璃与窗孔相吻合。

（7）将钣金件装配到门和后备厢盖后，可以钻一些小孔，用自动攻螺纹螺钉将其固定（图5-4-23），调整车身轮廓线和钣金件的搭接处，使其与后围板及后部窗式框架相匹配。安装尾部组合灯，并使钣金件与灯组件配合。当每个部分的间隙、车身轮廓线和水平偏差都已经调好时，用肉眼检查整体的扭曲和弯曲。

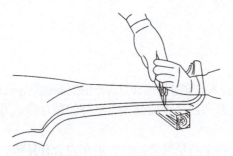

图 5-4-22　切割新钣金件多余部分

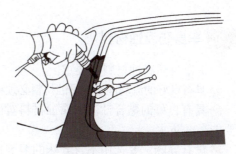

图 5-4-23　临时固定新钣金件

（8）切割搭接的钣金件。钣金件正确定位以后，用气动锯或切割砂轮切去位于连接区域的搭接部分。切割时要精确，如果切割后出现间隙或钣金件搭接，将给下一步的焊接造成困难。

（9）焊接前准备。在新零件上用不同记号来辨别是要进行塞焊还是点焊，先将实施点焊部位的底漆磨除，再对塞焊部位根据板厚度选择钻头来钻取塞焊所需的塞孔。确保新钣金件与车身的结合面吻合间隙很好，在焊接处涂抹点焊防锈底漆。

（10）焊接新钣金件。一旦新钣金件的尺寸和位置确定以后，就将它焊接就位。要采用分段焊接以防止产生热变形和应力，对钎焊部位进行钎焊。

（11）焊接接头的处理。对表面的焊缝进行研磨，直到平滑。在没有底漆的部位实施清洁及去脂工作，在车身上涂抹车身密封胶和喷涂底层漆。

（12）调整装配间隙。先调整后备厢盖的前后方向间隙，再调整后备厢盖的左右方向间隙，最后调整后备厢的高度（图5-4-24）。

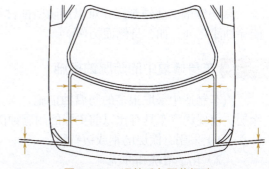

图 5-4-24　调整后备厢盖间隙

六、防腐蚀处理

车身防腐蚀是车身修复中一项非常重要的工作，在车身钣金件修复基本过程结束后需要进行防腐蚀处理。对于发现腐蚀严重的钢板，必须及时更换。

1. 防腐蚀处理部位的类型

车身修理中必须进行防腐蚀处理的部位有四种基本类型。
（1）封闭的内表面，包括车身梁和门槛组件等封闭截面的内部表面。
（2）外露的内表面，包括地板、挡板及发动机罩的内表面。
（3）外露的接头，例如后侧围板至轮罩及后侧围板至后备厢地板的接头等。
（4）外露的外表面，例如翼子板、后侧围板及车门外板等。

注意事项：

外露是指不必拆卸焊接件就可达到的钣金件表面。

2. 车身防腐蚀材料

（1）车身防腐蚀材料的要求。

❶ 具有良好的流动性。防腐蚀材料必须稀薄，能流入或穿过焊接和点焊处的钢板缝隙等位置。

❷ 具有良好的黏合性。防腐蚀材料对裸露的金属和油漆表面都要有良好的黏合性。另外还要能高度防水。

❸ 没有异味。要选用不含异味的溶剂材料，否则车身虽然修理好，但车内会有异味。

❹ 良好的相溶性。喷涂的防腐材料可以使用普通的安全溶剂来清洗，还要耐受发动机及其他方面使用的普通溶剂类物料（如机油）等的侵蚀。

❺ 具有一定的韧性。防腐涂层要能保持一定的挠性和韧性，可以防止飞石造成的冲击损伤。

（2）防腐材料分类。

❶ 防腐蚀化合物。蜡基或石油基化合物可以用作涂底层、消声以及可以把汽车的表面完全密封，免受锈蚀和腐蚀的破坏。这种化合物一般涂在车架下面和车身钣金件内面，在接头和车身缝隙位置形成挠性保护层。

❷ 车身密封剂或密封胶。这些防腐蚀材料可以防止水或泥浆进入钣金件连接处，并会预防相邻的表面发生锈蚀。

❸ 防锈剂。防锈剂用在难以用防腐蚀材料覆盖的地方，例如具有箱形截面结构的内部不能涂油漆之处，如车身侧面构件。

3. 车身修复中的防腐蚀措施

汽车制造中采取很多的防腐蚀措施，大量采用有涂层的钢、富锌底层及更多的耐用基体涂层，使现代汽车具有比以前更强的耐腐蚀能力。一般采取的防腐蚀措施如下。

（1）采用有涂层的钢或镀锌钢。

（2）化学清洗和冲洗。

（3）使用转化涂层。

（4）使用环氧树脂底层。

（5）烘烤底层。

（6）使用底漆腻子。

（7）使用彩色涂层。

（8）烘烤彩色涂层。

（9）使用防腐蚀材料。

现在的车身材料都有很好的防腐蚀性能，在车身修理中要对钣金件进行很好的防腐蚀处理，要保证新钣金件具有和原来钣金件一样的耐久性及耐腐蚀性。如果修理中没有做好防腐蚀工作，表面涂层的防腐蚀耐久性会受影响，车身结构性部件防腐蚀性能没有恢复会使汽车安全性降低。

下篇 汽车涂装技术

第六章 安全规范及常用工具设备

第一节 汽车涂装的安全规范

1. 喷涂安全操作规程

（1）本操作规程作为强制执行标准，要求各有关人员严格遵照执行本规程。

（2）进入喷漆房作业前，操作人员应穿戴好防护用具，备齐所需漆料，维修车辆遮蔽完备，准备喷涂；严禁在喷漆房内进行清除灰尘和打磨工作（图6-1-1）。

（3）每次喷漆作业前都应检查油泵管道有无泄漏，以及油量、燃烧机、风机和气压是否正常，风阀在正常位置后方可作业。

（4）喷漆前应检查燃烧机的燃烧状态，有无燃烧不充分、断续以及偏火闪烁现象，在燃烧机1m外观察，待燃烧稳定后方可以从观察口观察。

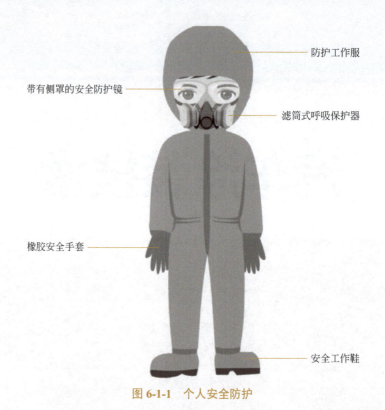

图 6-1-1　个人安全防护

（5）严禁烟火，严禁吸烟，严禁将火种带入喷漆房内，作业现场必须备有足够的消防器材。

（6）喷漆房内除作业必须材料外，不允许储存过多的涂料、溶剂等，浸有涂料、溶剂的棉纱要及时清理，以免自燃。

（7）一旦发生火情应及时报警，切断电源，关闭运行设备。关闭临近喷漆房及车间门窗，防止蔓延，积极组织灭火施救。

（8）经常保持喷漆房周围安全通道在畅通状态。

2. 喷涂操作时注意事项

（1）喷涂作业中尽量少打开喷漆房的门，以免喷漆房漆雾污染整个车间。

（2）流平过程后，进行喷漆作业时，温度不得设定在 60℃ 以上，并不得离人，如出现风机声音异常或燃烧机火焰闪烁、发红不明亮应马上断电，并及时报修，燃烧机上严禁覆盖擦布或放置其他异物。

（3）燃烧机一次点火失效，3min 后才能按红色复位按钮。如 3 次点火不着，严禁继续强制点火，应查明原因，由专业人员检排故障，并清除热交换器内积油垢，才能使用。

（4）喷漆温度达到设定值后，加热系统会自动停止加热，但是风机不要马上停机，应继续运转 3～5min 再关闭，保证散热器能够得到充分的冷却。

（5）喷漆时应注意排风管道风阀开关情况，喷漆时风阀应处于打开状态；不抽风时风阀应处于关闭状态，防止其他喷漆房漆雾倒窜进来。严禁风阀在关闭状态下进行喷漆施工。所有的喷漆房的排风和排烟管道都应单独排放，不能进行"三合一"出气或出烟。

（6）废油燃烧机燃油雾化气压、燃油预热温度已设定为最佳状态后，严禁随意调节气压和温度，如需调整，需专业人员进行操作。

（7）正常情况下，废机油的颜色应为黑色，如在加热的小油箱中机油出现明显的土黄色，则表明废机油中含有水分或防冻液，应放掉大小油箱中的燃油，并排除油泵管道内的含水废机油，重新加入正常的废机油后才能启动燃烧机加热。

（8）负责收集废机油的大型油桶应每3个月清理一次，时间长了废机油中的渣子、油泥或水分会沉积在底部，因为在每次抽油时，首先会先抽取最下面的燃油，同时也会将渣子、油泥或水分抽上来，影响燃烧机的燃烧状态。

3. 喷涂操作后注意事项

（1）每次作业完毕，必须对喷漆房内进行清理，任何用来遮蔽车体的遮盖物必须清除，保持喷漆房内的清洁卫生。

（2）每天作业完毕都应利用系统内余压给系统排水，包括燃烧机上的气压调节阀上的除水工作。

（3）严禁将没用完的漆料和稀释剂倒入地格栅内。

（4）严禁在喷漆房内清洗喷枪，以及将粘胶纸带、纸圈、报纸等易燃物丢在地格栅内。不许将油漆喷到喷漆房墙壁上。

（5）下班后必须切断总电源，以免发生事故。

（6）喷漆房内除了每次施工所需的漆料外，不得存放任何多余的化学物品及易燃易爆物品。

（7）施工完毕后，严格填写施工记录，备查。

4. 日常维护规定项目

（1）每周对漆房地面、门玻璃、内部墙壁及地格栅下等进行一次大扫除，清除漆渣等可燃残留物，以保持喷漆房卫生。

（2）每周对燃油箱和加热箱完整清洗一次，去处水分和油泥，确保燃油质量相对清洁，以利燃烧。

（3）每月喷漆房责任人应更换风口棉、检查排风管道内的漆灰附着情况，如排风管道内壁四周有明显的漆灰聚集，应及时清理，以免其自燃；燃烧机烟囱及排风阀门应每月检查、维护，如有明显烟灰应及时清理，保持烟道畅通。

（4）废油燃烧机的烤房炉膛在环境温度20℃以下每2个月检查一次；在25℃以上3个月检查一次，检查时必须请有资质的专业维修人员对炉膛进行检修，检修合格需出具检修合格证并张贴在喷漆房上。

（5）过滤系统一定要定期更换，保持良好的除尘效果。顶过滤棉每400h更换一次或视情况处理。

（6）喷漆房的电源线路与喷漆房之间应有良好的绝缘，避免发生人员伤亡。若控制柜及照明电路、抽排风及点火燃烧系统异常，应及时报修，严禁带故障运行。所有电气设备每半年应全面检查一次。

（7）如出现火情，请不要慌张，首先关闭电源，打开喷漆房的大门，迅速将喷漆房内的车辆开出来或将烘烤的工件取出来，报警并积极组织自救灭火。

第二节　常用涂装工具

1. 刮板的分类

（1）牛角刮板。牛角刮板是用水牛角制成的，质量以透明、纹路清晰、平直为好。这种刮板一般由漆工自己制作。将购买的水牛角坯料下端削成20°斜角，向上逐渐变厚，最后再在磨刀石上把刃口磨平，直至刃口不太锋利为止。

牛角刮板的特点是受热发软，遇冷变脆、变形，影响使用。使用后要保持清洁并将刮板插入木板槽中，防止变形。如果出现变形，可采用电熨斗熨平，或用开水浸泡后再用重物压平。

（2）铲刀。铲刀也称灰刀，腻铲，是木柄钢制刀具，既可用于涂刮腻子，也可用于铲除材料表面上的旧漆或其他异物等（图6-2-1）。

图 6-2-1　铲刀

（3）刮板。刮板所使用的材料有薄钢板、耐油橡胶、聚氯乙烯塑料板、竹板等。为了操作方便，刮板一般都有木制手把。

2. 刮具的选择和维护

（1）刮具的选择。选择刮具时主要根据刮涂表面的大小和形状。一般涂刮大面积腻子时应该选用大刮具，否则刮涂表面的平整度差。刮涂小面积腻子使用小刮具。在平直表面上刮涂时选用钢制刮具，而在曲面上刮涂时选用橡胶刮具。

（2）刮具的维护。

❶ 清除刮具、铲刀及腻子调和板上的异物，并检查刮具和铲刀刃口，视需要进行修磨。

❷ 在刮具使用过程中时刻注意刮具刃口的平直度，一旦发现刃口有异物或损坏，应及时予以清除或将纱布放在玻璃板表面来研磨刮具刃口，以保证刮涂表面的平整度。

❸ 刮涂施工结束后，应及时清理刮具、铲刀及调和板（盒）表面残余的腻子，妥善保管。刮具的保管措施以不产生变形为准，为下一次使用做好准备。

3. 喷枪

喷枪是汽车车身修补涂装的关键设备，它将涂料（油漆）均匀地喷涂在车身表面，得到良好的防腐与涂装效果。利用压缩空气对进入喷枪的涂料进行雾化并对车身表面进行涂覆

（简称空气喷射），是车身表面装饰最重要的工艺之一。

喷枪按供料方式可分为3类，即吸力式、重力式和压力式（表6-2-1）。

表 **6-2-1** 喷枪的类型

类型	油漆的供应方式	优点	缺点	喷枪形状
重力式喷枪	枪壶在喷枪的上方，油漆靠地球的引力以及在喷嘴处产生的吸力供应至枪嘴	枪壶置于喷枪的上方使用灵活，而且不同的黏度，喷枪后的差异性较小	枪壶的容量较小，不适合做大面积的喷涂工作	
吸力式喷枪	枪壶在喷枪的下方，油漆靠喷嘴处产生的吸力供应	由于枪壶较大，适合做大面积的喷涂作业	不同黏度的油漆影响吸送能力，从而产生不稳定的喷涂效果	
压力式喷枪	枪壶和喷枪是分开的，油漆在枪壶内被压缩空气加压并供应至喷嘴	容量大，适合做大面积的连续性施工，并提供灵活的喷涂效果	不适合做小面积的修补喷涂，喷枪清洗较困难	

4. 打磨工具及材料

（1）打磨材料。

❶ 金刚砂磨料。金刚砂磨料是一种非常锐利、穿透速度极快的磨料，通常用于打磨薄边或干磨各种柔软材料，如对旧漆层、玻璃钢及腻子等表面进行打磨。

❷ 氧化铝磨料。氧化铝磨料是一种坚韧的楔形磨料，防破裂和变钝性能好。用该磨料制成的砂纸，在打磨时不会产生较深的划伤，也不会过早地出现沙粒磨损而变钝，因此，延长了寿命。一般用作磨料的氧化铝按其自身颜色区分用途是：红褐色的用作金属打磨抛光，白色的用作清除旧漆层。市售的水砂纸基本上都是以氧化铝作为磨料的。

❸ 锆铝磨料。其由氧化铝和氧化锆组成，有独特的磨刃性，即在打磨过程中能不断提供新的刃口，从而提高打磨效率，延长打磨材料的使用寿命。其另外一个特性是在打磨过程中产生的热量少，使打磨下的材料不会堆积而影响打磨效果。所以，用这种磨料制成的砂纸，在汽车修补涂装中的应用越来越广泛。

❹ 碳化硅。其由一种合成矿石在电路中炼制而成，其晶体颗粒坚硬锐利，呈蓝黑色。这种磨料与水配合的打磨效果很好，是打磨车身底漆、密封胶及夹在涂层间进行打磨的最佳材料。其标记一般为 SiC，英文名为 Silicone Carbide。

❺ 氧化铁。氧化铁是一种非常软的自然磨料，一般呈灰色。

❻ 石榴石。石榴石产生于不规则的矿石中，同构分类后用胶粘在特定的纸上制成砂纸。

❼ 火石。火石是非常好的砂纸磨料，具有从暗灰色到红粉色多种颜色。一般将其粉碎成非常尖锐的颗粒，再用胶黏剂黏结在纸上成为砂纸。

以上 7 种磨料中，火石、金刚砂、石榴石及氧化铁属矿石材料；碳化硅、氧化铝及氧化锆铝属加工合成材料。

（2）砂纸（布）。砂纸、纱布是采用胶黏剂把磨料颗粒黏结在纸、布或纤维表面上制成的（表6-2-2～表6-2-4）。

表 6-2-2　砂纸的粒度、种类、编号及用途

粒度/目	氧化铝/μm	金刚砂/μm	用　途
精细	—	2000 1800 1250	用于底漆涂层的打磨
超细	—	800	用于本色面漆的打磨
	—	600	打磨面漆层或抛光前的打磨
极细	400 320 280 240	400 320 280 240	用于中涂层和喷涂前旧漆层的打磨
	220	220	用于外表涂层的打磨
细	180 150	180 150	用于裸露金属的最终打磨，或磨平原有的旧漆层
中等	120 100 80	120 100 80	磨平原有涂层或旧漆层
粗	60 50 40 36	60 50 40 36	用于钣金腻子的打磨
极粗	24 16	24 16	用在打磨机上清除旧漆

表 6-2-3 砂纸、纱布的种类及使用范围

砂纸编号	颗粒大小 /μm	使用范围	
		湿打磨	干打磨
24	1200	清除旧漆层	剥除旧漆层
40	600		金属除锈打磨
80	400		粗羽状边打磨
120	300	打磨腻子	
150	170		钣金腻子粗磨
180	150		钣金腻子细磨
240	120		
280	80	腻子修饰/修补	腻子细打磨
320	65	面漆/周边底漆	脚线条细磨
600	55	处理及整车打磨	羽状修饰
400	40		
800~1000	25	打磨中间涂层	脚线条修饰
1200~1500	15~20	打磨面漆涂层	中涂层打磨
0	10以下	打蜡前粗处理	旧漆层修饰

表 6-2-4 常用砂纸、纱布的规格代号及习惯称号

干磨砂纸	宽×长 /mm×mm	页状	230×280
		卷状	(50,100,150,200,230,300,600,690,920)×(25000,50000)
	磨料粒度号及习惯称号		p24(4号),p30(3号),p36($2\frac{1}{2}$),p40,50(2号),p60($1\frac{1}{2}$),p70,p80(1号),p100(1/2),p120(0号),p150(2/0号)
耐水砂纸	宽×长 /mm×mm	页状	230×280
		卷状	(50,100,150,200,230,600,690,920)×(25000,50000)
	磨料粒度号及习惯称号		p70(80号),p80(100号),p100(120.150号),p120(180号),p150(200.220号),p180(240.260,300号),p240(320,360号),w63(400号),w40(300号),w28(600号)
干磨砂纸	宽×长 /mm×mm	页状	230×280
		卷状	(50,100,150,200,230,600,690,920)×(25000,50000)
	磨料粒度号及习惯称号		P8,p12,p16,p20,p24(4号),p30($3\frac{1}{2}$号),p36(3号),p40,p50($2\frac{1}{2}$号),p60(2号),p70,p80($1\frac{1}{2}$号),p100(1号),p120(0号),p150(2/0号),p130(3/0号),p220,p240(4/0号),w63(5/0),w40(6/0号)

与打磨机配套使用的砂纸有方形和圆形。按其与打磨托盘的连接形式不同可分为无黏结性砂纸和自黏性砂纸。无黏结性砂纸在使用时必须使用专用的胶黏剂,自黏性砂纸使用时,

只要将砂纸与托盘中心对正压紧即可。需要注意的是：打磨完毕，应立即将砂纸从打磨机上拿开，以免胶黏剂凝固后将砂纸与托盘粘在一起。

常用的砂纸磨盘规格有 12.7cm、15.3cm、20.3cm、（5in、6in、8in）三种，用 No.80～No.80j 砂纸干磨或 No.320 砂纸湿磨。

5. 手工打磨工具

（1）手工打磨工具及正确使用。手工打磨表面时经常使用多种辅助打磨工具，以提高打磨质量和速度。具有一定韧性的硬橡胶块与砂纸配合（利用硬橡胶块底面上的压槽和弹性爪固定），可以打磨出非常平整的涂层或腻子表面。可干打磨也可进行湿式打磨。

海绵状橡胶块主要用于凹凸表面或狭窄区域的打磨。打磨时应用力均匀，以防出现打磨缺陷。

长条形快速打磨板主要用于打磨腻子表面。应用其前、后、上表面的夹具装夹砂纸，将撕扯后的砂纸夹在打磨板上即可进行打磨。

> **注意事项：**
> - 打磨运动方向应与板的长度方向一致。
> - 打磨时不可反向操作。
> - 砂纸的装夹不能松动，且随时注意打磨板前、后边缘处砂纸是否已破损，若破损，应及时更换。

（2）手工打磨工具的正确使用。

❶ 应根据需打磨区的形状、所处的位置及打磨的质量要求选择合适的打磨垫块。如打磨平面时选用硬橡胶打磨块或快速打磨器，打磨曲面或狭窄部位时选用海绵状打模块。

❷ 打磨时，应把砂纸按照打磨块的尺寸裁剪、折叠后，采用一定的固定方式固定（把折叠的砂纸包裹在打磨块上是常用的）。

❸ 打磨时，打磨块或打磨器应沿短轴方向移动，打磨的幅度宽且均匀，否则容易出现打磨痕迹而影响打磨质量。

❹ 打磨时，打磨块的底面必须完全与打磨区接触，且用力不要过大。

❺ 打磨时，应时刻观察砂纸的磨损程度和沙粒间嵌入打磨灰的多少，根据需要更换砂纸或清理打磨灰。

6. 机械打磨设备

机械打磨设备是利用压缩空气或电力驱动打磨机旋转或移动进行打磨的。其优点是结构简单，体积小，打磨速度可调节，可干磨也可湿磨。

（1）风动打磨机。风动打磨机主要利用贴附在砂纸衬板上的砂纸对表面进行打磨，它可分为以下几种类型。

❶ 圆盘式打磨机。圆盘式打磨机的运动轨迹是简单的圆周运动，因其打磨时不易掌握，

常易产生较明显的打磨痕迹，在车身修复中已很少使用。

❷ 双向运动式或轨道式（复合式）打磨机。其打磨时的运动是向两个方向，可打磨出非常光滑的表面，在车身修理中应用非常广泛（图6-2-2）。

❸ 风动板式打磨机。其主要用于粗打磨面积较大的区域，根据运动方向可分为圆形运动式、往复运动式和直线运动式三种。圆形运动式和往复运动式如图6-2-3所示。

图 6-2-2　双向运动式打磨机　　　　　图 6-2-3　风动板式打磨机

（2）气动抛光机。气动抛光机是利用抛光垫对涂层表面进行光整修饰的设备（图6-2-4）。

（3）吸尘打磨设备。为了降低干式打磨时的粉尘，保护操作者的身体健康和减小环境污染，可采用具有吸尘功能的打磨设备，把打磨灰吸入粉袋内。吸尘式打磨设备可分为自吸尘式和主动集尘式干磨系统（图6-2-5）。

图 6-2-4　气动抛光机　　　　　图 6-2-5　吸尘打磨设备

（4）湿式打磨设备。由于手工湿式打磨时，右手打磨，左手不断用海绵给打磨区供水，且还需要将砂纸在水桶中冲洗，整个操作过程烦琐，打磨效率低。采用专用的湿式打磨机可达到湿式打磨效果，也可提高效率（图6-2-6）。

图 6-2-6　湿式打磨设备

（5）打磨设备的使用。

❶ 根据打磨对象选择打磨设备的类型，见表 6-2-5。

表 6-2-5　打磨设备的类型

打磨设备类型	使用范围	一般用途				
		清除旧漆	打磨薄边	粗磨钎焊表面	粗磨聚乙烯油灰层	打磨金属油灰层
圆盘打磨机	适用狭窄部位	优先选用	尽量不用	可以选用	尽量不用	尽量不用
复合打磨机		可以选用	优先选用	尽量不用	优先选用	优先选用
轨道打磨机		可以选用	可以选用	尽量不用	优先选用	优先选用
直线打磨机	适用宽敞部位	可以选用	尽量不用	尽量不用	可以选用	优先选用
板式打磨机		可以选用	尽量不用	尽量不用	可以选用	优先选用

❷ 往复作用式打磨设备在使用时，必须平压在被磨表面上，才不会留下打磨痕迹，这种打磨设备包括轨道式圆盘打磨机、双动式打磨机及板式打磨机。

❸ 操作风动打磨设备时，应将气压调至规定值（表 6-2-6）。

表 6-2-6　风动打磨设备的压力

设备类型	工作压力 /kPa	设备类型	工作压力 /kPa
喷砂机	275～620	打磨机	414～550
磨光机	550～620	抛光机	483～620

❹ 使用圆盘打磨机进行打磨时，应使圆盘边缘 2～3cm 范围与被打磨表面接触，即应有适当的倾角。

❺ 使用风动打磨设备时，打磨铁屑、粉尘及火花时不可朝向操作者。

❻ 操作打磨机时，右手握住打磨机手柄，左手施加较小压力并控制好移动的速度及路线。

❼ 注意沙盘的更换。

❽ 注意砂纸的更换。

❾ 板式打磨机使用的砂纸是长条形的。

（6）打磨设备使用注意事项。

❶ 清除旧漆层或金属毛刺，修平焊缝时可使用圆盘打磨机。

❷ 打磨时切忌原地不动打磨，应保持打磨移动的连续性，否则会产生划痕、擦伤或烧灼等打磨缺陷。

❸ 在靠近车身流水槽、装饰条、板件边沿及一些松脱构件时，应特别小心，防止发生磨盘卡住而损坏。

❹ 在对平面进行打磨时，应使用轨道式平板打磨机，以获得良好的平整度，切忌使用单向圆盘打磨机。

❺ 在打磨过程中，若发现涂料开始聚结成球时，应及时更换砂纸。

❻ 在打磨时，操作者应带防尘面罩。

第三节　常用涂装设备

1. 压缩空气供给系统

压缩空气供给系统用于提供充足的气道预定压力值，以确保喷涂车间所有的气动设备都能有效工作。

系统的规格从小型的便携式装置到大型的安装在车间内的设备应有尽有。这些系统基本配置和安装要求有以下相同点：一台或一组空气压缩机；动力源一般为电动机，室外工作时可使用便携式汽油机驱动的压缩机；一个或一组用于调节压缩机和电动机工作的控制器。应使用规格合适的储气罐或容器，如果过小，将导致压缩机频繁启动，从而使电动机负荷过重；过大则造成浪费。分配系统是指从空气容器到需要压缩空气的分配点的软管和固定管道，或者软管和固定管道的组合，包括规格合适的软管或者固定管道、接头阀、油水分离器、气压调节器、仪表和其他功能的气动工具以及使喷涂设备有效工作的空气与流体控制装置，它是压缩空气连接的关键。

压缩空气供给系统主要由空气压缩机（气泵）、空气净化设备、空气输送管道及压力调节装置等组成（图6-3-1）。

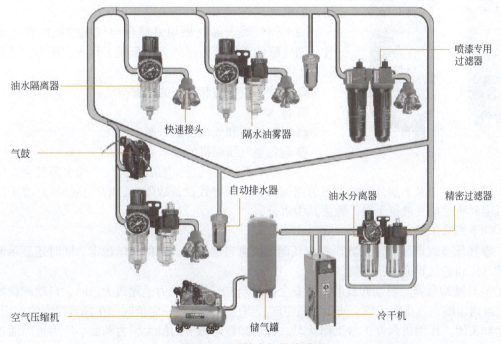

图 6-3-1　压缩空气供给系统

（1）空气压缩机。空气压缩机以电动机为动力，将空气压力升到规定的压力值，为气动设备提供动力，是现代汽车修理厂必不可少的设备。目前使用的空气压缩机根据工作原理分为活塞式、螺杆式和膜片式三类，普遍使用的是活塞式和螺杆式。

❶ 活塞式空气压缩机。活塞式空气压缩机利用电动机带动活塞在气缸中上下往复运动，当活塞下行时，进气门打开吸气；当活塞上行时，进气门关闭，容积变小，从而产

生压缩空气。

活塞式空气压缩机有单缸和多缸两种，多缸压缩机又可以设计成二级或多级的。空气压缩一次后，由进气阀直接进入储气罐，为一级压缩式，压缩后，空气由排气阀再进入高气压缸，经二次行程压缩后，由高气压排气阀送入储气罐，为二级压缩式（图6-3-2）。

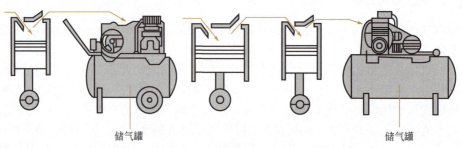

图 6-3-2　一级和二级空气压缩机示意

❷螺杆式空气压缩机。螺杆式空气压缩机内有两个相扭合的螺旋形转轮，压缩机工作时，转轮的螺纹在进口处封闭，形成一个气室，压缩空气由输出口排出，输出口处的压力脉动小。螺杆式空气压缩机的工作效率和可靠性很高，在汽车修理行业将逐步取代活塞式空气压缩机，适用于耗气量大的修理厂。

（2）储气罐。储气罐用来储存空气压缩机所产生的空气。储气罐的工作压力必须大于车间工具所需压力，其作用如下（图6-3-3）。

图 6-3-3　储气罐

❶储存一定压力和容积的压缩空气。

❷排水。

❸保持气压和气流量的平衡。

❹避免空气压缩机的频繁启动。

（3）冷干机。空气经压缩后，大气中的水蒸气会凝结形成大量水分。如果不加处理会造成管路腐蚀，甚至导致设备故障，影响产品品质。冷干机通过低温对压缩空气进行干燥，除去其中水分。

（4）调节工具。

❶压缩空气调压阀。设置压缩空气调压阀可自动控制，确保气压稳定，同时还显示调节后的气压和进气管道的气压值。

❷自动卸载器。自动卸载器俗称安全阀。当储气罐内压力达到最大值时，自动卸载器开启，罐内压缩空气排向大气，使压缩机空转；当压力降低到一定值时，在弹簧弹力的作用下，安全阀关闭，压缩机恢复正常工作状态。自动卸载器调节的最大压力和最小压力可以通过调节螺钉进行调整（图6-3-4）。

（5）过滤装置。

压缩空气过滤器又叫空气转换器，空气压缩机从外界吸入的灰尘、水分以及压缩机所产生的油粒大部分在冷干机中被除去。留在压缩空气中少部分的尘埃、水分需要压缩空气过滤器加以清除。常见的压缩空气过滤器主要有以下两种类型：圆柱形空气清洁器和叶片旋风式空气清洁器（图6-3-5）。

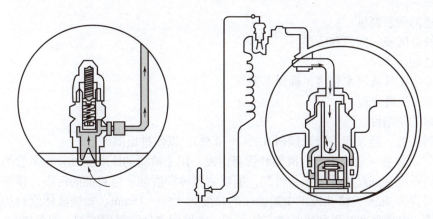

(a) 安全阀开启　　　(b) 压缩空气与大气相通，达到卸载、保护压缩机的目的

图 6-3-4　自动卸载器

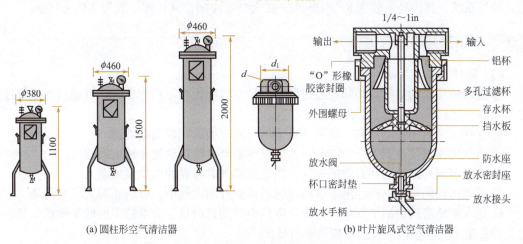

(a) 圆柱形空气清洁器　　　(b) 叶片旋风式空气清洁器

图 6-3-5　压缩空气过滤器

　　a. 圆柱形空气清洁器。在密封顶盖的圆柱形气筒内放着薄薄的毛毡，在毛毡之间装有焦炭，气筒的底部有一个排放开关，以便排放分离出来的油和水。

　　b. 叶片旋风式空气清洁器。此种空气清洁器有同珠烧结的多微孔过滤杯，能将微小的油污和水滴过滤去除，确保纯净的干燥空气通过橡胶管输送到喷枪以供喷涂使用。

　　压缩空气过滤器可单独安装，也可与调压阀及微油雾器一同使用。

（6）管道。

❶ 管材选购材质要求。

　　a. 管道直径大小适当，以确保供气量。

　　b. 管道材质的各项性能良好，包括耐温、耐压。

　　c. 必须防锈和抗腐蚀，以免压缩空气中的腐蚀性物质和锈渣损坏风动工具及污染涂装用的供气管。

　　d. 防漏气，要有良好的封闭性。

　　e. 管道必须在改、拆、装等各种情况变换下操作方便。

　　f. 管道外观及布局应合理，不能影响整厂美观。

❷ 管道的安装与合理布局。

　　a. 整体布局美观、合理。

b. 合适的安装高度。
　　c. 分段分区安装阀门和活接。
　　d. 合适的排水位。
　　e. 用专用工具或浇水粘接，确保不漏气。
　　f. 支架间距离合理。
　　g. 材料的伸缩性。
　　h. 倾斜装置：建议与主管道倾斜 0.2%～0.5%，以便排出湿气。
　　❸ 软管。软管一般由主管、滑架和管套组成。用于喷漆的压缩空气软管主管为丁腈橡胶材质，由高强度补强黏胶纤维布作骨架，能够耐各种润滑油、燃料油的污染，软管的直径对大型喷枪而言为 8mm，修补施工中最通用的长度为 7.5～15mm。输送液体涂料的软管主管为尼龙材质，由高强度补强黏胶纤维布作骨架，能够耐多种涂料用溶剂，如丙烯酸漆、聚酯-聚氨酯漆、氨基醇酸漆以及水溶性涂料和各类油漆稀释剂等。输送液体涂料软管主要用于压送式喷气系统，其内径一般为 8～10mm，在大型喷漆间，其长度一般为 7.5～15m。

2. 喷漆房与烤漆房

（1）喷漆房基本要求。

❶ 进入喷漆房的空气，必须经过过滤，保证空气中无尘。在严冬时，过滤后的空气还需适当加温，达到喷漆室施工工艺的要求。

❷ 空气在室内的流动方向，必须顺重力的方向，由天花板流向地面。

❸ 空气的流速要达到 16～40mm/s，即空气量至少要达到每分钟更换两次。

❹ 喷漆房与外面应达到有效的密封，防止在排气时外界的灰尘乘虚而入。

❺ 喷漆房内的空气，应经地下管路过滤后排到外面大气中，以防止对大气的污染。

❻ 送入喷漆房的清洁空气量，应大于室内空气的排出量，应维持室内处于微正压状态，防止外界尘土进入室内，并迫使废气下行排出。

❼ 喷漆房内的噪声不允许超标，一般规定喷漆房内的噪声应小于 85dB。

❽ 喷漆房内应有灭火装置，要符合油漆厂安全防火的要求。

（2）喷漆房的结构。喷漆房的结构如图 6-3-6 所示，主要包括：进气控制通风系统、可调整的隔板、采用铁桥栅的地板、被水淹没的地面、DYNATUBE 系统、循环水、淤泥清除门、玻璃墙、排气控制通风系统、照明以及成形屋顶。其结构的基本特征如下。

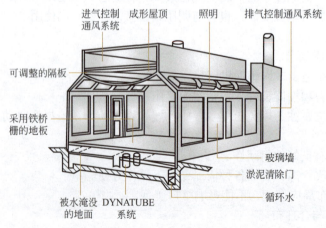

图 6-3-6　喷漆房的结构

❶ 合理的气流分布。
❷ 底面设有中心抽气系统,排除漆雾效果好。
❸ 喷漆房两侧是玻璃墙,墙上设有小门,所以室内清洁明亮,视野清晰,进出方便。
❹ 彻底消除了一般喷漆房存在的水管喷嘴堵塞现象。
❺ 喷漆房内安装自动喷漆机,喷涂车身的顶部和两侧。
❻ 要求从顶部向喷漆房内输送新鲜空气,且应保持一定的风量、温度、湿度和清洁度。
❼ 外来空气需经过空气置换器方能进入喷漆房(图6-3-7)。

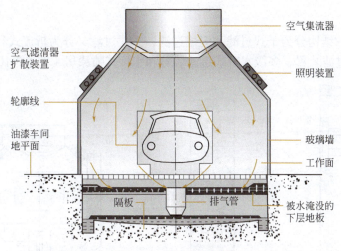

图 6-3-7 喷漆房剖面图

为防止冬季气温较低给喷漆带来影响,在空气供给系统中还应增设恒温装置,以提供温度适宜的空气来满足喷漆的需要。专门为喷漆房设计的独立换气系统如图6-3-8所示,此系统能把清洁和干燥的经过过滤的空气从外面送进室内,在较冷天气还能把空气加热之后再补充到喷漆房。

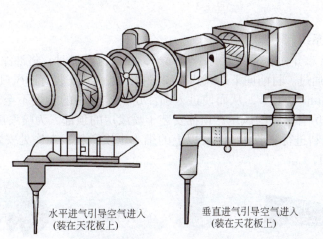

图 6-3-8 独立的换气系统

(3)喷漆房的类型。按抽风形式分为侧抽风式和底(下)抽风式。侧抽风式现在已趋于淘汰,底抽风形式如图6-3-9形式。
按结构形式分为室式喷漆房、通过喷漆房和敞开式喷漆房。

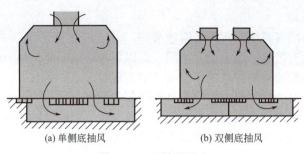

(a) 单侧底抽风　　(b) 双侧底抽风

图 6-3-9　底抽风形式

按过滤装置的结构分为干式过滤和湿式过滤，干式过滤又分为折流式和滤网式；湿式过滤又分为喷淋式过滤装置、多级水帘式过滤装置和水旋式喷漆房（图 6-3-10）。

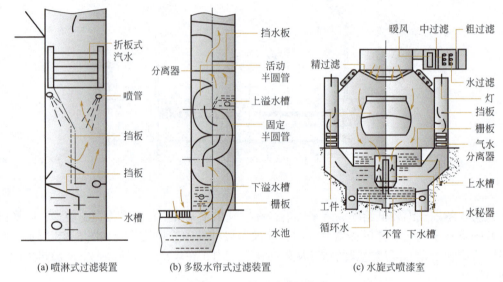

(a) 喷淋式过滤装置　　(b) 多级水帘式过滤装置　　(c) 水旋式喷漆室

图 6-3-10　按过滤装置分

（4）空气过滤系统。

❶ 干过滤系统。干过滤系统就像一个筛子，在气流通过时，将油漆粒子和污物截住，只允许干净的气体通过。目前向下通风式喷漆房在进风口处安装有进风口棉，过滤空气中较大的尘埃粒子（15μm 以上），从而使进入喷漆房的空气中的尘埃不至于过早地充满和堵塞顶棉，保证喷漆房有足够的风压；顶棉安装于喷漆房的顶部，为喷漆房最后的过滤系统，以保证喷漆作业顺利进行，收集 10μm 以上的细小尘埃微粒；在底处安装有底棉或 V 形喷漆过滤纸（图 6-3-11）。

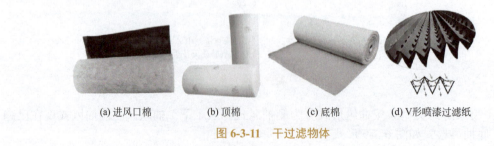

(a) 进风口棉　　(b) 顶棉　　(c) 底棉　　(d) V 形喷漆过滤纸

图 6-3-11　干过滤物体

❷湿过滤系统。典型的下向通风喷漆棚采用水过滤系统（湿过滤系统）。棚内污浊空气经过水幕的冲洗，将油漆粒子和其他杂物带走，由排污水系统收集（图6-3-12）。经过清洗的空气再由排风机排到大气中。

（5）烤漆房。

❶类型。烤漆房可分为：热空气对流干燥（通常对溶剂型涂料进行干燥）、红外线辐射干燥（通常对水深性涂料进行干燥）、紫外线辐射干燥（通常对UV漆进行干燥）。

喷漆车间的干燥室设有固定的红外线装置，可对油漆进行强制性烘干。红外线烘干装置能使磁漆的干燥速率提高3/4，对油灰、底层涂料及密封涂层也可以快速烘干（图6-3-13）。

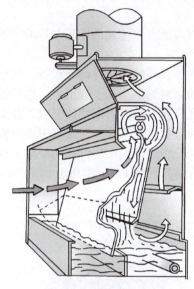

图6-3-12　湿过滤系统

图6-3-13　红外线辐射喷烤房

❷喷烤两用房的工作原理。当作喷漆房时，室内温度可控制在20～22℃。同时从天花板送下暖空气，空气流速为16～40m/min，顺重力方向至底部并被抽出，经排风系统分离出漆雾和空气后排出室外。

喷漆完毕后静置10min左右，随即进行加温。送进经热能转换器加温的热空气，使房内温度达到指定的烘烤温度。空气流速为3m/min左右（流速太快，会引起漆膜出现小凸泡）。此时气流为封闭式循环系统，空气重复循环以加速干燥，可节省加温能源及烘干效率（图6-3-14）。

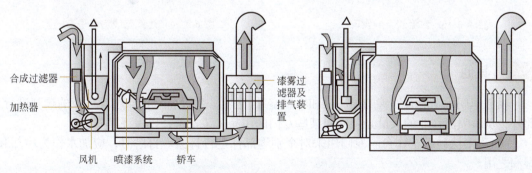

图6-3-14　喷烤两用房的工作原理

3. 烘干设备

按烘干设备的外形结构,可分为室式、箱式和通过式三种。修理厂常用的烤漆房就属于室式烘干设备;箱式烘干设备适用于小批量、间歇式生产;通过式烘干设备主要用于汽车生产厂大批量、机器化生产。按生产操作方式,烘干设备分为连续式和周期式两种。前者适合于批量生产,后者适合于大批量流水作业。

按加热和传热方式,烘干设备分为对流式、辐射式和感应式三种。对流式是指用蒸汽、电热和炉火加热空气,使热空气在房内对流加热;辐射式是指将热能转变为各种波长的电磁波,对物体加热,利用红外线做辐射源的称为红外线辐射干燥设备;感应式是指用电磁感应加热的设备。

(1) 对流式干燥设备。对流式干燥设备是利用热源以对流方式传递的原理制造的,通常由房体、加热器、荧光灯、排气管等组成(图6-3-15)。

(2) 辐射式干燥设备。红外线烤灯是一种可移动式的、方便的小工件烤干设备,依靠被照物吸收光能转换成热能,它能适用于所有可加热固化的涂料的烘干和干燥工序。红外线辐射加热与热风对流加热相比,具有如下特点:热能靠光波传导,被涂膜的物体吸收,升温速率快;基于涂膜和物体吸收红外线而升温,热量从物体和涂膜内向外传,与涂膜干燥过程中溶剂的蒸发方向一致,这样就不易产生由于有溶剂封存在涂膜内部而出现针孔的缺陷;设备简单,生产效率高;由于红外线辐射有方向性,可以进行局部加热(图6-3-16)。

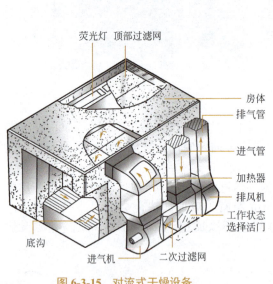

图 6-3-15 对流式干燥设备

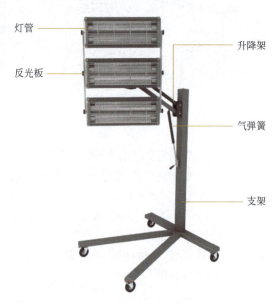

图 6-3-16 远红外线烤灯干燥设备

4. 其他

喷漆车间除了应有完善的喷漆房和干燥室外,还有一些设备有助于喷漆作业的顺利进行。此外,从事喷漆作业的人员必须使用某些专门的用品(装备),以保证其安全。

(1) 湿法砂磨工作台。专门用来对个别零部件进行打磨。打磨时,应加水作为冷却和湿润之用。

(2) 喷漆悬架。这种设备用来把个别零件悬挂起来进行喷漆。

（3）板件烘炉。用来烘干喷漆板件的烘炉，有红外灯、电加热器、通风扇和定时器等。

（4）油漆搅拌器。采用金属油漆时，金属粒子会沉淀在油漆底部，造成不均匀喷漆。在喷涂过程中，必须经常搅拌以保证油漆的均匀。将油漆注入搅拌器后，再从喷枪喷出，是十分有效的措施。

（5）配色秤。配色秤的作用是把油漆配成与原来的颜色和色调相一致。油漆按颜色配方卡进行配色。配色秤有三种类型：容积式、重量式和电子式。按照配料的容积混合在一起而成的配色方式，称为容积式配色秤。按照配料的重量混合在一起的配色方式称为重量式秤。重量式秤适用于大多数颜色混合系统。电子秤由于其精度高，可供混合很小量的油漆配色用。

（6）油漆库。是专门用来储存油漆、稀释剂的空间，其外表最好用金属板制成，以保证安全。

（7）汽车举升装置。移动式汽车举升装置适合对汽车面层修理做准备时使用。

（8）喷漆车间使用的物品。喷漆车间使用的物品都是消耗品。

第七章 涂装工艺

第一节　喷涂前作业准备

喷涂前处理的第一步即为清洗工作,无论材料是看似洁净还是有脏污,都需要对其进行清洗。

一、车身表面清洁与除油

1. 汽车清洗

视频精讲

汽车清洗是指采用专用设备和清洗剂,对汽车车身及其附属部件进行清洁处理。

2. 汽车清洗的作用

(1)保持汽车外观整洁。汽车在行驶中经常置身于飞扬的尘土中,雨雪天气有时还要在泥泞道路上行驶,车身外表难免被泥土沾污,影响汽车外观整洁,为使汽车外观保持清洁亮丽,必须经常对汽车进行清洗。

(2)清除大气污染的侵害。大气中有多种能对车身表面产生危害的污染物,尤其是酸雨的危害性最大,它附着于车身表面会使漆面形成有色斑点,如不及时清洗还会造成漆层老化。轻微的酸雨可以用专用去酸雨材料清除,对严重的酸雨需使用专业的设备和清洗剂才能彻底清除。为此,车主应定期将汽车送到专业汽车美容店进行清洗。

(3)清除车身表面顽渍。车身表面如黏附树汁、鸟粪、虫尸、焦油、沥青等顽渍,若不及时清除就会腐蚀漆层,给护理增加难度。为此,车主要经常检查车身表面,一旦发现有腐蚀性的顽渍应尽快清除,如已腐蚀漆层,必须到专业汽车美容店进行处理。

3. 汽车清洗与除油工具、设备及主要材料

(1)汽车清洗工具、设备。

第七章 涂装工艺

❶ 喷壶。喷壶用来喷涂清洁剂、除油剂等，可以提高工作效率，使施工更加方便（图7-1-1）。喷涂溶剂的喷壶应该选用耐溶剂型材质，如果使用普通喷壶，会出现溶剂泡涨之后喷头堵塞，影响使用。

❷ 风枪。风枪是利用压缩空气来吹干净工件上的水及浮尘的工具。通过风枪上的扳机可以控制出风（图7-1-2）。

图 7-1-1　喷壶

图 7-1-2　风枪

❸ 汽车清洗机。汽车清洗机有很多种，在选用时可以根据规模和业务量的大小来决定。洗车量较小时，可以选择移动式清洗机，如果是专业的洗车美容店，可以选择固定式清洗机。泡沫清洗机的主要作用是利用压缩空气在设备内部产生一定压力，通过设备配置系统将设备内调配好的清洗液以泡沫状喷射到需要清洗的汽车或工件上，以达到减少操作人员劳动量、提高工作效率的目的（图7-1-3）。

❹ 吸尘器。吸尘器的作用是将汽车或工件内的灰尘、脏物及碎屑清除干净（图7-1-4）。

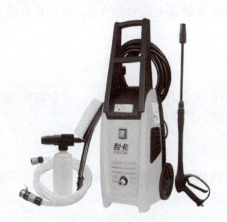

图 7-1-3　移动式清洗机

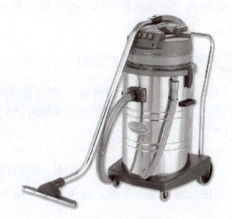

图 7-1-4　吸尘器

（2）汽车清洗主要材料

❶ 清洗剂。汽车清洗时应该使用专用的汽车清洗剂，这有助于保护车漆，提高工作效率，同时也能达到节能环保的目的。

由于汽车污垢的多样性，为了能有针对性地清除污垢，目前市场上的汽车清洗剂的品种非常繁多，使用时应根据其特性及功能等因素合理选择（表7-1-1）。

表 7-1-1　清洗剂功能

类别	特点及适用范围
水性清洗剂	主要清除水性污垢，具有较强的浸润和溶解能力，不含有碱性物质，对汽车漆面的光泽有较好的保护作用
有机清洗剂	主要用于去除车身表面的油脂和沥青等不溶于水的污垢。使用时应避免有机清洗剂与塑料、橡胶等制品接触，以防腐蚀。使用中应避免接触明火，并注意通风
油脂清洗剂	又称去油剂，具有极强的去油功能，主要用于清洗发动机、制动系统、轮毂等油污较重的部位
溶解清洗剂	是一种溶解功能很强的清洗剂，能清除车身上的焦油、沥青、鸟粪、树胶等水不溶性污垢
多功能清洗剂	具有多种功能的清洗剂，如二合一清洗剂，既有清洗功能，又有上蜡功效

❷除油剂。除油剂主要是涂装工作前，用来清除表面的油脂、蜡脂及硅酮（聚硅氧烷）等污染物的。除油剂种类很多，一般根据其用途可以分为通用型除油剂和塑料件专用除油剂。

通用型除油剂在一般底材上都可适用，根据施工时的环境温度变化，可以选择快干型或慢干型产品。

塑料件专用除油剂属于弱溶剂型清洁剂，能有效清除塑料表面的脱模剂。有的产品还具有防静电功能，主要用于塑料工件表面。

❸毛巾。毛巾是在清洗和清洁工作中必不可少的物品，根据擦拭部位的不同及作业的先后顺序，应该准备大小规格不等的多条毛巾。

❹擦拭布。汽车涂装工作中使用的擦拭布（又称无纺布）具有卓越的吸水、吸油能力，擦拭后不留纤维，不掉色，手感极佳等特点，在清洁、除油、抛光、打蜡工作中使用较多。

❺海绵。海绵具有柔软、弹性好、吸水性强和较好的藏土能力等特点，所以在清洁工件或洗车工作中使用较多。

4. 汽车清洗及工艺流程

（1）车身待涂表面的清洗。油脂及经抛光遗留的污垢会形成"鱼眼"，更会破坏油漆的附着性能。所以，在打磨前使用除油清洁剂对车身清洁是必要的。

（2）全车清洗

❶高压清洗机洗车。

a. 冲淋。用高压水将整车冲湿，然后用水枪冲洗沾在车身的树叶、泥水等污物，其顺序为：车顶、前机盖、车身、后备厢、车裙、轮胎、底盘。

注意事项：

冲洗过程中，应始终由一个方向，向另一边的斜下方以赶水的方式进行冲洗，尽量避免正、反向来回冲洗，以免将污物冲回已经冲洗干净的部位。

b. 清洗液擦拭。将清洗液与水按一定比例混合，使用专用的泡沫清洗机，喷涂泡沫后，可用海绵均匀地擦拭车身表面。擦拭的顺序应由上而下，即车顶、挡风玻璃、前机盖、车身、后备厢、车裙。或先喷洒清洗液，再用洗车手套或海绵由上而下均匀地擦拭各部位。

注意事项：

- 清洗液的配置必须按照说明书规定的比例进行。
- 擦洗车身时，必须按从上而下的顺序。
- 不准使用洗衣粉或家用洗涤剂。

c. 冲洗。清洗液擦拭完毕后，按照冲淋顺序将擦洗下来的污物冲洗干净。
d. 擦干。用干净的干毛巾或麂皮将工件表面的水珠擦拭干净。
e. 吹干。对于工件上一些缝隙或不好擦拭的地方用风枪将水分吹干。

擦干顺序：先用大半块湿浴巾沿车前后擦两遍，吸去多余水分；用毛巾擦干漆面、玻璃；再用棉毛巾擦干门内边、保险杠等处多余水分；最后，用吹气枪把缝隙和接口处的水分吹干。

小结：全车清洗的顺序一般为冲淋 → 清洗液擦拭 → 冲洗 → 擦干 → 吹干。

❷ 桶装水洗车（无冲洗设备）。
a. 将海绵蘸满洗车液，按顺序擦拭整车（边挤海绵边擦），并及时清洗海绵。
b. 在泡沫未干前用干净的湿毛巾擦净（自上而下）。

（3）车表顽固污渍的清除。汽车清洗时，车身表面上的一些顽固的油脂、润滑油、污垢、石蜡、硅酮（聚硅氧烷）抛光剂以及手印等是很难彻底清除干净的，如果不及时去除，可能会影响后续涂膜的附着力以及涂膜表面的质量。所以一般在进行清洗之后，还需要对要修补的部位进行除油工作。

除油剂的使用操作手法有以下两种。
❶ 擦拭法。
a. 涂抹除油剂。准备两块干净的擦拭布，用其中一块蘸上除油剂，并把除油剂擦拭到车身表面。擦拭时可以按照横行重叠的顺序依次进行擦拭，注意中间不能有漏擦。为了避免除油剂挥发过快，一次最好只擦一个来回。如果面积过大或施工温度较高，可以选用慢干型除油剂（图7-1-5 和图7-1-6）。

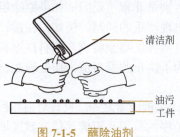

图 7-1-5 蘸除油剂

图 7-1-6 湿擦工件

b. 擦干除油剂。用另外一块干的干净擦拭布将之前涂抹的除油剂擦拭干净。在此步操作时，注意一定要趁除油剂没有干燥之前把它擦干，否则等除油剂干燥之后，刚刚浸润的油脂、车蜡等又会牢固地附着在工件表面，再用干布去擦拭达不到清除的效果（图7-1-7）。

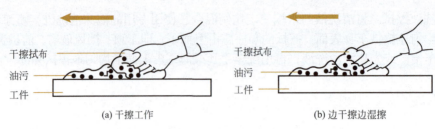

(a) 干擦工作　　　　　　　　(b) 边干擦边湿擦

图 7-1-7　擦干除油剂

c. 重复步骤 a 和 b，直至清除干净整个工件表面。在擦拭的过程中应该经常更换干净的擦拭布，防止重复污染。对已经除油的表面禁止触摸。

❷ 喷擦结合法。

a. 将除油剂装入耐溶剂喷壶内。

b. 反复按压喷液壶操纵手柄，直到感觉有足够的反弹力。

c. 手持喷壶，对准需除油表面，保持 20cm 左右的距离，按压喷液开关，将除油剂均匀地喷涂到工件表面。如果需要除油的面积较小，建议一次喷涂完整个表面；如果面积较大，建议分块进行喷涂，原则是要保证在下一步擦拭之前除油剂不能干燥（图 7-1-8）。

d. 用干净的擦拭布，将喷涂的除油剂按顺序擦拭干净。擦拭时也应该经常更换干净的擦拭布，防止重复污染（图 7-1-9）。

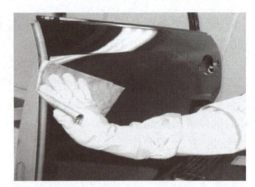

图 7-1-8　喷涂除油剂　　　　　　图 7-1-9　擦净除油剂

二、鉴别涂层种类与评估损坏程度

在进行新涂层的修补之前对车辆原涂层及底材进行鉴别是非常重要的。如果原涂层及底材的类型与修补涂层的类型不符，那么在施涂面漆时会出现严重的问题。例如，在镀锌板底材上施涂普通原子灰会造成附着力不良而引起脱落；在自然挥发型涂料或热塑料性涂料上施涂会造成咬底或涂膜脱落等，对修补质量有很大影响。为了防止此类事情，在处理底材时，必须正确鉴别涂层的类型。

正确评估损坏程度，是确定维修成本，保证涂装质量的关键因素之一。只有对损坏程度进行正确评估后，才能确定修补范围，从而确定各道处理工序的范围、正确评估过渡区域、需遮盖保护的部位、需拆卸的零件等。为后续工序的正确实施及保证满意的修补质量奠定基础。

1. 汽车涂层及作用

汽车油漆涂层层数随着车辆要求的不同而异，作为保护性和装饰性要求很高的轿车涂层一般有以下几种形式的涂层结构。

（1）原厂涂层。汽车原厂涂层一般包括底漆层、中间涂层和面漆层三层结构（图 7-1-10）。

（2）修补涂层。汽车修补涂层若采用标准的工艺，其涂层结构如图 7-1-11 所示。如果采用简化的工艺，其涂层结构如图 7-1-12 所示。

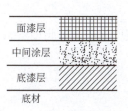

图 7-1-10　原厂汽车涂层

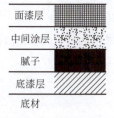

图 7-1-11　标准汽车修补涂层

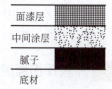

图 7-1-12　简化汽车修补涂层

（3）汽车各涂层的作用。汽车各涂层的作用如表 7-1-2 所示。

表 7-1-2　汽车涂层的作用

用途		主要作用
底漆层		保护底材，防止锈蚀，提高附着力
中涂层	腻子	填补凹陷，恢复或塑造表面形状
	中间涂层	填补细小缺陷，封闭底层，提高丰满度
面漆层		提供颜色、亮度、力学性能、保护性能

2. 汽车原有涂层类型的确定

确定车身原有涂层的类型时，常用打磨法、涂抹溶剂法和加热法。

（1）打磨法。

❶ 裁一小块砂纸（粒度为 1200#）。

❷ 用棉纱蘸少许粗蜡或用砂纸打磨漆面（图 7-1-13）。

❸ 观察砂纸打磨面上的漆粉情况。若表面沾有有颜色的涂料，则说明漆面是单层式面漆（图 7-1-14）；若没有沾上有颜色的涂料，则说明漆面是双层（色漆+清漆）式面漆。若漆面表层结构粗糙，经摩擦后产生一种类似抛光的效果，则说明涂覆的是一种抛光型漆；假设用砂纸打磨漆面，漆层有弹性且砂纸黏滞，则说明是未完全固化的烤漆。

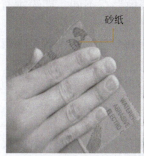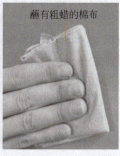

图 7-1-13　打磨漆面

图 7-1-14　打磨后效果

（2）涂抹溶剂法。

❶用棉纱浸硝基稀释剂（图7-1-15）。

❷用棉纱在待涂表面的旧涂膜上或车身隐蔽部位轻轻擦拭。

❸观察棉纱和涂层表面状况，确定涂层类型。

（3）加热法。

❶用800#砂纸湿磨，消除原漆面光泽。

❷用红外线灯加热打磨过的部位。

❸观察打磨、加热的部位。如果这时漆面上的光泽重现，表明涂层是树脂型漆。一般涂层加热后会发生一定程度的变软。

3. 涂膜损伤程度的评估

评估涂膜损伤程度时，常用的方法有目测法、触摸法和用直尺法。

（1）目测法。

❶将工件移至光线充足的地方。

❷根据光照射工件表面的反射情况，以评估损坏的程度及受影响的面积的大小（图7-1-16）。

❸改变观察的角度，从不同方向检查变形。

❹用记号笔将变形范围画出来。

此方法适合工件表面亮度较高的情况，对于无光泽或光泽不好的工件不易评估。

图7-1-15　用棉纱浸硝基稀释剂

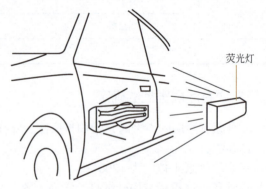

图7-1-16　目测评估

（2）触摸法。

❶戴上手套（最好为棉质）。

❷将手轻轻地平放在受损的区域外，再慢慢地向受损区域内移动（图7-1-17），感觉工件的平整度。如果手在移动时不够平滑或与其他没有问题的工件表面形状不同，即表示有变形。

❸从不同的方向按照步骤❷的方法触摸受损区域（图7-1-18），确定变形的范围及变形量的大小。触摸时注意手的移动范围要比受损区域大一点。

❹用记号笔将变形范围画出来。此法能较好地利用手上的感觉判断凹陷变形的程度。但对于初学者或手感较差的人在判断轻微的变形时可能较难。

（3）直尺法。

❶将一把直尺放在车身没有被损坏的区域上（损坏区域的对称部位），检查车身和直尺间的间隙，图7-1-19右侧所示为没有变形的车身部位。

图 7-1-17　触摸评估

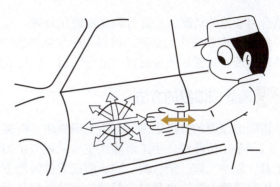
图 7-1-18　从不同方向触摸评估损坏程度

❷将直尺放在被损坏的车身钣金件上，评估被损坏的和未被损坏的车身钣金件之间的间隙相差多少，并据此判断损伤的情况，左侧所示为变形的车身部位（图 7-1-19）。

如果在用直尺评估时，损坏件有凸出部分高出工件的基准面，将影响评估操作及后续涂层的施工，所以此时应用冲子或尖嘴锤将凸出部分敲平或稍稍低于基准面。此法能较好地判断出微小变形量（图 7-1-20）。

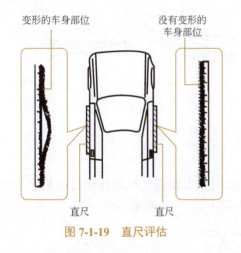
图 7-1-19　直尺评估

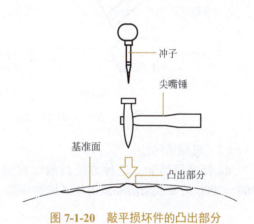
图 7-1-20　敲平损坏件的凸出部分

三、清除旧漆膜

汽车清洗好后，要仔细检查车身漆面，寻找漆膜破损迹象，如气泡、龟裂、脱落、锈蚀以及在烤补、气焊等修理过程中引起的部分损坏。对于上述破损，必须将旧漆膜清除掉，可根据旧漆膜的损坏程度和重新涂装后的质量要求，进行全部和部分清除。

1. 不同漆膜损伤处理方法

（1）底材表面没有大缺陷的旧涂层处理。一般情况下，面漆的下面涂层基本没有损坏或只有很少地方需要修补，所以，只要将面漆层表面进行适当的打磨，磨掉已经氧化变差的一层，漏出良好的底层即可。

（2）表面有缺陷的旧涂层的处理。

❶对于小的缺陷，在缺陷部位进行打磨，直至没有受到损伤的涂层或裸金属。如果裸露金属部分有锈蚀或穿孔的情况，还要进行除锈或补焊，将锈蚀清除干净，防止继续产生锈蚀

或结合力变差的情况,并进行磷化或钝化处理。

❷对于面积较大的缺陷,可以用化学除漆法清除旧漆膜,然后根据需要进行除锈及必须的清洁处理。对裸露的金属表面进行除锈、磷化或钝化处理。

2. 清除旧漆膜的方法

清除旧漆膜的方法很多,有手工清除法、机械清除法及化学清除法等。

(1)手工清除法。手工清除法主要依赖与铲刀、刮刀、尖头锤、钢丝刷、纱布、断锯条等工具,靠手工敲、铲、刮、刷、磨或柔性锉的方法来清除表面旧漆膜、氧化皮等。这是漆工传统的清除方法,也是非常简便的方法。但是由于劳动强度过大、工作效率低,只能适用于小范围的除锈处理(图7-1-21)。

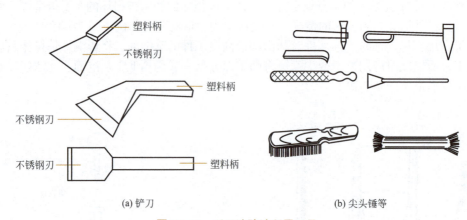

图7-1-21 手工清除法所用工具

(2)机械清除法。

❶打磨机清除。这种方法目前在我国各企业使用较为普遍。在单作用打磨机上装置P60~P80的砂纸来清除被损坏区域的漆膜(图7-1-22)。

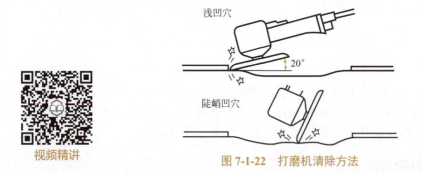

图7-1-22 打磨机清除方法

注意事项:

a.一定要在接触到板件表面后才能开动打磨机,否则会因受到过大压力而产生很深的划痕。
b.为了防止钣金件过热和变形,不要将打磨机停在一个位置过长时间。

❷磨缘（打磨羽状边）。清除受损涂层后，需要产生一个宽的、平滑的边缘即羽状边，可以将涂层边缘打磨形成一个缓和的斜坡。如果没做好这道工序，施涂面漆以后会出现明显的边界痕迹。

如果待打磨区边缘有附件，需要贴上胶带，避免使其受到损坏，并防止磨缘过程中扩大修理面积。

（3）化学清除法。大面积的旧漆膜需要清除时，采用打磨法既浪费时间，又有可能引起板材的变形，此时采用化学清除法较为合适。化学法清除旧漆膜的具体工艺如下。

❶ 穿戴好劳动保护用品，保证施工工位的良好通风。
❷ 在施工工件下面垫上合适的地垫，防止脱落下来的旧涂层污染地面。
❸ 将需要保护起来的部位用遮蔽胶带或遮蔽纸保护好，如工件上一些不好拆卸的装饰件、缝隙、相邻部位等。
❹ 用 P60 或 P80 较粗型号的砂纸打磨需脱漆表面，以便脱漆剂能很好地渗入涂层里面（图 7-1-23）。
❺ 将脱漆剂按照产品使用说明调配好，倒在合适的容器里。

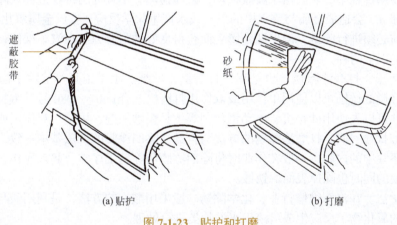

(a) 贴护　　　　　　　　　(b) 打磨

图 7-1-23　贴护和打磨

❻ 用合适宽度的刷子蘸脱漆剂均匀地刷到待处理旧漆膜表面上，同时尽快用刷子把脱漆剂展开（图 7-1-24）。

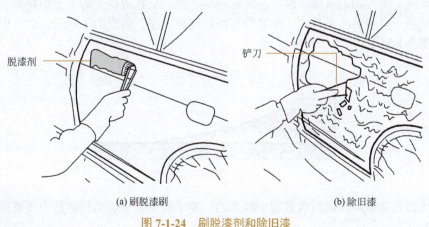

(a) 刷脱漆刷　　　　　　　　　(b) 除旧漆

图 7-1-24　刷脱漆剂和除旧漆

> **注意事项：**
>
> 一定不要让脱漆剂滴落到不需要脱漆的部位。

❼按照产品说明的要求，放置一段时间，让涂膜充分溶胀。

❽待漆膜溶胀鼓起后，用铲刀轻轻地将旧漆膜铲除。有时漆膜较厚或硬度较高时，不能一次将旧漆膜彻底溶胀，所以需要按照❺~❽的步骤重复几次，直至彻底地清除干净整个旧漆膜。

❾旧漆膜完全脱掉以后，用除油剂彻底清洁工件表面。为了防止脱漆剂残留在工件表面，影响后续施工，应该用除油剂多清理几遍，同时也要仔细地检查边角、缝隙等地方。

❿清理地垫，撕掉车身上的遮蔽胶带。

3. 除锈

工件在使用过程中，表面由于漆膜损坏、碰撞损坏、不合理的维修过程或除旧漆膜之后没有及时处理等，会造成金属与空气中的氧气或水产生化学反应，生成金属氧化物，即生锈，因此在涂装前必须进行除锈，以保证金属表面获得良好的附着力。在汽车维修行业采用的除锈方法主要有以下两种。

（1）打磨法。打磨法除锈，也是利用打磨机、砂纸、手工工具等清除干净工件表面的锈蚀。对于轻微的锈蚀可以使用单作用或双作用打磨机配合P60~P80号砂纸打磨处理，对于严重的锈蚀可以先使用砂轮机、电动钢丝刷等工具粗磨一遍，再使用双作用或单作用打磨机配合砂纸细打磨一遍。打磨法除锈的方法与打磨法除旧漆膜的方法基本一致，具体步骤可参见清除旧漆膜中的内容。一般在作业时将除旧漆膜与除锈工序整合起来操作，在除掉工件表面的旧漆膜的同时也除掉表面的锈蚀。

（2）化学法。在汽车维修行业，化学除锈一般采用酸洗的方法，是利用酸与金属表面的锈蚀物（铁的氧化物）反应生成可溶于水的盐类进行处理。

四、打磨羽状边

去除旧漆膜后、刮灰（刮涂腻子）之前，需要产生一个宽的、平滑的边缘。通过打磨漆膜边缘，形成一个缓和的斜坡，这个斜坡就是羽状边。羽状边在干磨工艺中是非常重要的，会直接影响腻子打磨后的平整度。如果没有做好这道工序，施涂面漆以后，会出现明显的边界痕迹（图7-1-25）。

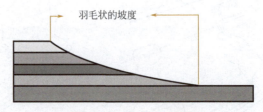

图 7-1-25 羽状边的坡度

断差太高易造成补灰时空气残留于断差内，原子灰完全干燥后较容易出现痕迹或造成下陷（图7-1-26）。

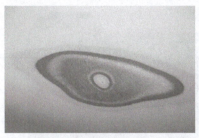
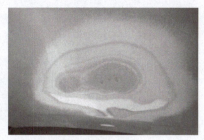

(a) 打磨好的羽状边　　　　　　　　(b) 打磨坏的羽状边

图 7-1-26　好、坏羽状边的对比

钣金作业后或去漆作业所残留下的段差，使用 8829 粗磨机或 8525 中磨机（图 7-1-27），装配 P80～P240 型号砂纸，依底层厚薄及损伤面积大小选择使用打磨机与砂纸。

(a) 8829 粗磨机　　　　　　　　(b) 8525 中磨机

图 7-1-27　机具选择

❶ 小面积打磨机选择。依底层厚薄及损伤面积大小选择打磨机与砂纸：小面积及初次作业的车辆，采用 8525V 中磨机（图 7-1-28）。

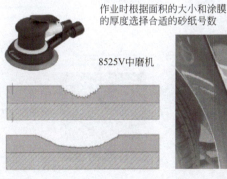

图 7-1-28　小面积打磨机选择

❷ 大面积打磨机选择。8829 粗磨机主要用于旧漆膜羽状边初段研磨，将段差斜坡拉长，再用 8525V 中磨机做羽状边扩展延伸。

漆膜过厚（已多次作业）或大面积需处理的板面，需使用 8829 粗磨机搭配 8525V 中磨机进行打磨（图 7-1-29）。

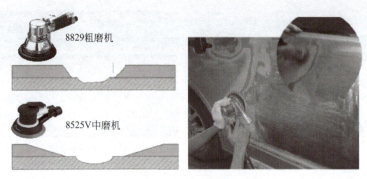

图 7-1-29　大面积打磨机选择

五、车身表面的磷化（钝化）处理

磷化处理是一种增强车身钢板防腐能力的特殊工艺，一般是将成形的车身浸没于磷酸盐溶液中（有些厂家采用喷淋的方法），由于化学反应在钢板表面形成一层致密的磷化膜，这层磷化膜不易与酸、碱发生反应，可一次提高钢板的防腐性能，因此磷化可称为钝化。采用浸没的形式进行磷化要比喷淋磷化所获得的磷化层更致密。

1. 磷化处理类型

按磷化膜种类可分为锌系、锌钙系、锌锰系、锰系和铁系（图 7-1-30）。按磷化膜质量可分为次轻量级、轻量级、次重量级和重量级（表 7-1-3）。按磷化处理工艺可分为浸没磷化、涂覆磷化和喷淋磷化（图 7-1-31）。

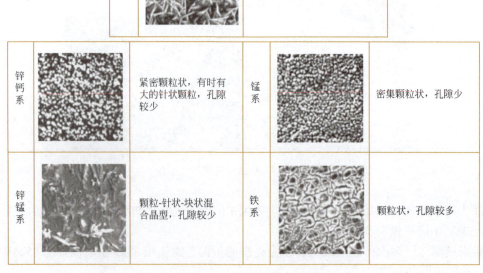

图 7-1-30　按磷化膜种类分

表 7-1-3　按磷化膜质量分

质量分类	膜质量 /(g/m^2)	膜主要成分	膜主要用途
次轻量级	0.2～1	磷酸铁 磷酸钙	变形大的工件底层
轻量级	1.1～4.5	磷酸锌	通用底层
次重量级	4.6～7.5	磷酸锌	基本不变形的工件底层
重量级	＞7.5	磷酸铁 磷酸钙	防锈，不作底层

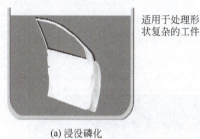
(a) 浸没磷化

(b) 涂覆磷化

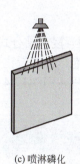
(c) 喷淋磷化

图 7-1-31　按磷化处理工艺分

2. 磷化处理过程

（1）浸没磷化处理。首先将车身浸入磷酸肽溶胶中，磷酸肽在车身钢板表面形成凝胶状表层；然后将车身浸入由磷酸盐、磷酸和加速剂组成的处理溶剂中，使车身钢板表面形成磷化层。

浸没磷化处理，磷化速度慢，对工件的几何形状没有要求，只要液体能够到达的地方，都能进行磷化处理（图 7-1-32）。

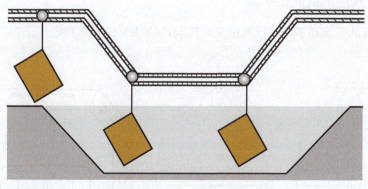

图 7-1-32　浸没磷化处理

（2）喷淋磷化处理。将清洗过的车身用磷酸盐溶液喷淋，使车身钢板表面在喷淋过程中形成磷化层。

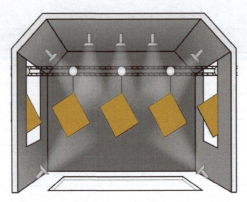

图 7-1-33　喷淋磷化处理

（3）喷淋-浸泡结合式磷化处理

喷淋-浸泡结合式磷化处理既保留了喷淋的高效率，又具有浸没过程，使工件所有部位均得到有效处理（图 7-1-34）。

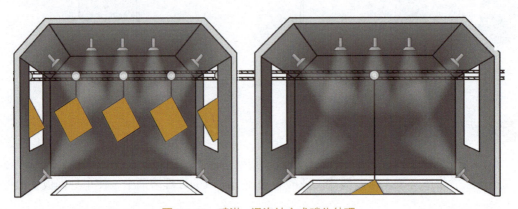

图 7-1-34　喷淋-浸泡结合式磷化处理

3. 磷化处理后的清洗和干燥

磷化处理后的清洗和干燥（或称电泳底漆前的清洁）如图 7-1-35 所示。

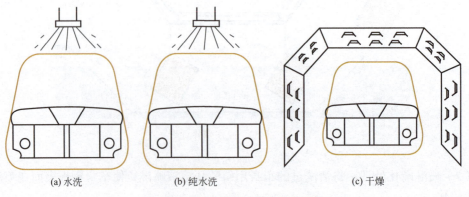

(a) 水洗　　(b) 纯水洗　　(c) 干燥

图 7-1-35　磷化处理后的清洗和干燥

首先将经磷化处理过的车身用大量的水冲洗，清除磷化处理后残留的磷酸盐等残留物；然后用纯水冲洗车身，为电泳底漆去出残留的、阻碍电泳底漆附着的多余磷酸盐离子；最后将清洗干净的车身置于温度为100℃以上的加温炉内以干燥，清除残留的水渍。

第二节　底漆喷涂工艺

一、涂料的选配

经过表面除旧漆、除锈处理后的车门，已经露出了金属底材，如果直接刮涂腻子层，则有可能防锈能力或附着力达不到要求。需要对裸露底材部位进行适当处理，以达到和满足后续涂层涂装的要求。

1. 涂料的组成

涂料，是指涂布于物体的表面，能够形成具有保护、装饰或其他特殊性能的连续固态涂膜的一类液体或固体材料的总称。

汽车涂料一般由四种基本成分组成：成膜物质（树脂）、颜料（包括体质颜料）、溶剂和辅助材料组成（表7-2-1）。汽车涂料的主要作用见表7-2-2。

表 7-2-1　汽车涂料的组成

基本组成	内容			
主要成膜物质	油料	动物油		鲨鱼肝油、带鱼油、牛油等
		植物油	干性油	桐油、亚麻油、梓油、苏子油等
			半干性油	豆油、向日葵油、棉籽油等
			不干性油	蓖麻油、椰子油、花生油等
	树脂	天然树脂		松香、虫胶、沥青等
		人造树脂		松香衍生物、纤维衍生物、橡胶
		合成树脂		酚醛、聚氨酯、丙烯酸、环氧、醇酸等
颜料	体质颜料			硫酸钡、碳酸钙、硫酸镁、石英粉、氧化镁等
	着色颜料	无机		钛白、炭黑、铅铬黄、铁红、铁蓝、铬绿等
		有机		苯胺黑、甲苯胺红、酞菁蓝、孔雀石绿等
	防锈颜料			锌粉、红丹、磷酸锌、氧化铁红、含铅氧化锌等
溶剂	水、松节油、烃类溶剂、醇类溶剂、酯类溶剂、酮类溶剂、醚类溶剂等			
辅助材料（添加剂）	固化剂、催干剂、增塑剂、亚光剂、流平剂等			

表 7-2-2　汽车涂料的主要作用

基本组成	主要作用
 主要成膜物质	它是涂料的基础，它能使涂料牢固地附着于被涂工件表面形成连续的固态涂膜，是涂料组成中不可缺少的物质，涂料的基本性能是由所选用的成膜物质自身的特性所决定的，如涂料的光泽、硬度、弹性、耐久性、附着力等，它起到涂料保护和装饰的主要作用
 颜料	它在涂料中能赋予涂料一定的色彩和耐久性，起美观装饰作用，同时也可以使涂料具有一定的遮盖力，改变涂料光泽，改善涂料的流动性和某些涂装性能。有的颜料还有防锈作用等
 溶剂	它是涂料的重要组成部分，起着辅助成膜的作用，它能溶解或稀释成膜物质，改善或改变涂料的某些性能，满足涂料在制造和施工过程中的某些要求，具有挥发性，在涂装和成膜过程中会挥发，留下不挥发成分形成坚硬的涂膜
 辅助材料(添加剂)	它又称添加剂或助剂，根据所起的作用不同，有很多种类，它们在涂料中一般用量很少，但所起的作用很大，能使涂料的某些性能起显著变化，在涂料制造、储存、施工中起着重要的作用

2. 涂料的命名

涂料的名称由三部分组成，颜色或颜料的名称、成膜物质名称、基本名称，即涂料名称＝颜色或颜料的名称＋成膜物质的名称＋基本名称（图 7-2-1～图 7-2-3）。

第七章 涂装工艺

图 7-2-1 颜色或颜料的名称

图 7-2-2 成膜物质的名称

图 7-2-3 基本名称

3. 涂料的分类及型号

对于涂料的分类和命名，各个国家都有自己的规定，在我国由于外国涂料品牌比较多，而它们一般采用国外或国外企业内部的分类和命名方法，所以更加繁杂，在这里简单介绍一些常见和常用的涂料分类及命名方法。

（1）涂料的分类。涂料产品的种类很多，分类方法也很多，常见的分类方法如下。

❶ 按涂料中的主要成膜物质来分。我国国家标准 GB/T 2705—2003 中规定，涂料产品的分类是以涂料中主要成膜物质为基础的，而成膜物质分为17类，相应地涂料产品也分为17大类（表7-2-3）。

表 7-2-3 涂料类别及其成膜物质

序号	代号	涂料类别	主要成膜物质
1	Y	油脂涂料	天然动植物油、合成干性油等
2	T	天然树脂涂料	松香及其衍生物、虫胶、大漆及其衍生物
3	F	酚醛树脂涂料	酚醛树脂、改性酚醛树脂、二甲苯树脂
4	L	沥青树脂涂料	天然沥青、煤焦油沥青、石油沥青
5	C	醇酸树脂涂料	甘油醇酸树脂、改性醇酸树脂及其他醇酸树脂
6	A	氨基树脂涂料	脲醛树脂、三聚氰胺甲醛树脂
7	Q	硝基树脂涂料	硝基纤维素和改性硝基纤维素
8	M	纤维素树脂涂料	醋酸纤维、苄基纤维、醋丁纤维等
9	C	过氯乙烯树脂涂料	过氯乙烯树脂及其改性过氯乙烯树脂
10	X	乙烯树脂涂料	聚二乙烯基乙烯树脂、聚苯乙烯树脂、石油树脂等
11	B	丙烯酸树脂涂料	丙烯酸树脂、丙烯酸共聚物
12	Z	聚酯树脂涂料	饱和聚酯和不饱和聚酯
13	H	环氧树脂涂料	环氧树脂、改性环氧树脂
14	S	聚氨酯树脂涂料	聚氨基甲酸酯
15	V	元素有机聚合物涂料	有机硅、有机钛、有机铝等
16	J	橡胶涂料	天然橡胶及其衍生物、合成橡胶及其衍生物
17	E	其他涂料	以上16类不能包括的成膜物质，如无极聚合物

❷ 按涂料的固化成膜的机理来分。涂料从液态涂膜到固态涂膜的变化过程和变化条件不尽相同，按照它们的成膜原理大致可以分为溶剂挥发型、氧化聚合型、烘烤聚合型、双组分聚合型。

❸ 其他分类方法。

a. 按涂料组成中有无颜料来分：有颜料的称为色漆；没有颜料且呈透明状的称为清漆。

b. 按溶剂的构成情况来分：以有机溶剂作为稀释剂的称为溶剂型漆；以水作为稀释剂的称为水性漆；涂料组成中没有挥发性稀释剂的称为无溶剂漆；无溶剂而又呈粉末状的称为粉末涂料。

c. 按涂料所在涂层位置分：位于所有涂层最下面、直接附着在工件表面的称为底漆；位于所有涂层最上面、直接可见的称为面漆；介于底漆和面漆之间的涂料称为中间涂料。

d. 按施工方法分：刷漆、喷漆、烤漆、电泳漆等。

e. 按涂料的使用效果分：绝缘漆、防锈漆、耐热漆等。

（2）涂料及辅助材料的型号。涂料及辅助材料的型号用于区别具体的涂料品种，位于涂料名称之前。

❶ 涂料的型号。涂料的型号由三部分组成：第一部分由字母表示涂料的类别，是按成膜物质划分的；第二部分是涂料的基本名称，用两位数字表示；第三部分用数字表示涂料产品的序号。第二部分和第三部分之间用短划线"-"隔开（图7-2-4）。

图 7-2-4　涂料的型号

涂料基本名称代号见表7-2-4。涂料产品序号代号见表7-2-5。

表 7-2-4　涂料基本名称代号

代号	基本名称	代号	基本名称	代号	基本名称
00	清油	22	木器漆	53	防锈漆
01	清漆	23	罐头漆	54	耐油漆
02	厚漆	30	（浸渍）绝缘漆	55	耐水漆
03	调合漆	31	（覆盖）绝缘漆	60	耐火漆
04	瓷漆	32	（绝缘）瓷漆	61	耐热漆
05	粉末涂料	33	（黏合）绝缘漆	62	示温漆
06	底漆	34	漆包线漆	63	涂布漆
07	腻子	35	硅钢片漆	64	可剥漆
09	大漆	36	电容器漆	66	感光涂料
11	电泳漆	37	电阻漆、电位器漆	67	隔热漆
12	乳胶漆	38	半导体漆	80	地板漆
13	其他水溶性漆	40	防污漆、防蛆漆	81	渔网漆
14	透明漆	41	水线漆	82	锅炉漆
15	斑纹漆	42	甲板漆、甲板防滑漆	83	烟囱漆
16	锤纹漆	43	船壳漆	84	黑板漆
17	皱纹漆	44	船底漆	85	调色漆
18	裂纹漆	50	耐酸漆	86	标志漆、马路画线漆
19	晶纹漆	51	耐碱漆	98	胶液
20	铅纹漆	52	防腐漆	99	其他

表 7-2-5 涂料产品序号代号

涂装品种		代号	
		自干	烘干
清漆、底漆、腻子		1～29	30 以上
瓷漆	有光	1～49	50～59
	半光	60～69	70～79
	无光	80～89	90～99
专业用漆	清漆	1～9	10～29
	有光瓷漆	30～49	50～59
	半光瓷漆	60～64	65～69
	无光瓷漆	70～74	75～79
	底漆	80～89	90～99

❷ 辅助材料的型号由两部分组成，即一个汉语拼音字母和 1～2 位阿拉伯数字。字母表示辅助材料的类别，数字为序号，用以区别同一类型的不同品种，字母与数字之间加一短横线（图 7-2-5）。

图 7-2-5 辅助材料类别（防潮剂）

辅助材料的类别代号见表 7-2-6。

表 7-2-6 辅助材料的类别代号

代号	辅助材料名称	代号	辅助材料名称
X	稀释剂	T	脱漆剂
F	防潮剂	H	固化剂
C	催化剂		

4. 涂料的干燥方法

涂料的干燥成膜是指涂料施工后，由液态或黏稠状涂膜转变成固态涂膜的化学和物理变化过程。为了达到预期的涂装目的，除了合理地选用涂料，正确地进行表面处理和施工外，充分而适宜的干燥过程也是重要的环节。涂料的干燥方法主要有自然干燥、加速干燥和高温烘烤干燥三种。

（1）自然干燥。自然干燥又称空气干燥，它是指涂膜可以在室温条件下干燥。其干燥条件是温度为 15～20℃，相对湿度不大于 80%。可自然干燥的涂料包括溶剂挥发型、氧化聚合型和双组分聚合型等。自然干燥型涂料由于在自然环境下就可以固化，对促进涂膜固化的设备要求不高或不要求，因此应用广泛（图 7-2-6）。

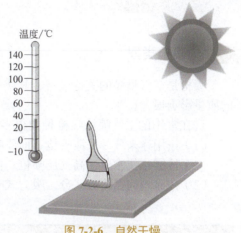

图 7-2-6　自然干燥

（2）加速干燥。加速干燥是为了缩短涂装施工周期，加快生产速度和提高效率，在自然干燥型涂料中加入适量的催干剂或是采用低温烘烤（50～80℃）来加速涂膜固化的方法。例如醇酸瓷漆在常温下完全干燥需要 24h，而在 70～80℃时仅仅需要 3～4h。适于低温烘烤加速干燥型涂料与一般自然干燥型涂料有一定的区别。由于涂料的主要成膜物质不同，有些树脂具有热塑性，即在常温下是固体性状，而加温到一定程度时会变软，恢复或部分恢复其可塑性。以这类树脂为主要成膜物的涂料，要加速干燥只能用加入催干剂，而不能采用低温烘烤的方法（图 7-2-7）。

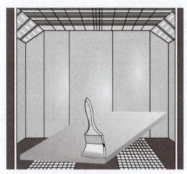

(a) 低温烘烤干燥　　(b) 催干剂干燥

图 7-2-7　加速干燥

（3）高温烘烤干燥。有许多涂料在常温下是不能干燥成膜的，一定要在比较高的温度下（120～180℃），涂料中的树脂才会发生化学反应而交联固化成膜，这一类涂料称为热聚合型涂料。热聚合型涂料经烘烤干燥后的涂层在硬度、附着力、耐久性、耐腐蚀、抗氧化和保光、保色以及涂料的鲜映性等方面都要比自然干燥型和加速干燥型涂料好得多，许多高品质、高装饰性的原厂涂层多用这种涂料。自然干燥型和加速干燥型涂料由于干燥需要的温度比较低，所以又称低温涂料。在汽车修补涂装中由于车身上许多部件不耐高温的烘烤，所以通常采用低温涂料。而大型的汽车制造厂在新车制造时，为了满足流水线作业形式的要求，通常使用高温烘烤型涂料（图 7-2-8）。

图 7-2-8　高温烘烤干燥

二、喷枪操作

1. 喷枪类型

喷枪是空气喷涂的关键设备,其质量好坏及操作人员对喷枪的熟练掌握程度对涂装修补的质量影响很大。

现在常用的空气喷涂喷枪种类很多,根据不同特点可以分为以下几类。

(1)按用途来分:底漆喷枪、面漆喷枪、小修补喷枪(表7-2-7)。

(2)按雾化技术分:高气压喷枪、低流量中气压喷枪和高流量低气压喷枪。

(3)按涂料的供给方式分:吸力式喷枪、重力式喷枪和压力式喷枪。

表7-2-7 喷枪类型及用途

类型	特点	用途
底漆喷枪	喷嘴口径一般在1.6~1.9mm之间,雾化均匀,喷幅中心区宽大、喷幅集中,能很好地满足底漆涂装时的填充及遮盖要求	枪壶的容量较小,不适合做大面积的喷涂工作
面漆喷枪	喷嘴口径一般在1.3~1.5mm之间,雾化精细,喷幅雾化区宽大、喷幅分散,能很好地满足面漆着色和装饰的要求,达到颜色均匀、涂层饱满的效果	主要用于色漆、清漆等面漆涂层的喷涂
小修补喷枪	喷嘴口径较小(0.3~1.4mm),只需要较小的喷涂气压,一般为0.7~2.0bar(1bar=10^5Pa,下同),可以喷出较薄的涂层,减少漆雾反弹,有效控制喷涂区域,提高修补质量,减少涂料消耗	适合喷绘图案、小面积涂装、局部修补或过渡喷涂

2. 喷枪的调节

涂料喷涂出来的成膜效果好坏，涂料的雾化是关键因素之一，而涂料的雾化效果又是靠喷枪喷涂出来的，所以如何调节好喷枪关系到涂装的质量，这也是每个涂装工必须掌握的基本技能之一。

喷枪的一般调节方法如下。

（1）检查喷枪。

❶ 检查涂料罐上的气孔，确保无污垢堵塞，保持畅通。

❷ 检查喷枪上的密封圈、连接部位等，确保无涂料渗漏（图7-2-9）。

视频精讲

图 7-2-9　检查喷枪上的密封圈、连接部位

（2）调节喷枪。

❶ 压力的调节。

a. 按照涂料产品说明书所提供的施工参数确定底漆的喷涂压力。对于任何涂料系统而言，最适当的喷涂空气压力只有一个，就是能使涂料获得最好雾化效果的最低空气压力。最佳的喷涂压力也是指获得适当雾化、挥发率和喷雾扇形宽度所需的最低喷涂压力。喷涂压力太高会因飞漆而浪费大量涂料，抵达工件表面前溶剂挥发快导致流动性差，容易产生橘皮等缺陷；喷涂压力太低会因溶剂保留得多而造成干燥性能差，涂膜容易起泡和流挂。不同涂料喷涂时所需的空气压力都是不同的（图7-2-10）。

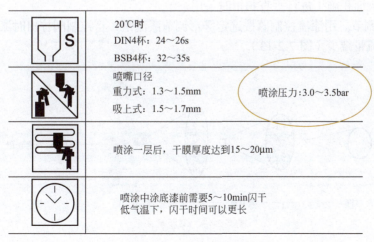

图 7-2-10　喷涂压力参数

b. 通过调节喷枪上的气压控制阀，将枪尾进气压力调节到规定的数值。枪尾压力可以通过气压表或内置的数字显示屏进行显示（图7-2-11）。

❷扇幅雾束大小、方向调节。

a. 扇幅雾束大小的调节。把扇幅控制阀全拧进去可得到最小的圆形雾束，把旋钮全拧出来得到的雾形最大。喷涂时扇幅的大小应根据喷涂面积和工件的形状来决定，面积较小部位的喷涂可以将喷幅调小一点，节约涂料；如果面积较大的部位，可以将扇幅调宽一点，提高工作效率（图7-2-12）。

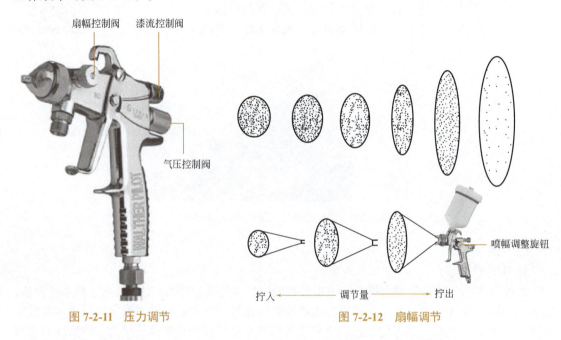

图7-2-11　压力调节　　　　　　　　图7-2-12　扇幅调节

b. 扇幅方向的调节。调节空气帽的方向可改变雾束的方向。将空气帽的"犄角"调节成与地面平行，喷出的雾束呈平面且垂直地面，称为垂直雾束，这种方式用得最多；如果空气帽的"犄角"与地面垂直，喷出的雾束呈平面且平行于地面，称为水平雾束，这种方式在施工中少见，在大面积施工进行垂直扫枪时采用。

❸漆流量调节。用漆流控制阀按选定雾形调节漆流量，将控制阀拧出时漆流量增大，控制阀拧进时漆流量减少（图7-2-13）。

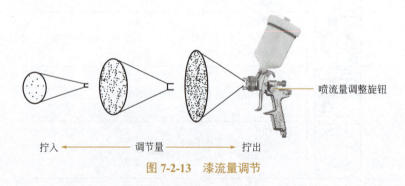

图7-2-13　漆流量调节

❹喷涂量调节。喷枪调整是否合适，应该通过试喷来检验，也就是涂料雾形测试。雾形测试分为垂直测试和水平测试两种。

a. 垂直测试主要检测喷枪的扇幅形状是否合理（图 7-2-14）。

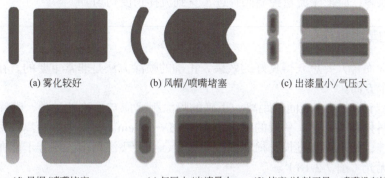

(a) 雾化较好　　　　(b) 风帽/喷嘴堵塞　　　　(c) 出漆量小/气压大

(d) 风帽/喷嘴堵塞　　(e) 气压小/出漆量大　　(f) 堵塞/涂料不足，喷嘴没有拧紧

图 7-2-14　垂直测试雾化效果

b. 水平测试是检测喷枪的喷涂压力、出漆量、扇幅大小三个方面的调节是否正确。水平测试的方法如下。
- 先松开空气帽定位环并旋转空气帽，使喇叭口处于竖直位置（图 7-2-15）。
- 在一张垂直的遮蔽纸或试板上进行试喷，此时喷出的图案将是水平的（图 7-2-16）。

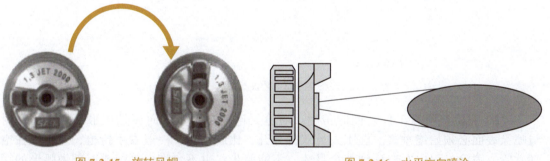

图 7-2-15　旋转风帽　　　　　　　　图 7-2-16　水平方向喷涂

- 按住扳机持续喷涂直到涂料开始往下流淌为止。
- 检查涂料流挂情况并调整喷枪。一般流挂的图形会接近图 7-2-17 的形状中的一种。

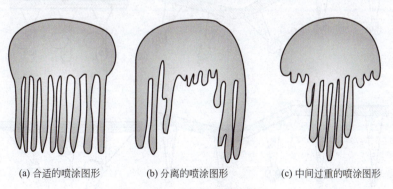

(a) 合适的喷涂图形　　(b) 分离的喷涂图形　　(c) 中间过重的喷涂图形

图 7-2-17　水平测试喷幅效果

如果各段流挂的长度近似相等，则表明涂料雾化较好，喷枪各项调节正确。如果流挂呈分开的形状，一般是由于喷束太宽或气压太低造成的。调节时可以把雾形控制阀拧紧半圈，

或把气压提高一些,交替进行这两项调节直到流挂长度均匀。如果流挂中间长两边短,则是因为喷出的漆太多,应把漆流量控制阀拧进,直到流挂长度均匀。

3. 喷枪的基本操作

对喷涂作业而言,要想获得良好的效果,正确的喷涂方法是非常重要的。在喷涂时必须要注意以下几个方面。

(1)喷枪与待喷工件表面的距离。正确的喷涂距离应与喷枪的种类、喷涂的气压、喷幅大小以及涂料种类相配合,一般的喷涂距离为 15～20cm。如果喷涂距离过短,则涂料会堆积,形成流挂;如果距离过长,稀释剂挥发太多,会使飞漆增多,漆雾不能在物体表面成膜或涂膜粗糙无光(图 7-2-18)。

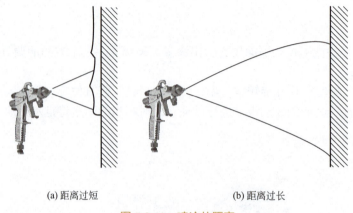

(a) 距离过短　　　　　(b) 距离过长

图 7-2-18　喷涂的距离

(2)喷枪与喷涂工件表面的角度。喷枪无论是在竖直方向还是在水平方向移动时与喷涂表面必须始终垂直。施工人员双脚分开,比肩稍宽,一般右手持枪,左手抓住空气软管,喷涂过程中左右移动整个身体,不能跨步,也不允许由手腕或肘部做弧形的摆动(图 7-2-19)。

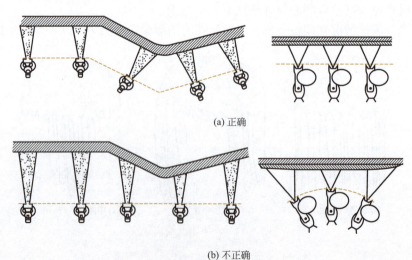

(a) 正确

(b) 不正确

图 7-2-19　喷涂的角度

（3）喷枪的移动速度。喷枪的移动速度与涂料的干燥速率、涂料黏度以及环境温度有关，一般以 30～60cm/s 的速度匀速移动。具体操作时要以喷涂出来的涂层效果决定喷枪的移动速度。如果喷枪的速度过快，会导致涂层过薄，粗糙无光；如果速度过慢，会导致涂层过厚，出现流挂。而如果速度不均匀，忽快忽慢，会导致涂层厚薄不均匀。

（4）喷枪的喷涂压力。正确的喷涂压力与涂料的种类、稀释剂的种类、稀释后的黏度和喷枪的类型等有关，喷涂时应参照涂料生产厂商提供的说明而定，或进行试喷确定。压力过低将造成雾化不好，会使稀释剂挥发过慢，涂层易出现"流泪""针孔""气泡"等缺陷；压力过高会使稀释剂过分蒸发，严重时形成干喷现象。

（5）喷涂方法、路线及重叠幅度。喷涂方法有纵行重叠法、横行重叠法、纵横交替重叠法。喷涂线路应按高到低、从左到右、从上到下、先里后外的顺序进行。在行程终点关闭喷枪，喷枪下一次单向移动的行程与上一次相反，喷嘴与上一次行程的边缘平齐，本次雾形的上半部与上一次雾形的下半部重叠，重叠幅度为喷雾图形的 1/2～2/3（图 7-2-20）。

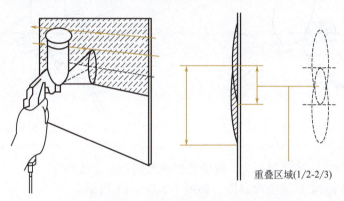

图 7-2-20　喷涂方法及重叠幅度

（6）喷枪扳机的控制。喷枪是靠扳机来控制的，扳机扣得越紧，液体流速越快。为避免每次走枪行程结束时所喷出的涂料堆积，一般要放松扳机，以减小供漆量。扣扳机的正确操作一般分四步：先从遮蔽纸上或工件外面开始走枪，扣下扳机一半，仅放出空气；当走枪到喷涂表面边缘时，完全扣下扳机，喷出涂料；当走至另一边缘时，松开扳机一半，涂料停止流出；反向喷涂前再向前移动几厘米，然后重复上述操作（图 7-2-21）。

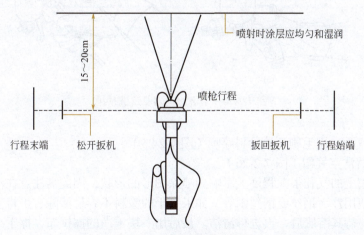

图 7-2-21　喷枪扳机的控制

4. 喷枪的维护

（1）喷枪清洗。每次喷涂完成后，一定要及时清洗喷枪，特别是双组分涂料，如果不及时清洗喷枪，涂料会固化在涂料罐以及喷枪的涂料通道里，从而影响下次的喷涂。喷枪的手工清洗及维护方法如下。

❶ 将涂料罐里面的多余涂料倒到废漆存放桶里，扣动扳机，将喷枪涂料通道里的油漆喷涂干净。废漆料不允许随便弃置，具体要求请查询国家相关政策法规。

❷ 在涂料罐里面倒入清洗喷枪的稀释剂，将喷枪上的所有阀门调到最大，并扣动扳机，将涂料通道冲洗干净（图 7-2-22）。

❸ 用一块擦拭布将喷嘴堵住，扣动扳机，利用压缩空气逆向冲洗喷枪（图 7-2-23）。

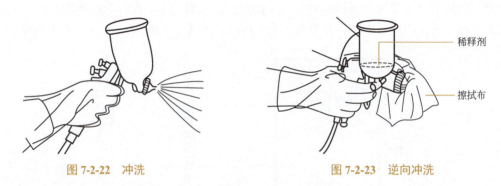

图 7-2-22 冲洗　　　　　　　　图 7-2-23 逆向冲洗

此步操作时应将身体侧向一边，避免稀释剂溅到身上造成伤害。

❹ 用洗喷枪用的毛刷清洗涂料罐，如图 7-2-24（a）所示。

❺ 重复步骤❷～❹，直至喷出的稀释剂中不含有任何涂料，然后用毛刷清洁喷枪 [图 7-2-24（b）]。

图 7-2-24 清洗涂料罐及清洗喷枪

❻ 摘掉空气帽，用毛刷清洁涂料喷嘴（图 7-2-25）。

❼ 用毛刷清洁空气帽（图 7-2-26）。

由于空气帽上的气孔很大程度上影响到喷涂图形的形状，因此需注意在清洁中不要损坏空气帽。避免使用针、钢丝或钢丝刷等。如果有干的涂料不容易清除，可将空气帽浸入稀释剂内一段时间，待其溶胀后，再进行清洁。最后用一块干净的擦拭布，擦干净空气帽上残留的稀释剂，并及时装回喷枪上。

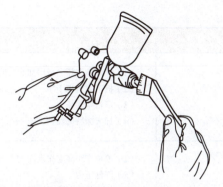
图 7-2-25　清洁喷嘴

图 7-2-26　清洁空气帽

❽ 在涂料杯中倒入少量清洁稀释剂，以避免涂料通道堵塞。

（2）喷枪润滑。清洗工作完成后润滑喷枪，用轻机油润滑喷枪的扳机转轴、喷雾扇形控制钮、涂料控制旋钮和空气阀。

由于正常的磨损和老化，密封圈、弹簧、针阀和喷嘴必须定期更换。更换应按生产厂家的说明进行。由于机油过量就会流入涂料和机油通道，造成喷涂缺陷，因此润滑时必须非常小心，机油和涂料混合后就会降低喷涂质量。

不要把整个喷枪长时间泡在清洗液中，这样会使密封圈硬化，并破坏润滑效果。

（3）喷枪常见故障的诊断与排除。如果对喷枪的维护、清洁、使用不正确，那么喷枪的故障就会明显增多。

空气喷枪容易发生故障的部位主要有针阀、空气帽、侧孔、中心孔、喷嘴、储料杯安装螺母、储料杯、涂料管、储料杯盖进气口和针阀套螺母。

喷枪常见故障诊断见表 7-2-8。

表 7-2-8　喷枪常见故障诊断

故障	可能的原因	建议采取的措施
喷涂过厚或底部过厚	（1）喷嘴部分堵塞（外部混合物） （2）涂料喷嘴堵塞、损坏或安装不正确 （3）空气帽座或涂料喷嘴座有脏东西	（1）拆下空气帽清洗干净 （2）清洗、更换或重新安装喷气嘴 （3）拆下来清洗干净
喷涂图案向左或向右偏	（1）空气帽脏污或量孔部分堵塞 （2）空气帽损坏 （3）喷嘴堵塞或损坏 （4）喷雾形状控制旋钮调节得太低	（1）判断故障原因，可将空气帽旋转 180°进行喷涂测试，如果喷涂图案仍向原来的方向偏，则问题出在涂料喷嘴上；如果喷涂图案和原来的正相反，则问题出在空气帽上。相应地清洗空气帽、量孔以及涂料喷嘴 （2）更换空气帽 （3）清洗或更换喷嘴 （4）调节位置
喷涂图案的中心过厚	（1）雾化压力过低 （2）涂料的黏稠度过大 （3）涂料压力相对空气帽通过能力过大（压力供料式） （4）喷嘴的口径由于磨损而增大 （5）中心量孔过大	（1）增加压力 （2）使用适当的稀释剂稀释 （3）降低涂料压力 （4）更换喷嘴 （5）更换空气帽和喷嘴

续表

故障	可能的原因	建议采取的措施
喷涂图案分散	（1）涂料不够 （2）空气帽或涂料喷嘴脏污 （3）空气压力过高 （4）涂料黏稠度过小	（1）降低空气压力或增加涂料流动速度 （2）拆下来清洗干净 （3）降低空气压力 （4）加大涂料的黏稠度
针眼	（1）喷枪距离工作表面太近 （2）涂料压力过大 （3）涂料过重	（1）喷枪应距离工作表面15～20cm （2）降低压力 （3）使用稀释剂稀释涂料
清漆涂层发红或发白	（1）涂层吸潮 （2）清漆干燥过快	（1）避免在潮湿和寒冷的气候进行喷涂 （2）在清漆中适当加入阻干剂
橘皮（涂层表面看起来就像橘子的外皮）	（1）雾化压力过高或过低 （2）喷枪距离工作表面过近或过远 （3）涂料没有稀释 （4）表面预处理不正确 （5）喷枪移动过快 （6）使用的空气帽不合适 （7）多余的漆雾喷到已喷涂的表面 （8）涂料没有完全溶解 （9）涂层表面气流过强（合成涂料和清漆） （10）湿度过低（合成涂料）	（1）根据需要调节合适 （2）喷枪应距离工作表面15～20cm （3）进行正确的稀释操作 （4）表面必须进行预处理 （5）小心缓慢地移动喷枪 （6）根据涂料和供料形式的不同选择合适的空气帽 （7）正确安排喷涂操作的顺序 （8）彻底混合涂料 （9）消除涂层表面的气流 （10）增加室内的湿度
过量的多余喷雾	（1）雾化气压过高或涂料压力过低 （2）喷射经过喷涂部件的表面 （3）空气帽或涂料喷嘴不合适 （4）喷枪距离工作表面太远 （5）涂料稀释得太过分	（1）根据需要正确调整 （2）喷枪经过喷涂目标时松开扳机 （3）确定并使用正确的组合 （4）喷枪应距离工作表面15～20cm （5）应适量使用稀释剂
无法控制喷雾锥形的大小	（1）空气帽座已损坏 （2）空气帽座内进入过大的异物颗粒	（1）检查损坏情况，必要时更换 （2）确保空气帽左的表面干净
流挂或流失	（1）空气帽和涂料喷嘴脏污 （2）喷枪距离工作表面太近 （3）行程的末端没有松开扳机 （4）喷枪与工作表面的角度不对 （5）涂料堆积过厚 （6）涂料稀释得过度 （7）涂料的压力过大 （8）喷枪移动太慢 （9）雾化不正确	（1）清洗空气帽和涂料喷嘴 （2）喷枪应距离工作表面15～20cm （3）每个行程的末端应该松开扳机 （4）喷枪与工作表面应成直角 （5）学会计算涂层湿润的厚度 （6）加入稀释剂时应控制使用量 （7）调节涂料流量控制旋钮，降低涂料的压力 （8）提高喷枪通过工作表面的速度 （9）检查空气和涂料的流量；清洗空气帽和涂料喷嘴

续表

故障	可能的原因	建议采取的措施
条纹	（1）空气帽和/或涂料喷嘴脏污或损坏 （2）行程重叠不正确或不充分 （3）喷枪通过工作表面太快 （4）喷枪与工作表面的角度不正确 （5）喷枪距离工作表面太远 （6）空气压力过高 （7）喷雾分散 （8）喷雾形状与涂料流量控制旋钮的调节不正确	（1）和处理流挂现象一样 （2）准确地沿着上一行程 （3）小心缓缓地移动喷枪 （4）和处理流挂现象一样 （5）喷枪应距离工作表面15～20cm （6）必须降低空气压力 （7）松开空气调节阀或更换空气帽和/或涂料喷嘴 （8）重新调节
喷枪的喷射持续呈脉冲状	（1）连接和密封不严或不当 （2）供料管或涂料控制针阀套的连接处泄漏（虹吸供料式喷枪） （3）出料杯内的涂料不足 （4）出料杯倾斜成锐角 （5）涂料通路堵塞 （6）涂料过重（虹吸涂料式） （7）储料罐顶部的进气口堵塞（虹吸涂料式） （8）储料罐顶部的接头螺母脏污或损坏（虹吸涂料式） （9）供应管与压力储料罐或出料杯盖的连接不紧 （10）筛网堵塞 （11）密封螺母没拧紧 （12）输料管没拧紧 （13）喷嘴上O形圈磨损或脏污 （14）储料罐接出的输料管没拧紧 （15）锁紧螺母垫圈安装不正确或锁紧螺母没拧紧	（1）按使用说明拧紧或更换 （2）拧紧连接处；润滑针阀套 （3）加满储料杯 （4）如果必须倾斜储料杯，可改变杯内输料管的位置，并保持储料杯装满涂料 （5）卸下涂料喷嘴、针阀和供料管，并清洗干净 （6）稀释涂料 （7）清理干净 （8）清理或更换 （9）将其拧紧，检查可疑部位 （10）清洗筛网 （11）确保将密封螺母拧紧 （12）按使用说明指示的转矩将输料管拧紧 （13）必要时，更换O形圈 （14）拧紧 （15）检查并正确安装，或拧紧螺母
涂料从储料罐出不来	（1）储料罐内气压不足 （2）储料罐上的进气口被干燥的涂料堵塞住 （3）储料罐盖的垫圈泄漏 （4）喷枪在不同的储料罐之间不能通用 （5）供料管堵塞 （6）气压调节器的连接不正确	（1）检查有无气漏，调节气压得到充分的气流 （2）这是常见的问题，定期清理进气口 （3）更换新垫圈 （4）按使用说明调整正确 （5）清理干净 （6）按使用说明调整正确
涂层缺乏涂态材料	（1）空气压力过高 （2）涂料稀释不正确（仅针对虹吸式） （3）喷枪距离工作表面太远或调解不当	（1）降低气压 （2）按涂料稀释要求程度，使用合适的稀释剂 （3）调解喷涂距离；清洗喷枪内的涂料与喷雾形状控制阀
起斑点，涂层不均匀，成膜慢	（1）涂料流量不足 （2）雾化气压过低（仅针对虹吸式） （3）喷枪移动过快	（1）将涂料控制旋钮调至最紧 （2）增加空气压力，重新将喷枪调平衡 （3）按适当的速度移动喷枪
得不到圆润的喷涂效果	喷雾形状控制旋钮回位不正确	清洗或更换

续表

故障	可能的原因	建议采取的措施
涂料喷嘴滴漏	（1）针阀套发干 （2）针阀卡滞 （3）锁紧螺母太紧 （4）MBC型喷枪的喷头调节不当会导致针阀堵塞	（1）润滑针阀套 （2）润滑针阀 （3）调节 （4）用小木棍或生皮鞭轻轻敲打喷头的周围，并拧紧锁紧螺母
多余喷雾过量	（1）雾化气压过大 （2）喷枪距离工作表面太远 （3）喷枪移动不正确，如弧线运动或速度太快	（1）降低气压 （2）调节距离 （3）以合适的速度移动，并且注意与工作表面平行
涂层过度模糊	（1）稀释剂过量或干燥太快 （2）雾化气压过大	（1）重新混合 （2）降低
压力供料式喷枪不能工作	（1）手柄或储料罐盖没有打开 （2）储料罐没有密封 （3）涂料没有过滤 （4）干燥的涂料黏附在储料罐顶部的螺纹处 （5）储料罐垫圈磨损或错位 （6）没有空气供应 （7）涂料过浓 （8）筛网堵塞	（1）调节手柄以得到喷涂所需的压力 （2）确保储料罐密封良好 （3）工作前必须过滤干净 （4）清洗螺纹并抹上油脂 （5）检查清楚，必要时更换 （6）检查气压调节器 （7）使用合适的稀释剂进行稀释 （8）清理或更换筛网
虹吸供料式喷枪不能工作	（1）涂料过浓 （2）使用的喷嘴内部混合 （3）涂料没有过滤 （4）储料罐盖上的进气口堵塞 （5）储料罐垫圈磨损或错位 （6）筛网堵塞 （7）涂料流量控制旋钮调节不当 （8）没有空气供应	（1）使用稀释剂进行稀释 （2）安装外部混合的喷嘴 （3）工作前必须过滤干净 （4）清洗螺纹并抹上油脂 （5）检查清楚，必要时更换 （6）清洗或更换筛网 （7）正确调节 （8）检查调节器
松开扳机后，喷枪仍然喷射空气（无泄放口的喷枪）	（1）空气阀泄漏 （2）针阀泄漏 （3）柱塞卡滞 （4）锁紧螺母拧得太紧 （5）控制阀弹簧错位	（1）将阀拆下来，检查有无损坏并清洗干净，必要时更换 （2）清洗或疏通针阀 （3）清洗柱塞，并检查O形环是否损坏，必要时更换 （4）调节锁紧螺母 （5）使弹簧复位
储料罐的垫圈处有空气泄漏	储料罐的盖子没有密封	检查储料罐的垫圈，清理螺纹，并盖紧储料罐
储料罐顶部的定位螺钉处有空气泄漏	（1）螺钉没拧紧 （2）定位螺钉的螺纹损坏	（1）清洗螺纹，并拧紧螺钉 （2）检查，必要时更换
储料罐的盖子和喷枪之间有空气泄漏	（1）定位螺母没有拧紧 （2）储料罐的垫圈或垫圈座损坏	（1）拧紧螺母 （2）检查，必要时更换

续表

故障	可能的原因	建议采取的措施
储料罐盖顶有空气泄漏	（1）垫圈位置不对或损坏 （2）翼形螺母没有拧紧 （3）管接头泄漏 （4）空气压力过高	（1）放掉储料罐内的所有空气，使垫圈复位。重新拧紧翼形螺母，然后重新放进空气。罐盖应该拧紧 （2）确保拧紧所有翼形螺母。按上面（1）介绍的处理方法可以使螺母拧得更紧 （3）检查所有管接头，必要时使用密封胶布 （4）最大气压不应超过 60psi，正常气压范围为 25～30psi（1psi=6894.76Pa，下同）
喷枪喷不出涂料	（1）储料罐压力不足 （2）涂料用尽 （3）涂料通道堵塞	（1）调节气压直到有涂料喷出，但气压不应超过 60psi （2）联系涂料供应人员 （3）检查输料管、接管头和喷枪。清洗干净上述部件，确保没有残留涂料

三、喷涂底漆

1. 底漆特性

底漆（图 7-2-27）是直接涂覆在经过表面处理的工件表面上的第一道涂层，它是整个涂层的基础。它具有如下特性。

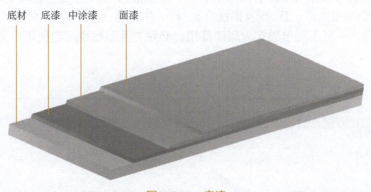

图 7-2-27 底漆

（1）对经过表面预处理的车身金属表面有良好的附着力，所形成的涂膜应具有良好的机械强度（图 7-2-28）。

（2）具有极好的耐蚀性、耐水性及耐化学品性能。

（3）应具有钝化金属表面的性能及对外界有优良的封闭性，防止渗水、渗氧，渗离子。

（4）具有对原子灰、中涂漆及面漆良好的配套性。

（5）应具有良好的施工性能。

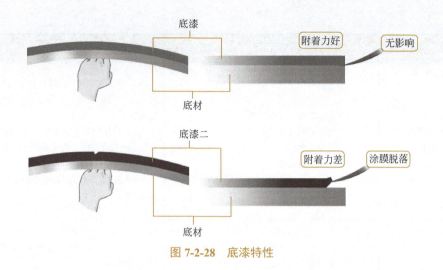

图 7-2-28 底漆特性

2. 汽车修补底漆类型

汽车修补用的底漆品种很多，常用的底漆主要有磷化底漆和环氧底漆。

（1）磷化底漆。磷化底漆也称侵蚀底漆，是以化学防腐手段来达到防腐目的的，磷化底漆是以聚乙烯醇缩丁醛树脂溶于有机溶剂中，并加入防锈颜料（四盐锌铬黄）等制成，使用时与分开包装的磷化液按一定比例调配后喷涂。品牌漆中的磷化底漆一般都已经制成成品，按一定的比例加入活化剂使用即可。

磷化底漆涂布后能将金属表面通过化学反应生成一层不导电、多孔的磷化膜，一般称为转换涂层。磷化膜具有多孔性和不良导电性，使上层涂料能渗入这些孔隙中，而不良导电性也预防了电化学腐蚀的形成。

磷化底漆能提高底漆对金属表面的附着力、耐蚀能力及热老化性能，可代替磷化处理，适用于各种金属（如钢、铁、铝、铜及铝镁合金等），并能耐一定的温度，可做烘烤面漆的底漆，但由于成膜很薄，一般不能单独作为底漆使用，必须与其他底漆配套使用（图 7-2-29）。

图 7-2-29 磷化底漆作用

磷化底漆的使用方法以及注意事项如下。

❶ 磷化底漆可喷涂也可刷涂，喷涂黏度为 16～18s（涂 -4 杯，20℃），涂膜厚度以 10～15μm 为宜，厚了效果反而差。

❷ 磷化底漆是双组分涂料，一般分为漆料和活化剂。使用时应将两个组分混合后才可使

用,而活化剂是专与磷化底漆配套使用的,不是溶剂,用量不能任意增减。要严格参照供应商要求的混合比例调配。

❸ 使用前应将磷化底漆搅拌均匀,然后放入非金属的容器内,边搅拌边慢慢地加入活化剂,调配后一般要放置 20min(20℃)再使用(参照供应商的要求)。调配后的磷化底漆必须在混合寿命内用完。

❹ 施工环境要求比较干燥,以防止涂膜发白,影响涂膜附着力和使用效果。磷化底漆喷涂的底材应经过表面预处理,达到无锈、无水、无油、无旧涂层等条件。

❺ 喷涂了磷化底漆的底材,一般干燥一定的时间(参照供应商的要求)后即可喷涂其他底漆,无需打磨。

(2)环氧底漆。环氧底漆是以环氧树脂为主要成膜物质制成的底漆,是物理隔绝防腐底漆的代表,可根据需要制成多种类型的产品,如高温烘烤型、双组分型、单组分型等。环氧底漆的作用如图 7-2-30 所示。

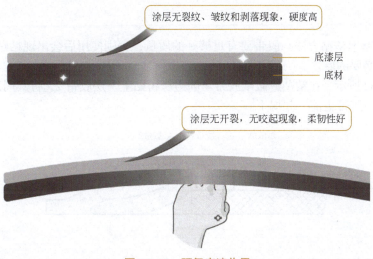

图 7-2-30　环氧底漆作用

环氧底漆有如下优点:附着力极强,对金属、木材、玻璃、塑料、陶瓷、纺织物等都有很好的附着力和黏结力;涂膜韧性好,耐挠曲,且硬度比较高;耐化学品性优良,尤其是耐碱性更为突出;因为环氧树脂的分子结构内含有醚键,而醚键在化学上是最稳定的,所以对水、溶剂、酸、碱和其他化学品都有良好的抵抗力;良好的电绝缘性,耐久性、耐热性良好。

环氧树脂类涂料也存在一些缺点,比如耐候性差、表面粉化较快,这也是它主要用于底层涂料的原因之一。环氧底漆使用胺类作为固化剂,对人体和皮肤有一定的刺激性,因此在使用时要加以注意。

环氧底漆与磷化底漆对底材都具有良好的防腐性,对其上的涂层也都具有良好的黏结能力,一般在汽车修补中常使用环氧底漆做打底用,而在汽车制造厂或大面积钣金操作后对裸金属进行防腐处理时使用磷化底漆。

3. 遮护

遮护也称为遮蔽或贴护,是一种保护方法或手段,使用遮护材料(遮蔽纸和遮蔽胶带)

遮盖不需要修饰或防止损伤的表面。

遮护作业通常用于打磨、喷涂或抛光时防止车身污染，以及保护相邻的表面。

（1）遮护材料。涂装作业中，遮护是很重要的一项工作，常用的遮护材料主要有：遮蔽纸、遮蔽胶带和遮蔽薄膜。其中胶带有纸胶带、布胶带、双面胶带和大型塑料胶带。

(a) 遮蔽纸

(b) 遮蔽胶带

(c) 遮蔽薄膜

图 7-2-31　遮护材料

（2）遮护方法。

❶ 胶带的基本粘贴方法。胶带要有足够好的质量，否则使用后会出现粘贴剂残留或其他问题，造成不必要的麻烦。

如图 7-2-32 所示，在粘贴遮蔽纸胶带 1 的边缘再贴上一层胶带 2，将其周围完全遮盖住。在揭下遮蔽纸时胶带也能一起揭下。

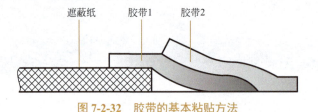

图 7-2-32　胶带的基本粘贴方法

❷ 装饰条和嵌条的遮护。当用胶带粘贴装饰条、嵌条等表面时，用一只手的手指塞入胶带卷中间的孔中，把拇指放在胶带的外面，控制胶带的方向。拉伸胶带时，胶带的粘贴面背向操作者。不要把胶带拉得过紧，然后把胶带的起始端粘到嵌条或车轮罩的边缘上（图 7-2-33）。

视频精讲

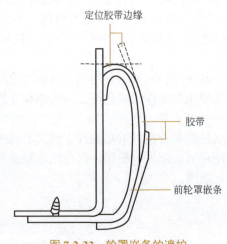

图 7-2-33　轮罩嵌条的遮护

粘贴时,拉伸的胶带面与油漆面的间距至少应有 0.7mm,这样可以方便粘贴并可以很好地控制胶带的方向。

嵌条或需粘贴面的宽度决定所需胶带的条数。

❸ 挡风玻璃的遮护。覆盖挡风玻璃时,主要使用 50cm 宽的纸,不够的部分再用 10～20cm 宽的纸粘贴上。先用胶带将遮蔽纸粘贴在挡风玻璃上,四周再用 12～15cm 宽的胶带粘住(图 7-2-34)。

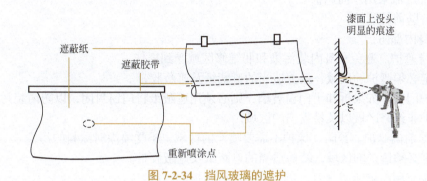

图 7-2-34 挡风玻璃的遮护

❹ 喷涂两种颜色时的遮护。当汽车被喷涂成两种不同颜色时,应首先喷涂一种颜色。油漆干燥后,用胶带把这种颜色的周边遮蔽。

❺ 反向遮护。反向遮护和流线边缘遮蔽法常用在局部板件需要喷漆的情况下。首先在曲面弯曲前的平面上轻轻地粘贴一条胶带,然后用另一条粘贴弯曲的表面。这样,可以对喷漆产生足够的扰动,从而当胶条揭除后,不会留下明显的痕迹。如图 7-2-35 所示为局部小区域喷涂点的反向遮护方法。首先把遮蔽纸放置好,用胶带固定,使遮蔽纸自然下垂。然后反向折叠,使反向折叠的弧线超过流线型边缘 12～20mm。最后,把遮蔽纸的另一边固定到板件合适的位置上。

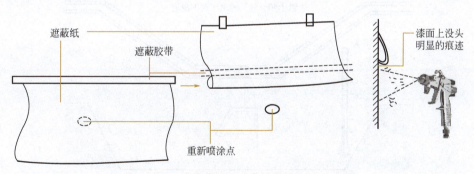

图 7-2-35 用遮蔽纸和遮蔽胶带进行反向遮护

如果必须沿一个曲面流线型边缘进行遮护时,一般使用遮蔽胶带。首先把胶带以正确的角度贴到流线边缘上;然后,从最后一条胶带开始,把胶带反折,并使反折后带有一个正确的弧度;最后,用一条胶带把所有反折过来的胶带端粘贴固定。

(3)遮护时注意事项。

❶ 清洁除油。

② 遮护范围。
③ 不可拆卸部件的遮护。
④ 圆弧形区域的遮护。
⑤ 双重遮护。
⑥ 清除遮护材料。

视频精讲

⑦ 阻止汽车运动的区域先不要遮护。
⑧ 局部区域采用反向遮护。
（4）打磨前的遮护。
① 车身内部防护。
② 车身遮护。避免车身内装污染和非维修区域受到损伤。
a. 确定必须遮护的区域，裁剪适当的遮蔽纸及遮蔽胶带。
b. 遮护门窗（如果拆卸了门窗玻璃，则必须用遮蔽纸将门窗封闭，以防内装污染）。
c. 遮护非维修区域以及易损伤的区域。
③ 喷涂前的遮护。预防、保护不需要喷涂的区域，不受喷涂时涂料的污染。
a. 确定必须遮护的区域，裁剪适当的遮蔽纸及遮蔽胶带。
b. 将全车用乙烯薄膜遮盖，留出需要进行遮护的区域。
c. 将不需要喷涂的区域进行遮护，如油箱盖、车门把手、轮胎、翼子板等。

4. 底漆涂装过程

（1）涂装电泳底漆。经过加温干燥的车身全部浸入装满电泳底漆的电泳池中，此时车身和电泳池中的涂料被加以相当高的直流电压（通常为200～300V，车身与电泳池中的涂料极性不同），涂料中的离子在电动势的作用下聚集于车身表面。电泳分为阴极电泳和阳极电泳两种，所使用的电泳涂料为水溶性涂料。使用电泳涂装不仅能使车身外表面得到良好的保护，而且能使车身结构中一些腔体内壁都得到很好的涂装保护（图7-2-36）。

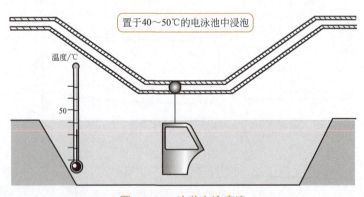

图 7-2-36 涂装电泳底漆

（2）沥干电泳底漆。将电泳涂装完毕的车身吊入倾斜架，使车身上多余的电泳底漆从车身表面和结构腔体中流出。

（3）冲洗。用大量的水冲洗经过倾斜架的车身，冲洗掉附着不牢的电泳底漆。由于电泳底漆是靠涂料粒子的沉积实现涂装的，因此不必担心水洗会将已经沉积的涂料冲洗掉。同时，电泳底漆为水溶性，不会存在多余涂料、不能清洁干净的情况。

第三节　中涂底漆的涂装

一、施涂原子灰

在上道工序腻子刮涂打磨检查合格后进行磨缘，磨缘后就可以进行中涂底漆的施工。首先进行中涂底漆施工前的准备工作，针对需喷涂的区域四周进行反向遮盖，避免中涂底漆施工过程中漆雾对其他区域的影响，另外还要正确地进行中涂底漆的调配；然后可以选用喷枪进行中涂底漆的喷涂；最后经干燥打磨合格就可以进行下一道工序——面漆的喷涂。

1. 原子灰的作用、组成及分类

（1）原子灰作用。原子灰也称腻子，用于填平底部板件的不平之处，使涂层的厚度达到要求，隔绝油漆与板件之间的直接接触，提高装饰性与面漆的附着力。

（2）原子灰的组成。腻子也是一种涂料，主要由树脂、颜料、溶剂和填料组成。以不饱和聚酯树脂为主要原料，配入钴盐引发剂、阻聚剂、滑石粉等添加剂，用过氧化物作为固化剂，可根据实际需要随时调配使用，是方便快捷的新型嵌填材料。

（3）原子灰的分类。汽车涂装常用的原子灰包括普通原子灰、合金原子灰、纤维原子灰等。

❶ 普通原子灰。普通原子灰多为聚酯树脂型，膏体细腻，操作方便，填充能力强，适用于大多数底材。其具有良好的附着力和弹性，也可用于车用塑料保险杠和玻璃钢件，但刮涂不宜过厚。普通原子灰不适用于镀锌板、不锈钢板和铝板等和经磷化处理的裸金属表面，否则易造成附着能力不够而开裂（图 7-3-1）。

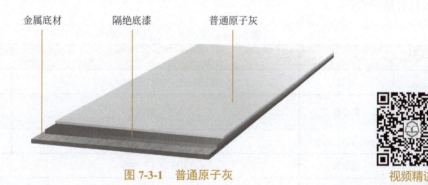

图 7-3-1　普通原子灰

❷ 合金原子灰。合金原子灰也称金属原子灰，比普通原子灰性能更加良好，除了用于普通原子灰所用的一切场合外，还可直接用于镀锌板、不锈钢板和铝板等裸金属表面而不必先施涂隔绝底漆，但不适用于经磷化处理的裸金属表面（图 7-3-2）。

❸ 纤维原子灰。纤维原子灰填充材料中含有纤维物质（一般为玻璃纤维），干燥后质轻、附着力强、硬度高，可直接填充直径小于 50mm 的孔洞或锈蚀而无需钣金修复，用于有较深的金属凹陷部位，填补效果良好。但表面呈现多孔状，需要用普通原子灰做填平处理。适用于钢铁板、镀锌板、铝合金板及塑料纤维板等表面。

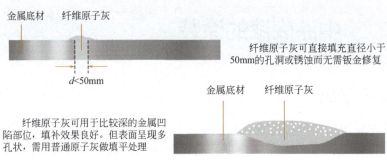

图 7-3-2　合金原子灰

❹ 塑料原子灰。专用于塑料件的修复填补作业。调和后呈膏状，可刮涂也可揩涂。能与塑料底材附着良好。干燥后质地柔软，但打磨性很好，可以干磨也可以水磨（图 7-3-3）。

❺ 幼滑原子灰。也称快干填眼灰，一般为单组分。其膏体极其细腻，主要用于填补细小的砂纸痕、针孔及微小的凹陷等。幼滑原子灰干燥时间短，即用即取，不加固化剂，干燥后易打磨，是修补施工中产生细小缺陷的理想填料。但填补能力较差，且不耐溶剂，易被面漆中的溶剂"咬起"，所以不能大面积刮涂（图 7-3-4）。

图 7-3-3　塑料原子灰　　　　　　　　　　图 7-3-4　幼滑原子灰

2. 原子灰质量的简单判断

表 7-3-1 为国产原子灰的技术指标（企业标准）。可根据表 7-3-1 简要判断原子灰的质量，并选择合适的产品。

表 7-3-1　国产原子灰的技术标准

	项目	技术要求	标准
原子灰	外观	颜色不定，膏状，细腻无结皮	
	混合性	易于均匀混合	
	初固时间 /min	8～15	
	涂刮性	易涂刮，不卷边	
	涂层外观	颜色均匀平整，无明显的粗粒和孔眼，干后无裂纹，无离层现象	
	打磨性	容易湿磨或干磨，不粘砂纸，打磨后呈平滑无光的表面	
	柔韧性 /mm	50	GB/T 1748—1989
	耐冲击性 /N·cm	150	GB/T 1732—1993
	附着力 /MPa	2.2	GB/T 5210—1985
固化剂	外观	颜色不定，均匀膏状	
	与主灰配比	2∶100	

3. **原子灰在涂装工艺中的正确使用**

（1）对要涂刮原子灰工件的要求。

❶ 要涂刮的工件底漆一定要干透；不得有油污、灰尘等污物。这两项是对涂刮工件最起码的要求。

❷ 若底漆干不透，涂刮的原子灰固化后底漆中的溶剂不能继续挥发，被封闭在原子灰层下面，遇高温时则易出现气泡剥离现象。如果有油污、灰尘，将会影响原子灰层与底漆之间的附着力，严重的将出现原子灰层脱落等问题。

（2）原子灰的调配和常规涂刮。

❶ 原子灰的调配：根据产品使用说明书上的要求调配，主灰与固化剂一定要混合均匀后方可使用。

❷ 刮涂原子灰是涂装工艺中技术要求较高的一环。要求被涂刮后的工件表面要尽量平整，同时表面要尽量减少涂刮缺陷（砂眼、划道等）。一般情况下原子灰的涂刮都要3～4遍。

二、中涂底漆的作用

中涂底漆在涂层组合中是在面漆之下的涂层，如图7-3-5～图7-3-8所示（各图中分层由上至下依次为面漆、中涂漆一、中涂漆二、底漆、底材）主要有以下几方面作用。

（1）应与底、面漆配套良好，涂层间的结合力强，硬度配套适中，不被面漆的溶剂所咬起（图7-3-5）。

图 7-3-5　层间结合力

（2）具有足够的填平性，消除表面细小的缺陷，如砂纸痕、砂眼等（图7-3-6）。

图 7-3-6　填平性

（3）具有韧性和弹性，有良好的抗石击性能。

（4）提高漆膜的整体耐腐蚀性能（图7-3-7）。

图 7-3-7　隔离性

(5)打磨性能良好(图7-3-8)。

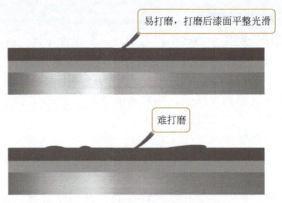

图7-3-8 打磨性能良好

(6)中涂底漆施工工艺说明(表7-3-2)。

表7-3-2 中涂底漆施工工艺说明

P565-510 高固含量厚膜底漆施工工艺		
项目	中涂工艺	喷灰工艺
喷涂图标	喷涂 2~3 层 涂膜厚度达到 80~120μm 注意：涂膜厚度取决于喷嘴型号，如需达到最佳效果，请参照上述建议	喷涂 3~4 层 涂膜厚度可达到 150~200μm 注意：涂膜厚度取决于喷嘴型号，如需达到最佳效果，请参照上述建议
闪干图标	涂层间闪干时间约为 5min	涂层间闪干时间为 5~7min
风干图标	20℃时风干时间： 80~120μm　　2h 150μm　　3h 金属表面温度为 60℃时烘烤 20min	20℃时风干时间： 200μm　　3~4h 金属表面温度为 60℃时烘烤 20min
红外线烘烤图标	在红外线干燥前闪干 5min 烤灯与工件的距离：70~100cm 短波烘烤：8~12min	在红外线干燥前闪干 5min 烤灯与工件的距离：70~100cm 短波烘烤：8~12min
打磨图标	使用以下型号砂纸机器打磨 P400 或更细：纯色漆/单工序金属漆 P500 或更细：色漆 注意：推荐在机器干磨前，使用手刨手工打磨底材，此步骤可以增强涂膜平面度，促进下一步机磨的效果，具体工序参照干磨施工流程	
面漆	P565-510/511 系列底漆上可以直接喷涂 P420 系列 2K 纯色漆、P421 系列 2K 单工序金属漆、P422 系列 2K 色漆和 P989 系列 Aquabase Plus 色漆。经打磨后的 P565-510/511 系列底漆如果存放了超过两天，进一步喷涂面漆前需要重新打磨	

（7）中涂底漆涂料的平均干燥时间（表7-3-3）。

表 7-3-3　中涂底漆涂料的平均干燥时间

中涂底漆涂料类型	自然干燥（20℃）	低温烘烤干燥（60℃）/min
硝基类中涂底漆	30min 以上	10～15
聚氨酯类中涂底漆	6h 以上	20～30
环氧类中涂底漆	6h 以上	30 以上

第四节　面漆喷涂

车身外表经过底漆、原子灰及中涂施工后，已经达到了表面光滑、平整、无缺陷，为了阻挡各种气候条件及有害物质对车辆表面的直接接触，喷涂面漆可对底材起到很好的保护作用。

一、面漆的调配

1. 面漆的类型

汽车维修涂装中的面漆按照施工工序及颜色效果分类，可分为单工序面漆、双工序面漆和三工序面漆（图7-4-1）。

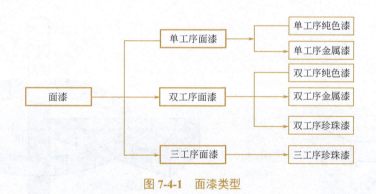

图 7-4-1　面漆类型

单工序面漆指喷涂同一种涂料即形成完整的面漆层（图7-4-2）。

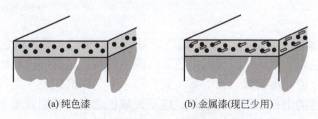

(a) 纯色漆　　(b) 金属漆(现已少用)

图 7-4-2　单工序面漆

双工序面漆指喷涂两种不同的涂料才能形成完整的面涂层，通常是先喷涂色漆或金属漆，然后再喷涂罩光清漆，两种涂层结合在一起才能形成有质量保证的完整面漆层（图7-4-3）。

双工序面漆喷涂的色漆：色漆功能主要表现在色彩、耐久性和附着力三个方面，其类型主要包括纯色漆、金属漆和珍珠漆三种类型。

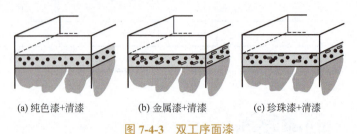

(a) 纯色漆+清漆　　(b) 金属漆+清漆　　(c) 珍珠漆+清漆

图 7-4-3　双工序面漆

三工序则更复杂，如三工序珍珠漆通常是先喷1层打色漆（封闭底色），然后喷1层纯珍珠漆，最后喷罩光清漆，3个涂层结合才能形成完整的面涂层（图7-4-4）。

一般单工序面漆的颜色比较单调，三工序面漆的效果比较丰富，但工序越多，施工及修补越复杂。

2. 颜色属性

颜色是光线刺激人的眼睛所产生的一种视感觉。也可以说颜色是光线和感觉器官作用后所引起的一种生理感觉。既然是一种感觉，由于每个人生理结构、认知、理解、表达的不同，对颜色感觉描述的结果也会不同，那么在调色时如何统一汽车用户、维修人员、调色人员的感觉呢？这就需要对颜色进行定性、定量的描述（图7-4-5）。

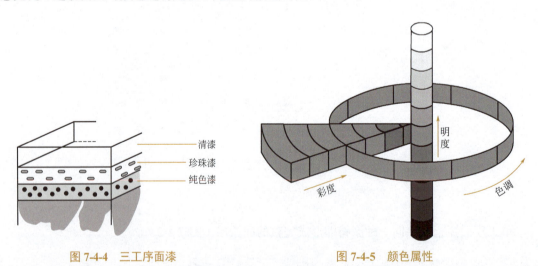

图 7-4-4　三工序面漆　　　　图 7-4-5　颜色属性

（1）色调。色调又称色相或色别，是色彩最显著的特征，是不同色彩之间彼此相互区分最明显的特征，色调表示一定波长的单色光的颜色外貌，是能够比较确切地表示某种颜色类别的名称，如红、橙、黄、绿、青、蓝、紫，每一个名称都代表一类具体的色调。紫红、红、红黄等都是红色类中各个不同的色调，这三种颜色之间的差别就属于色调的差别。描述色调时一般用偏什么来表述，如偏红、偏黄、偏蓝等（图7-4-6）。

（2）明度。明度又称亮度、深浅度或黑白度等。明度是表示一个物体反射光线多少的颜色属性，是人们所看到的颜色引起的视觉上明暗程度的感觉。同一色调可以有不同的明度，不同色调也可以有不同的明度，如在太阳光谱中，紫色明度最低，红色和绿色明度中等，黄色明度最高，所以人们感到黄色最亮。描述明度时一般用偏暗、偏亮或偏深、偏浅来表述（图 7-4-7）。

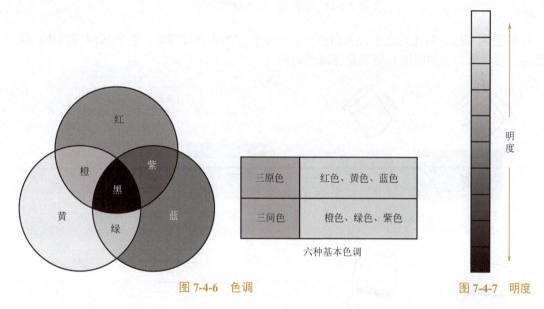

图 7-4-6　色调　　　　　　　　　　　　　图 7-4-7　明度

（3）彩度。彩度又称纯度或饱和度，是指反射或透射光线接近光谱色的程度。也可以说是表示颜色偏离具有相同明度的灰色的程度。彩度可分为 0～20 档，一般彩度小于 0.5 时就成为无彩色，彩度接近 20 时就接近饱和。彩度是颜色在心理上的纯度感觉。在可见光谱中各种单色光是最纯的颜色，为极限纯度。描述彩度时一般用偏鲜艳、偏浑浊来表述（图 7-4-8）。

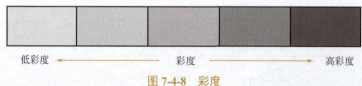

图 7-4-8　彩度

3. 颜色调配

（1）颜色的调和。颜色的调和是指用什么样的颜色搭配能使画面显得自然、和谐。调和的概念是将带有尖锐刺激性的、强烈对比的颜色，经过合理的调整，成为和谐的、美感的、适应视觉需要的色彩（图 7-4-9）。

进行颜色调和时常用以下方法。

❶混合同一颜色调和法。当两种颜色对比非常强烈需要调和时，可将一种颜色混入另外一种颜色之中，使双方有共同的颜色成分而协调（图 7-4-10）。

图 7-4-9　颜色的调和

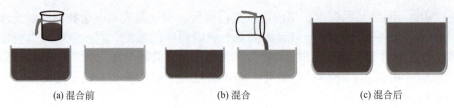

(a) 混合前　　　　　　　　(b) 混合　　　　　　　　(c) 混合后

图 7-4-10　混合同一颜色调和法

❷ 消色调和法。对比的亮色混入白色后，能使双方的饱和度降低，色相减弱而调和；混入黑色，可降低双方的明度，使刺激性减弱而调和（图 7-4-11）。

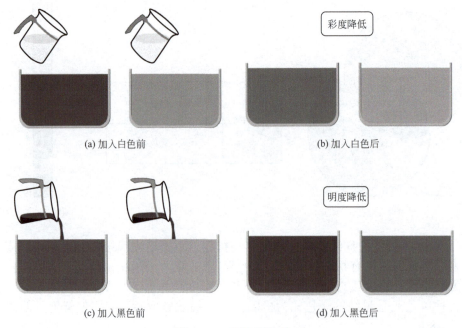

(a) 加入白色前　　　　　　　　　　　　(b) 加入白色后

(c) 加入黑色前　　　　　　　　　　　　(d) 加入黑色后

图 7-4-11　消色调和法

❸ 混入同一原色法。对比的亮色混入白色后，含有共同的色素，使它们的色调接近，增加了调和感。也可加入同一间色或复色进行调和（图 7-4-12）。

(a) 加入白色前　　　　　　　　　　　　(b) 加入白色后

图 7-4-12　混入同一原色法

❹ 隔离调和法。黑、白、灰属无色彩系，它们中的任何一种颜色与有色彩系中的任何一种颜色都可以调和。所以，当调配颜色中发生两色冲突而又不能取消时，可用无彩色勾画轮廓或隔离使之调和（图 7-4-13）。

❺ 类比色调和法。类比色就是相似色，属同一色系，为色相、饱和度和纯度都较为接近的颜色。它们有共同的原色，两种原色以不同的比例混合的颜色都可以作为这两种原色的类比色，类比色又叫调和色，它能给人以恬静、柔和、单调的感觉。

（2）调色设备。调色设备主要有油漆搅拌机、电子秤、对色灯箱、烤箱、比例尺、比色卡、调漆杯和颜色分析仪等。

❶ 油漆搅拌机，通常采用电动机带动，自动搅拌。目的是将涂料的颜料、树脂与溶剂等充分搅拌混合，以便于调色均匀（图 7-4-14）。

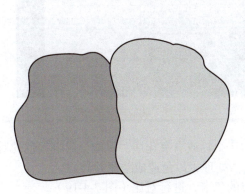

(a) 电动调漆机　　(b) 手动调漆机

图 7-4-13　隔离调和法　　　　　　图 7-4-14　油漆搅拌机

❷ 电子秤，用于精度计量所加色母的质量，减少微调次数和颜色差异。常用的电子秤有精度为 0.1g 和精度为 0.01g 两种（图 7-4-15）。

❸ 对色灯箱，通过模拟各种光线，对所调颜色进行对比，减小调色的误差（图 7-4-16）。

图 7-4-15　电子秤　　　　　　　　图 7-4-16　对色灯箱

❹ 烤箱（红外线烤灯），加速干燥施涂在比色卡上的涂料，以便观察所调颜色涂料在干涂膜时与标准色的差异（图 7-4-17）。

❺ 比例尺、比色卡、调漆杯等用于盛装色母、搅拌混合色母、试杆比对颜色等。

❻ 颜色分析仪，是通过接触标准色，快速检测出该颜色调色配方的诊断仪器。其准确度不高，局限性很大，成本较高，故多使用在进口品牌涂料的快速调色中。

（3）调色工艺程序。

❶ 调色作业安全防护。穿戴好合适的个人防护用品。

❷ 色号查询。获取颜色代码（图 7-4-18）。

图 7-4-17 红外线烤灯

图 7-4-18 获取颜色代码

❸ 原车身表面清洁。车身涂膜表面往往有许多污染物或有氧化层，可能会影响颜色的对比效果，因此，在调配颜色前，应该用细蜡进行清洁处理，以免造成颜色差异。

❹ 色卡对比。根据查询的颜色色号，找出相应的色卡，进行对比（图 7-4-19）。

视频精讲

图 7-4-19 色卡对比

❺ 配方的查询图片。颜色对比合格后将色卡上的代码输入计算机就可以得到调色配方，有的色卡背面直接有调色配方可直接进行计量色母。

注意事项：

受制于色卡大小的原因，一般能提供的信息量不大，如一般只能提供 1L 的配方量，需要其他量的时候要先计算好再调配。

❻ 计量添加色母。根据查询出的颜色配方，利用电子秤计量需添加的相关色母及树脂（图 7-4-20）。

❼ 喷涂对比色板，将调好的漆进行试喷样板（图 7-4-21）。

❽ 添加色母进行微调。如果喷涂色板的颜色有差异就要对颜色进行微调，直到喷涂的样

板与原面漆的颜色一致。

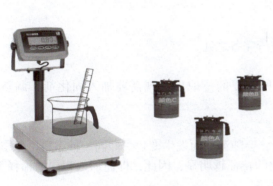
图 7-4-20　计量添加色母

图 7-4-21　试喷样板

❾ 调色注意事项如下。

a. 每次调色时，调配量都应比该车涂装的实际用量多 3%～5%，以备该车涂装完毕收尾用。

b. 调色时照样板，应在自然阳光下进行，不宜在室内灯光下对比色彩，否则会产生色差。最简单的比色方法是：将调试的样板与标准色板或与用户要求的色板并列放置，并使两块色板重叠一部分面积，观察两块样板的颜色是否一致，观察时视线与样板表面应接近垂直，并将两块色板的位置相互调换，使两块色板的颜色达到一致为止。

c. 调色时所用的漆色种类、性能必须相同，以保证混溶性。例如醇酸磁漆要与醇酸漆调配，双组分色漆要与同性的双组分色漆相互调配，不能用错漆种，以防漆料变质。又如醇酸漆不能同硝基漆混合，否则会导致树脂析出、浮色、沉淀甚至报废。

d. 针对普通汽车局部补漆前的调色，应先判断出需用的主色、次色及补色等色漆种类，各种色漆备齐后，再对照该车的原漆颜色，逐次细心地进行调色。

e. 对各种轿车修补漆的调色，如原车漆为进口漆，应先查出该漆的色号（编号或代码），按色号到电脑调色中心进行电脑调色，不要盲目自行调色，以防色差过大。如不具备调色设备时，可将该漆的色号（编号、代号或色母）输入装有调漆软件的计算机，查询用量，然后根据查出的数据，用电子秤或感量为 0.1g 的天平，按用量比例进行称量调色。

f. 调色过程中所用的工具和盛具必须保持干燥清洁，不能带有杂漆、水分等杂质。

g. 调配双组分色漆，应根据涂装用量、现用现配，用多少配多少，调色后的漆料必须在规定的时间内用完，以防胶化报废。

h. 调配双组分色漆时严禁接触水分、酸碱、油污等物质。

二、喷涂面漆

1. 面漆喷涂前的准备工作

（1）粉尘的清除。打磨工作结束后，用压缩空气彻底清除打磨粉尘。

（2）遮盖工作。

视频精讲

（3）涂装前极性除油处理。

2. 面漆喷涂前的再检查与涂料准备

（1）喷涂前的检查作业。

❶ 检查全车车身外表有无遮盖遗漏之处。

❷ 检查有无打磨作业和清扫作业没有进行完备之处。

❸ 检查喷枪和干燥设备有无异常。

（2）涂料的准备。将调好色的涂料按所需要的量取出，视需要加入固化剂，调整好黏度。

（3）涂料的过滤。

（4）黏度的调整。涂料的黏度并非常量，会随温度而发生变化。即同一种涂料，冬季比夏季显得稠。黏度越高的涂料，随温度变化的特征越明显，因此，即使加入相同的稀释剂，夏季的黏度为13～14s，冬季黏度则为20s左右。

3. 面漆的喷涂操作

面漆的喷涂操作与底漆喷涂的操作基本相同，只是喷涂的手法要求更加细腻一些，以获得良好的色彩和光泽效果。

（1）干喷。指喷涂时选择的溶剂要快干、气量较大、漆量较小、温度较高等，喷涂后漆面较干燥。

（2）湿喷。指喷涂时选择的溶剂要慢干、气量较小、漆量较大、温度较低等，喷涂后漆面较湿。

（3）湿碰湿。一般湿碰湿和上述介绍的湿喷有相似的一面，都是不等上道漆中的溶剂挥发就继续喷涂下一道漆。

（4）虚枪喷涂。在喷涂色漆后，将大量溶剂或固体分调整得极低的涂料喷涂在面漆上的操作称为虚枪喷涂。

a. 在热塑性的丙烯酸面漆上进行虚枪喷涂，用来使新喷的修补漆与原来的旧漆之间润色，使汽车表面经过修补后看不出修补的痕迹。

b. 在新喷涂的丙烯酸或醇酸磁漆上进行虚枪喷涂，提高其光泽，有时也用于斑点修补时的润色。

（5）雾化喷涂。雾化喷涂俗称雾法喷涂，又叫飞漆，是在喷涂金属漆或者碰到条纹、斑点等异常时采用的喷涂方法。金属漆与色漆喷涂方式大不相同。金属漆由于漆中有金属颗粒，有的为云母、珍珠等制成，密度大，所以喷金属漆时一般用飞雾法，像散花状喷涂，同虚枪喷涂有些相似。具体操作方法如下。

❶ 调整喷枪，全开。

❷ 喷枪距工作表面距离为30～45cm。

❸ 走枪。

扣扳机至75%，而且始终保持不变，连续围绕待喷涂区进行喷涂，直到获得均匀的金属闪光色和外观；继续移动喷枪到相邻的区域，使这一区域的外观与前面相同。

（6）带状涂装。当喷涂某个基材表面的边缘时采用此法。

（7）二道涂装。所谓二道涂装，是在一道涂装后马上进行的第二道涂装。

第五节　汽车涂装标准工艺

一、工序 1：清洁除油和钣金件评估

1. 准备工作

在进行清洁除油的过程中，涂装人员需佩戴好帽子、护目镜、活性炭过滤式面罩、耐溶剂手套，穿好防护服以及安全鞋。

2. 清洁除油

首先选用除硅清洁剂进行清洁除油工作（图 7-5-1）。

图 7-5-1　选用除硅清洁剂

将清洁剂均匀喷洒于工件表面使该区域湿润（图 7-5-2）。

图 7-5-2　将清洁剂均匀喷洒于工件表面

在清洁剂未挥发之前用干燥的擦拭布将工件表面拭干，以清除工件表面的油渍及静电（图 7-5-3）。

图 7-5-3　用干燥的擦拭布将工件表面拭干

3. 钣金件评估

接下来通过目视、触摸或直尺的方法，检查工件表面受损部位的钣金质量（图 7-5-4）。若不合格，需送回钣金工序重新校正；若无需校正，则判断修补区域和应采取的修补方法。

图 7-5-4　钣金件评估

二、工序 2：去除旧漆层，打磨羽状边

1. 准备工作

在进行打磨过程中涂装人员需佩戴好帽子、护目镜、耳塞、防尘口罩、防护手套，穿好防护服以及安全鞋。

2. 打磨旧漆层

为方便打磨，可以对打磨区域做一定（范围）的标记（图 7-5-5）。

图 7-5-5　对打磨区域做一定（范围）标记

选择 5mm 或者以上的气动偏心振动圆磨机配合 80 号干磨砂纸（图 7-5-6）。

图 7-5-6　选择工具

打磨受损工件表面,去除旧漆层直至露出裸金属(图7-5-7)。

图 7-5-7　去除旧漆层直至露出裸金属

3. 打磨羽状边

旧漆层去除后,可用打磨机配合 120 号砂纸顺着旧漆边缘打磨出羽状边锥形(图 7-5-8)。

图 7-5-8　打磨出羽状边锥形

再使用打磨机配合 180 号砂纸消除 120 号砂纸产生的痕迹,并向外拉伸羽状边,使羽状边达到 3～5cm 的宽度(图 7-5-9)。

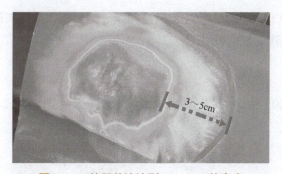

图 7-5-9　使羽状边达到 3～5cm 的宽度

未伤及色漆层的工件表面无需研磨至裸金属,可使用打磨机配合 280 号砂纸对其进行打磨,将划痕去除,最后,使用研磨机配合 280 号砂纸将修补区域磨毛,并对羽状边边缘进行进一步修饰,使羽状边更加光滑(图 7-5-10)。

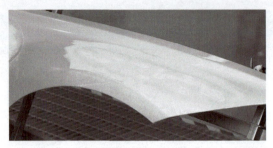

图 7-5-10　对损伤区域的羽状边边缘进行打磨

打磨完毕后，对工件进行清洁。

4. 清洁除油

先使用吹尘枪清除工件表面的灰尘并打磨微粒，再对板面进行除油作业。

首先选用 ColorSystem 除硅清洁剂 7010 进行清洁除油工作。

将清洁剂均匀喷洒于工件表面，使该区域湿润，在其未挥发之前用干燥的擦拭布将工件表面拭干，以清除工件表面的油渍及静电（图 7-5-11）。

图 7-5-11　清洁除油

三、工序 3：施涂底漆

1. 准备工作

施涂底漆及调配底漆时涂装人员应佩戴好帽子、护目镜、活性炭过滤式面罩、耐溶剂手套，穿好防护服和安全鞋。

2. 调配底漆

调配环氧底漆 4500，混合均匀后过滤，装入底漆喷枪（图 7-5-12）。

图 7-5-12　调配底漆

3. 喷涂底漆

使用底漆专用喷枪薄喷一层于裸金属表面，底漆层的厚度一般为 6～12μm（图 7-5-13）。

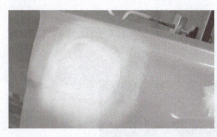
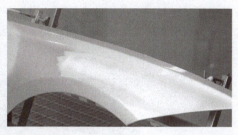

图 7-5-13　喷涂底漆

使用短波红外线烤灯以加速底漆干燥，短波红外线烤灯应放置在距离工件 1m 处的位置（图 7-5-14）。

图 7-5-14　红外线烤灯加速底漆干燥

四、工序 4：施涂原子灰

1. 准备工作

施涂原子灰的涂装人员需佩戴好帽子、护目镜、活性炭过滤式面罩、耐溶剂手套，穿好防护服和安全鞋。

2. 调配原子灰

原子灰和硬化剂在混合前要分别搅拌均匀。
取出大致所需量的原子灰放置于混合板上，并按质量比添加适量的固化剂（图 7-5-15）。

图 7-5-15　按质量比添加适量的固化剂

注意：

- 一般原子灰与固化剂的混合比例为 100 ：(2～3)（质量比）。
- 在混合板上将原子灰与固化剂进行充分混合（图 7-5-16）。

图 7-5-16　在混合板上将原子灰与固化剂进行充分混合

3. 刮涂原子灰

在打磨范围内，分几次刮涂原子灰。

刮涂时，先用刮刀垂直薄涂原子灰，令其紧贴金属表面。

重复施涂时，将刮刀倾斜 30°～45°，依次来回刮涂，并逐步扩大施涂的面积，直至填平并略高于基础面，以方便打磨（图 7-5-17）。

图 7-5-17　刮涂原子灰

注意事项：

边缘处一定要薄涂，以形成斜坡，方便打磨边缘

4. 干燥工作

原子灰刮涂完成后，在距离工件 0.8～1m 处，使用短波红外烤灯，设定温度 50℃进行辅助干燥 10～15min（图 7-5-18）。

图 7-5-18　干燥工作

五、工序 5：研磨原子灰

1. 准备工作

研磨作业人员需佩戴好帽子、护目镜、耳塞、防尘口罩、防护手套，穿好防护服以及安全鞋。

2. 打磨原子灰

首先，在干燥的原子灰表面刷涂炭粉指示剂，当炭粉附着在原子灰表面时可以清晰分辨出板面打磨的平整程度和打磨程度（图 7-5-19）。

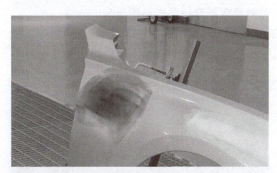

图 7-5-19　在干燥的原子灰表面刷涂炭粉指示剂

使用 5mm 气动偏心振动打磨机配合 120# 砂纸打磨原子灰，打磨时可用手辅助感受板面的平整度（图 7-5-20）。

图 7-5-20　打磨时可用手辅助感受板面的平整度

3. 打磨羽状边

使用180#砂纸研磨羽状边区域,并用120#砂纸配合手磨板小心打磨边缘,确保腻子与旧涂膜衔接处无断层。

接着用180#砂纸配合手磨板进行打磨,以消除120#砂纸痕,并将表面高度打磨至与基础面一致(图7-5-21)。

逐渐加大砂纸型号,确保较深的打磨痕在每次的操作中均被打磨去除。

图7-5-21 手磨板进行打磨

注意事项:

- 每更换一次砂纸都需要重新涂一层炭粉指示剂。
- 最后,使用280#砂纸配合打磨机将损伤区域周边磨毛。
- 完成后,使用红色工业百洁布进一步磨毛板件边角区域(图7-5-22)。

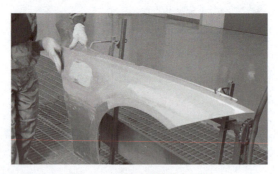

图7-5-22 磨毛板件边角区域

六、工序6:清洁吹尘,施涂原子灰

1. 准备工作

涂装人员需佩戴好帽子、护目镜、活性炭过滤式面罩、耐溶剂手套,穿好防护服以及安全鞋。

2. 清洁除尘

用吹尘枪吹掉工件表面的灰尘和脏物。
均匀喷洒清洁剂,并用干燥的擦拭布擦拭,以清除工件表面的油渍及静电(图7-5-23)。

图 7-5-23　均匀喷洒清洁剂

3. 刮涂原子灰

检查打磨后原子灰表面是否有凹坑或砂眼,若有,需要再次施涂原子灰并进行干燥(图7-5-24 和图7-5-25)。

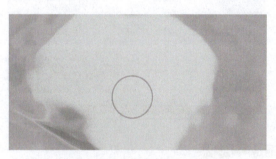

图 7-5-24　检查表面是否有凹坑或砂眼

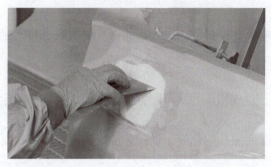

图 7-5-25　检查再次施涂原子灰

4. 打磨原子灰及除尘

使用 280# 砂纸配合 5mm 气动偏心振动打磨机打磨并除尘。

七、工序7：清洁，遮蔽

1. 准备工作

涂装人员需佩戴好帽子、护目镜、活性炭过滤式面罩、耐溶剂手套，穿防护服以及安全鞋。

2. 清洁工件

均匀喷洒清洁剂，并用干燥的擦拭布擦拭。

3. 遮蔽工件

在准备喷涂中涂底漆的四周约10cm处做反向遮蔽，以避免车身其他非作业区域遭受涂装污染（图7-5-26）。

反向遮蔽，可以避免喷涂时漆层产生断层现象，使新漆层与旧漆层的边界过渡更平滑。

视频精讲

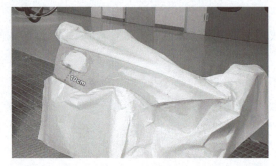
图7-5-26 遮蔽工件

八、工序8：施涂中涂漆

1. 准备工作

涂装人员需佩戴好帽子、护目镜、供气式面罩、耐溶剂手套，穿好防护服以及安全鞋。

2. 调配中涂底漆

利用颜色查询系统，找到相应的颜色配方或产品信息，选择喷涂部位，系统会自动计算出油漆使用量。

根据产品要求将中涂底漆和固化剂、稀释剂按比例进行混合并搅拌均匀（图7-5-27）。

注意事项：

如遇原子灰打磨露出金属的部位，需要薄喷一层底漆进行保护，静置5～10min后即可喷涂中涂底漆。

第七章 涂装工艺

视频精讲

图 7-5-27　调配中涂底漆

3. 测试喷枪

喷涂前需要进行测试喷幅。

若喷幅中央为湿润区，外围为雾化区，则为完美喷幅，可进行中涂底漆的喷涂（图 7-5-28）。

图 7-5-28　测试喷枪

4. 喷涂中涂底漆

首先在原子灰与旧漆接口处雾喷一层，经过闪干静置，直到工件无光泽，便可喷涂第二层，要确保每一层的喷涂面积都要比上一层的喷涂面积宽出 3～6cm，若两处损伤相邻，第三层应进行整喷（图 7-5-29 和图 7-5-30）。

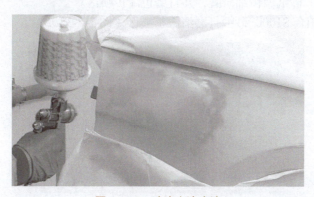

图 7-5-29　喷涂中涂底漆

305

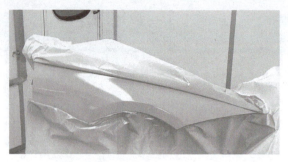

图 7-5-30　中涂底漆喷涂完成

喷涂完毕，使用短波红外烤灯以 60℃的温度烘烤 20min。

九、工序 9：研磨中涂漆

1. 准备工作

涂装人员需佩戴帽子、护目镜、耳塞、防尘口罩、防护手套，穿好防护服以及安全鞋。

2. 研磨中涂漆

研磨前喷涂刷涂炭粉指示剂，以便在打磨过程中清晰地检查打磨效果和漆面的平整度（图 7-5-31）。

图 7-5-31　研磨中涂漆

使用 3mm 气动偏心振动打磨机配合 400# 砂纸研磨干燥后的中涂漆。研磨机配合 500# 砂纸做精细研磨，并打磨色漆扩喷区。用研磨机配合铂金 S1000# 砂纸打磨清漆扩喷区（图 7-5-32）。

图 7-5-32　打磨清漆扩喷区

最后，用灰色百洁布手工打磨板件边角区域。

十、工序 10：喷涂面漆和清漆

1. 准备工作

涂装人员需佩戴帽子、护目镜、供气式面罩、耐溶剂手套，穿好抗静电防护服以及安全鞋。

2. 清洁除尘

使用除硅清洁剂对板件进行清洁，以去除板件表面的油渍，使用吹尘枪配合除尘布对板件除尘。

视频精讲

3. 调配面漆

将准备好的面漆和调和水按照比例要求混合，搅拌均匀并过滤后装入水性漆专用喷枪（图 7-5-33）。

图 7-5-33　调配面漆

4. 测试喷枪

喷涂作业前，需对喷枪进行适当调节，出油量调至 2 圈，喷幅调至最大，并根据油漆喷涂要求调整气压，然后测试喷枪喷幅（图 7-5-34）。

图 7-5-34　测试喷枪

喷涂时可先喷涂工件内部和边角处。

第一层水性色漆即遮盖层需中湿喷涂,提供70%的遮盖力,根据面漆施工说明闪干或喷涂下一层。

喷涂0.5层水性色漆即效果层,提供30%的遮盖力。

用吹风筒将色漆中的水分清除至完全亚光(图7-5-35)。

图 7-5-35　用吹风筒将色漆中的水分清除至完全亚光

5. 调配清漆

接下来将清漆和固化剂按照比例要求混合且搅拌均匀(图7-5-36)。

图 7-5-36　调配清漆

6. 喷涂清漆

过滤装入清漆喷枪,并进行测试喷涂。

清漆喷涂1.5层,每层相隔5～10min,间隔时间以指触漆面时清漆不拉丝为宜,此时即可施涂下一层清漆(图7-5-37)。

涂装完毕,工件恢复完美漆面。

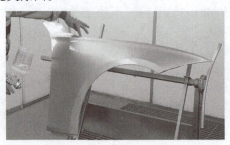

图 7-5-37　喷涂清漆

第八章
抛光打蜡与涂装缺陷处理

第一节　汽车抛光

抛光主要针对汽车的修补涂装，或漆膜老化后的整新处理。一般是利用工具、设备先进行抛光，再进行打蜡，以去除橘皮、细微砂纸痕迹、泛色等涂抹缺陷，达到整新或与原车漆膜相一致的效果。

1. 抛光的作用

所谓抛光，就是通过研磨，使涂膜面显出光泽，除去附着在涂膜表面上的灰尘和小麻点，并对表面粗糙处和起皱皮处等平整度不良的情况进行修整。对于部分涂装而言，还包括对晕色部位的打磨等，先用P1000～P2000砂纸打磨，再用抛光机抛光。抛光处理既适用于新喷涂漆面及修补涂装的修饰，也适用于旧漆面的整新。

视频精讲

2. 常用的抛光工具

（1）砂纸。主要是清除流挂和整理表面的颗粒，使纹理保持一致性，常用的是P1200～P2000砂纸。

（2）磨石。主要是清除表面的颗粒及流挂等现象。

（3）研磨剂。使用的材料主要由大小均匀的细微颗粒组成，其形态有膏状、浆状等。

（4）抛光机。抛光机分为电动式和气动式两种。

❶电动式抛光机转数较快且可调，功率较大，研磨抛光效果较好。需注意的是有的电动式抛光机功率较大，对于初学者来说要时刻注意抛光机的状态，以免损坏车漆。

❷气动式抛光机转数较低，且研磨抛光效果较差，研磨抛光作业的效率相对较低。

（5）喷水壶。在研磨抛光作业时，用于向研磨部位喷水，目的是降温、清洁及润滑。

3. 抛光工艺

（1）整车抛光工艺。整车抛光工艺包括旧车涂膜翻新抛光，也有新喷涂膜抛光。新喷涂膜应在涂层表面实干后进行抛光。

❶ 第一次抛光。首先用半弹性垫块衬 P1500 水砂纸打磨，然后用 P2000、P4000、海绵砂纸轻轻地把流痕、凸点、粗粒、轻微划痕打磨平整，再按顺序将整车打磨一遍，使涂膜均匀无光，注意不要磨穿漆膜层。

❷ 第二次抛光。当整车涂膜用全能抛光剂抛光后，涂膜的流痕、粗粒、划痕、海绵砂纸磨痕迹会全部消除，但有时会有一些极其细小的丝痕或光环，为了确保涂膜更平滑、光亮，需用釉质抛光剂进行第二次抛光。

（2）补涂施工中的局部抛光。根据局部抛光所起的作用可分为喷涂前补涂部位外围旧涂膜抛光和喷涂后补喷涂部位抛光。

❶ 喷涂前补涂部位外围旧涂膜抛光。可采用手工或机械方法，因补涂部位外围抛光面积一般不会太大，因此手工处理较为普遍。

❷ 喷涂后补涂部位抛光。应在涂膜完全干燥后，使用细度抛光剂或超细抛光剂进行抛光。采用手工处理方法，倒少量抛光剂于软布上，在补涂部位四周接口处，按补涂部位向旧涂膜部位同一方向抛光。

抛光力度不宜过大，抛光程度不宜过深，防止产生补涂边缘线形痕迹，使涂膜达到光泽柔和程度即可。

注意事项：

- 研磨作业完后，必须彻底清洁抛光研磨残渣，并用压缩空气吹净边缝部位，然后进行精细抛光。
- 对于边、角、棱、突起部分以及漆膜有可能被磨穿的部位，应事先用胶带贴好，待机械抛光完后，移去胶带，再用手工进行局部抛光。
- 对于有划痕的车漆表面，用砂纸打磨时要使用汽车美容砂纸（如 P1500～P2000），且要注意打磨的深度。
- 对于局部较严重的划痕，在研磨抛光前应该先用专用的美容砂纸结合着水对其进行打磨，然后用粗、中、细三种研磨剂进行研磨抛光作业。

4. 漆面抛光

漆面抛光就是汽车美容过程中，在打蜡、封釉或镀膜时先给漆面做一次抛光。因为封釉镀膜必须先经过抛光，而且是经过精细抛光的车辆，才能做出镜面来，这是封釉必须经过的操作。没有经过抛光处理，车漆不平整，封釉保持时间会非常短，根本起不到长期附着的效果，和打蜡没有什么区别。当然，根据车漆的情况，抛光不一定要三步都做，新车往往一步还原即可。但是做过粗蜡的车辆一定要进行中蜡抛光，做过中蜡抛光的车辆一定要用细蜡还原。

（1）把抛光剂摇匀，倒在海绵研磨盘上少许，用抛光盘在漆面上涂抹均匀，调整抛光机转速到 1400～1800r/min，启动抛光机，沿车身方向直线来回移动，抛光盘经过的长条轨迹之间覆盖 1/3，不漏大面积漆（图 8-1-1）。

（2）抛光部位顺序与研磨顺序一致，按左前机盖 - 左前翼子板 - 左前保险杠 - 左车顶 - 左前车门 - 左后车门 - 左后翼子板 - 后备厢盖 - 后保险杠的顺序抛光左半车身，按相反顺序抛光右半车身。抛光车顶时可打开车门，在门边垫毛巾，踩在门边上操作（图 8-1-2）。

图 8-1-1　抛光机盖

图 8-1-2　按顺序对车辆抛光

（3）对于车身边角不宜使用抛光机的位置，采用手工方法抛光，用干毛巾蘸抛光剂抛光。把整个车身有漆面的地方全部做完，包括喷漆的保险杠，注意此处温度不宜过高。注意边角、棱角，不要用力抛光，因为这些地方漆膜较薄（图 8-1-3）。

图 8-1-3　手动抛光

视频精讲

（4）漆面抛光后，用纯棉毛巾将整车清洁干净。

要控制抛光盘的转速和湿度，注意漆面的温度和边角棱角。

第二节　汽车打蜡

打蜡是汽车美容的一个重要步骤，一般是指将车蜡按一定的方式涂覆在车身表面上，利用机械或人工进行打蜡，目的是提高涂膜的光泽度和丰满度，弥补抛光处理后的不足。

抛光作业结束后，最后的工序是打蜡。值得注意的是，有的涂料禁止打蜡，比如合成纤维素丙烯酸硝基涂膜不能使用油性蜡；聚氨酯涂膜在没有完全固化之前，也最好不要打蜡。另外，不同的涂膜应选择与之相适宜的车身蜡，选择方法应根据涂料生产厂家的使用说明书。

1. 车蜡的作用和分类

汽车涂膜经过抛光后，一般均需在其表面打蜡，蜡质在涂层表面干燥后会形成一层薄的保护膜。该保护膜可以反射阳光中的紫外线，降低对漆膜的破坏。蜡质的光滑度能有效防止水分子对涂膜的渗透并具有抗污能力，蜡膜有一定的硬度，可减轻划伤涂层表面的程度，蜡膜的光泽能提高涂膜的光泽度和丰满度，弥补抛光处理后的不足。

根据车蜡的特性，可分为以下几类。

（1）去污蜡。去污蜡的特点是具有去污除垢和保持汽车表面光亮的功能，主要是涂抹在汽车表面，能够恢复汽车漆面及金属的鲜艳色度。

（2）亮光蜡。能够在漆面形成保护膜，防止氧化、酸蚀及雨水的侵蚀，使漆面不沾灰尘，让汽车有持久的光亮，适用于车身及金属制品。

（3）保护蜡。保护蜡主要是除去汽车油污和柏油，防止汽车生锈，能产生稳定、防水的汽车保护膜。汽车保护蜡适用于汽车表面及槽沟。

（4）镜面蜡。镜面蜡是一种高性能的汽车护理型天然蜡，含有巴西棕榈和聚碳酸酯，对漆面渗透力极强，光泽如镜，保持长久，能有效护理汽车漆面，适用于新车及旧车抛光翻新后的漆面护理。

（5）抗静电蜡。抗静电蜡是一种喷雾型上光护理蜡，能防止漆面产生静电，最大限度地减少静电对灰尘和油污的吸附。

（6）彩色蜡。彩色蜡分为红色、蓝色、绿色、灰色和黑色5种颜色，即打即抛光，省时省力，不同颜色的车使用不同颜色的车蜡，对漆面起到修饰作用，可掩饰轻微细小的划痕。

（7）底盘保护蜡。适用于漆面、橡胶、塑料及PVC烤漆，可长久防止底盘腐蚀和碎石的碰击，可预防表面颜色的改变，达到隔声和除锈的效果。

2. 选择车蜡

车蜡有防水、抗高温、防静电、上光和研磨抛光等作用。选择车蜡时应根据车蜡的作用特点、车辆的新旧程度、车漆颜色及行驶环境等因素综合考虑。

（1）新车最好选用彩色上光蜡以保护车体的光泽和颜色。

（2）夏天时宜选用防紫外线车蜡，行驶环境较差时应用维护作用突出的树脂蜡。

（3）普通车辆可选用普通的珍珠色或金属漆系列车蜡，高档汽车应选用高档的车蜡，否则对车体有损害。

（4）一般深色车漆选用黑色、红色、绿色系列的车蜡，浅色车漆选用银色、白色、珍珠色系列车蜡。

3. 打蜡的一般程序

（1）汽车清洗。为了保证打蜡效果，打蜡前必须对车辆进行彻底清洗。

（2）上蜡。上蜡时，首先将适量的车蜡涂抹在海绵上（专用打蜡海绵），然后按一定顺序往复直线涂抹，每道涂抹应与上道涂抹区域有 1/5～1/4 的重合度，防止漏涂且保证均匀涂抹。机械上蜡时将车蜡涂在打蜡机海绵上，具体涂抹过程和手工涂抹相似，值得注意的是在边、角、棱处的涂抹应避免超出漆面，而在这方面手工涂抹更容易把握。

（3）抛蜡。

上蜡后 5～10min 蜡表面开始发白，用手背抹一下，手背上有粉末，抹过的漆面有光亮，说明蜡已经干燥。用柔软、干燥的毛巾抛蜡，直到整个车表没有残蜡。

注意事项：

必须等待车身上的蜡干后，即发白的时候，或用手去感觉（感觉到漆面光滑即可），擦蜡毛巾不要太硬，但一定是干的，擦蜡毛巾为纯棉料，要求力度适中。使用的时候要折叠成方块，五指并拢，压在毛巾上擦。

4. 打蜡工艺

（1）机械打蜡。机械打蜡时使用轨道抛光机，按椭圆形轨迹旋转，用双手扶把紧贴机体的中心立轴，效率高、质量好、不易产生划痕。打蜡时将液体蜡摇匀后，画圈似地倒在打蜡盘面上，每次以 0.5m² 的面积顺序打匀，直至打完全车身。待蜡凝固后，将干净、无杂质的抛光蜡盘套装在打蜡机上，开机后调节转速并控制在 1000r/min 以下，然后将打蜡机抛光盘套轻轻平放在涂面上，进行横向与竖向覆盖式抛光，直至涂面靓丽为止（图 8-2-1）。

（2）手工打蜡。若是乳状蜡，应将其摇匀，然后倒少许于海绵或软布上，涂蜡时以拇指和小指夹住海绵，以手掌和其他三个手指按住海绵，每次涂蜡以 0.5m² 的面积为宜，力度均匀地按旋律式顺序擦拭。从前到后、从左到右，蜡膜要涂得薄而均匀，根据每种车蜡的说明，稍候用干净的软布擦净即可（图 8-2-2）。

图 8-2-1　机械打蜡

图 8-2-2　手工打蜡

（3）打蜡上光。为了更好地对汽车涂层加以保护，可定期地在车身涂膜上打一层上光蜡，这样可以提高涂膜的光泽，还可以对涂膜提供进一步的防护。目前上光蜡的概念已由一般的单纯打蜡上光发展到保护性上光。

5. 打蜡的注意事项

（1）上蜡前应对车身表面进行彻底清洁，去除漆面上的沥青、鸟粪等污物，并保证车身干爽，否则擦蜡后颜色会不均匀。

（2）作业环境应清洁，不能在阳光下作业。

（3）不要给塑料保险杠、车身饰条、车窗防雨密封条等塑料橡胶件上蜡。因为车蜡在其表面干燥后呈白色，很难清除。

（4）不要在车表温度高时打蜡，因为车表的高温会使车蜡附着能力下降，从而影响了打蜡效果。

（5）对旧车打蜡时应注意，若海绵上出现与车漆相同的颜色，可能是漆面已经破损，应立即停止打蜡，进行修补处理。

（6）有些车主以为，车蜡在车表面停留的时间较长，蜡质被车漆吸收得越多，越能增加车漆的亮度，所以，大街上涂着蜡行驶的车也不少见。这是不合理的，未抛蜡的汽车在路上行驶时，会沾染许多灰尘、细沙粒，再进行抛蜡时，容易造成漆面划伤。

6. 打蜡的时机

（1）新车不要随便打蜡，因为新车本身的漆层上已有一层保护蜡，过早打蜡反而会把新车表面的原装蜡除掉，造成不必要的浪费。

（2）要掌握好打蜡的频率。一般有车库停放，多在良好的道路上行驶的车辆，每3～4个月打一次蜡即可；露天停放的车辆，由于风吹日晒，最好每2～3个月打一次蜡。当然，这并非是硬性规定，一般用手触摸车身感觉不光滑时，就可再次打蜡。

7. 漆面打蜡

汽车打蜡的作用首先就是防水，防酸雨，由于车蜡的保护，会使车身的水滴附着量降低，效果十分明显，能达到50%～90%；其次是防高温和紫外线，天气越来越热，汽车常年在外行驶或存放很容易因光照而导致车漆老化褪色，而打蜡形成的薄膜可以将部分光线反射，有效避免车漆老化；再次就是车蜡可以防静电，当然同时也防尘。汽车在行驶时与空气摩擦产生静电，而车蜡则可以有效地隔断车身与空气、尘埃的摩擦。少了静电，车辆自然少了灰尘的吸附，而且车蜡还能起到上光的作用，使汽车显得更新、更好看一点。

（1）涂抹车蜡。

❶用打蜡海绵蘸适量车蜡，以划小圆圈旋转的方式均匀涂蜡；圆圈的大小以圆圈内无遗漏漆面为准，每圈盖前一圈1/3，圆圈轨迹沿车身前后直线方向（图8-2-3）。

图8-2-3　涂抹车蜡

❷ 全车打蜡顺序。把漆面分成几部分,按左前机盖 - 左前翼子板 - 左前保险杠 - 左车顶 - 左前车门 - 左后车门 - 左后翼子板 - 后备厢盖 - 后保险杠的顺序研磨左半车身,按相反顺序研磨右半车身,直到所有漆面无遗漏地打蜡(图8-2-4)。

图 8-2-4　全车打蜡

❸ 在全部漆面上均匀涂一薄层车蜡,以漆面明显覆盖一层车蜡为准(图8-2-5)。

图 8-2-5　漆面上均匀涂一薄层车蜡

注意:

车蜡切勿涂到车身的橡胶制品上,万一涂到要及时擦拭干净,否则,待到车蜡干燥时会很难清除。

(2)擦蜡和提光。上蜡后彻底清洁玻璃、保险杠、饰条、轮胎、钢圈等,顺序与涂抹蜡一样。用纯棉毛巾把蜡擦掉并用合成麂皮摩擦漆面,直到漆面上的倒影清晰可见为佳(图8-2-6)。

图 8-2-6　擦蜡

视频精讲

（3）清理缝隙。用干净的毛巾将全车缝隙处残留的蜡擦拭干净，不要有残留。

第三节　常见喷涂缺陷

在汽车喷涂过程中由于各种各样的原因会导致各种缺陷，了解这些缺陷的成因、预防及补救措施，可以更好地适应和掌握这项工作。

可能出现的喷涂缺陷有腻子周边皱缩现象，中途漆出现针孔／小洞，打磨砂纹，刮痕，清漆层脱落，腐蚀／锈蚀，失光／消光、龟裂，污斑——酸侵蚀痕，滴流／垂流，橘皮，鱼眼／陷穴，污垢和尘埃，面漆凹陷，颜色差异／不相符，腻子成块脱落，水斑，咬起／溶剂的侵蚀，气泡，遮盖力／遮光度不够，浮色，失光，干喷，剥落／附着力差，溶剂泡，小斑点，抛光印，清漆层泛黄，车身油漆出现裂纹，发白／起霜，油漆在储存和使用中的沉淀／变稠问题，干固不够等。

主要以常见的几种现象介绍如下。

1. 刮痕

（1）定义。汽车表面出现线条装的痕迹（图8-3-1）。

图8-3-1　刮痕

（2）成因。
❶磨损到金属层外露的程度。
❷车身的腻子打磨不足。
❸以腻子修补的车身部分在喷涂面漆前没有正确喷涂中间漆封闭。
（3）预防。
❶选用正确的砂纸打磨。
❷将腻子打磨平整。
❸一定要以打底填料封闭整个填补范围。
（4）补救。打磨平整或填补平整，然后重新喷涂。

2. 清漆层脱落

（1）定义。清漆层的附着力不够，从而导致清漆层脱落（图8-3-2）。

图 8-3-2　清漆层脱落

（2）成因。
❶ 色漆层漆膜太厚。
❷ 色漆层留存有溶剂。
❸ 静置和干燥时间太短。
❹ 使用了不相容的材料。
（3）预防。
❶ 依照施工建议。
❷ 喷涂正常厚度的色漆层和清漆层。
❸ 使用制造商所推荐的配套产品。
（4）补救。打磨脱落的部位，再进行修补，然后重新喷涂。

3. 腐蚀 / 锈蚀

（1）定义。机械损伤引致漆膜底下出现锈蚀（图 8-3-3）。

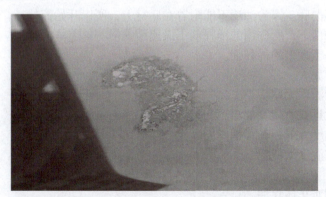

图 8-3-3　腐蚀 / 锈蚀

（2）成因。
❶ 砂石导致漆膜破损，金属层受侵蚀，往往会在漆膜底下出现锈蚀，从而引致气泡和脱皮。
❷ 油漆覆盖下的金属层所受到的腐蚀没有完全清除，以致因腐蚀恶化而迅速破坏。
❸ 覆盖金属层的油漆被没有戴手套的人触摸，或者受到金属预处理时积聚的化学品、打磨水、脱漆剂等的污染。

（3）预防。

❶ 可能会受到机械损伤的油漆部分在生产或维修时，都必须喷涂可抵御砂石侵损的保护漆。

❷ 外露的金属层必须经过彻底打磨，以消除表面和麻坑上所有锈蚀痕迹。

❸ 外露的金属层须经过金属预处理剂和除锈剂处理。

❹ 不可用手接触已预处理的金属部分，而且须在 30min 内进行底漆工序，以免锈蚀重新形成。

（4）补救。脱除油漆，直至金属层外露为止，重新喷涂。

4. 滴流/垂流

（1）定义。油漆沿漆面垂流，在一些漆层厚度不均匀的区域，主要是在垂直表面上会出现流挂现象，局部区域上的油漆堆积太多导致油漆在湿的时候就发生流挂（图 8-3-4）。

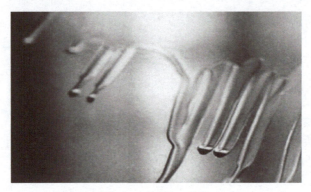

图 8-3-4　滴流/垂流

（2）成因。

❶ 底材除油不彻底，因为油漆不能附着在底材上，所以开始流挂。

❷ 在该喷涂条件下，所选用的稀释剂干燥速度太慢。

❸ 油漆中加入了太多的稀释剂。

❹ 喷枪的喷嘴太大。

❺ 喷涂的油漆涂层太厚。

❻ 喷涂距离太近或所喷涂油漆不均匀导致局部涂料堆积。

❼ 喷涂环境温度太低，稀释剂挥发太慢。

❽ 车体、油漆温度太低。

（3）预防。

❶ 喷涂前仔细对车体除油。

❷ 以下因素决定稀释剂的选择：工件大小、环境温度、空气流动速度。

❸ 借助比例尺或黏度杯以达到正确的混合比例。

❹ 对所喷油漆，参照技术手册选用合适的喷嘴尺寸。

❺ 采用正确的喷涂技术。

❻ 喷涂的理想温度大约为 20℃，如有必要，可选用快干型稀释剂。

❼ 如有必要，应让汽车车体温度与烤漆房内的温度一致。

❽ 油漆储存温度至少为 15℃。

（4）补救。可以采用打磨和抛光等方法除去已干燥的流挂油漆，若出现严重的流挂现象，需在干燥后打磨平整并重新喷涂。

5. 污垢和尘埃（落尘）

（1）定义。灰尘颗粒落在湿涂层上，在涂料干燥过程中灰尘嵌在漆膜里面，使涂层表面有微粒突出。

（2）成因。

❶ 喷涂时，灰尘从天窗、车轮拱罩或缝隙处飞起。
❷ 打磨粉尘滞留在表面。
❸ 遮盖粉的撕裂处有纤维落下。
❹ 灰尘颗粒落在汽车表面。
❺ 涂料受到污染。
❻ 周边人员衣服上有灰尘。
❼ 在汽车周围移动（走动）使灰尘上扬。
❽ 烤漆房压力过低。
❾ 过滤棉堵塞。
❿ 烤漆房地板上有灰尘。
⓫ 烤漆房墙壁很脏。
⓬ 天花棉不合适。
⓭ 空气管道很脏。

（3）预防。

❶ 在修补区周围所有开口处彻底吹净灰尘，进行清洁。
❷ 打磨后用吹枪仔细吹掉粉尘。
❸ 使用高质量的遮盖粉，将撕裂边缘向内叠起，并使纸的光滑面朝外。
❹ 喷涂前小心用抹尘布擦拭汽车，并将抹尘布存放在干净塑料袋内。
❺ 将涂料倒入喷枪时进行过滤。
❻ 穿戴干净、无纤维、抗静电的喷涂工作服。
❼ 在烤漆房内不要随意走动。
❽ 经常检查烤漆房压力。
❾ 定期更换过滤棉。
❿ 保持烤漆房地面清洁，烤漆房内不要放置不必要的东西。
⓫ 定期清洁烤漆房。
⓬ 采用合适的天花棉。
⓭ 用旧抹布擦净喷枪下面 2m 长的空气管，喷涂时不要让这段管子落在地板上。

（4）补救。喷涂时，可用针尖挑出漆膜内夹杂的灰尘，干涂层内的小灰尘可以用抛光方法除去，如果灰尘陷在涂层深处，应打磨表面并重喷。

6. 汽车划痕的研磨抛光

发丝划痕一般是由于不正确的洗车、擦车或轻微摩擦而产生的细划痕，一般从视觉上能看出来，但手触时感觉不到（图 8-3-5）。浅度划痕是面漆被破坏，没有露出底漆的划痕。

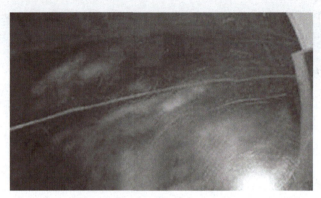

图 8-3-5　发丝划痕

（1）发丝划痕的处理方法。

❶ 首先用洗车液清洁车体，无需擦干。

❷ 用湿润的抛光盘将抛光剂均匀涂抹于漆面。

❸ 开机后轻轻接触操作表面，动作要慢，转速调为 1800～2200r/min，抛光一遍，然后喷水抛光一遍。

❹ 中度抛光后用清水清洗漆面，清除残留的抛光剂。

❺ 用抛光盘将镜面抛光剂均匀涂抹于漆面。

❻ 开机后轻轻接触操作表面，动作要慢，转速调为 1800～2200r/min，抛光一遍。

❼ 最后再用洗车液清洁车体，擦干后封釉或打蜡。

（2）浅度划痕的处理方法。

❶ 首先用洗车液清洁车体，无需擦干。用美容砂纸 P1500～P2000 对划痕部位打磨至漆面无光泽。

❷ 用湿润的研磨盘将深度研磨剂均匀地涂抹于漆面。

❸ 开机后轻轻接触操作表面，动作要慢，转速调为 1000～1400r/min，研磨一遍，而后喷水研磨一遍。

❹ 深度研磨后用清洁剂清洗漆面，清除残留的深度研磨剂。

❺ 用湿润的抛光盘将抛光剂均匀地涂抹于漆面。

❻ 开机后轻轻接触操作表面，动作要慢，转速调为 1800～2200r/min，抛光一遍，而后喷水抛光一遍。

❼ 中度抛光后用清水清洗漆面，清除残留的抛光剂。

❽ 用抛光盘将镜面抛光剂均匀地涂抹于漆面。

❾ 开机后轻轻接触操作表面，动作要慢，转速调为 1800～2200r/min，抛光一遍。

❿ 最后再用洗车液清洁车体，擦干后封釉或打蜡。

7. 提高喷漆质量的措施

（1）保证清洗质量。喷漆前工件表面的油污、尘土以及锈斑等要认真、彻底清洗，表面不平处应校正或补平，清洗后必须彻底晾干，然后进行喷涂作业。

（2）操作环境应无尘土，通风良好，温度在 10～30℃之间。空气应当干燥，避免在梅雨季节、雨后初晴或早晨湿度较大时进行喷漆作业，有条件者可人工控制相对湿度在 65%±5% 的范围内。

（3）涂料应过滤去渣，用后立即封盖。

（4）合理调整漆料稠度，保证喷涂后漆膜的流平性好、均匀，并有光泽。涂料的稀释剂以溶剂汽油为佳，也可使用车用汽油。喷涂后半小时内应防尘、防水，不要与其他物体接触。

（5）喷漆作业前应检查空气压缩机储气筒及油水分离装置，放尽油和水。

（6）喷枪口径及空气压力应控制适当。

（7）合理确定漆膜厚度。漆膜并不是越厚越好，合理的厚度应以覆盖严密、无裸露、无流痕为度。漆膜过厚不仅浪费，而且易脱落。

（8）加强对操作人员的培训，严格按操作规范作业。

第九章

汽车涂装作业

第一节　塑料件涂装

1. 塑料件的种类与特性

塑料已经成为汽车制造的重要材料之一，塑料件在汽车车身上的应用仅次于金属件，约占全车车身材料的 10%。因此，做好塑料件的涂装是汽车车身涂装重要的工作之一。塑料件分布如图 9-1-1 所示。

图 9-1-1　塑料件分布

（1）汽车塑料件根据其受热之后的性能，可分为热塑性和热固性两种（表9-1-1）。

（2）汽车塑料性的特性。

❶ 塑料的密度比铝、铁、钢等低许多，用它制作汽车零部件，可减轻汽车整车质量，降低油耗。

❷ 塑料件不导电、不传热，可用来制作汽车电器的绝缘件及隔热零部件。

❸ 塑料件的韧性较好，具有较好的防振、耐磨性能，可用来制作耐磨、减振零件等。

❹ 塑料的力学性能较差，受力易变形，不易制作支撑件或受力件。

❺ 塑料件的耐热性不好，不易制作耐高温零件。

表 9-1-1　热塑性塑料件和热固性塑料件的区别

热塑性塑料件	热固性塑料件
加热软化变形 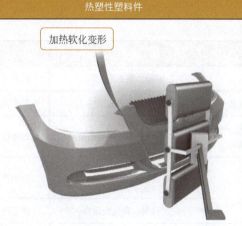	加热不变形 
加热软化变形，冷却硬化成型，再次加热，又能软化变形再成型，如此反复，可多次成型或改变形状的塑料	一次加热固化之后，不再加热软化变形的塑料
塑料加工方便，力学性能好，耐热性较差，在汽车车身上应用广泛	塑料耐热性好，成型稳定，但力学性能较差。常应用在汽车车身形状稳定、耐热受压等部件

2. 塑料件的鉴别

（1）燃烧法。切下小块塑料进行燃烧，通过燃烧火焰及气味来判断塑料的类型（表9-1-2）。

表 9-1-2　不同塑料件燃烧特性

塑料种类	燃烧特性
聚丙烯（PP）	燃烧时无烟产生，即使火源移去，仍继续燃烧，产生类似蜡烛燃烧时的气味，焰芯呈蓝色，外焰呈黄色
聚乙烯（PE）	燃烧时无烟产生，即使火源移去，仍继续燃烧，产生类似蜡烛燃烧时的气味，焰芯呈蓝色，外焰呈黄色
丙烯腈-丁二烯-苯乙烯共聚物（ABS）	燃烧时无烟产生，即使火源移去，仍继续燃烧，产生类似蜡烛燃烧时的气味，火焰呈橘黄色
聚氯乙烯（PVC）	试图点燃时只是发黑而不燃烧，产生灰烟及酸味，火焰底部呈黄绿色
热塑性聚氨酯	燃烧时产生"啪啪"声，火焰呈橘黄色，并产生黑烟
热固性聚氨酯	会炭化，不熔融，不产生溶滴

（2）打磨法。采用干磨砂纸打磨塑料件，观察其打磨状况来判断塑料类型。如PP塑料打磨会产生较多粉末，而PU塑料打磨几乎没有粉末产生。

（3）焊接法。采用不同类型的塑料焊条与被鉴别塑料进行试焊。如果能焊接，则该塑料就是与焊条类型相吻合的塑料。

（4）直接查询法。通过塑料件背面的ISO国际符号标志及汽车维修手册来查找对应的塑料件类型。这种方法快捷准确，应用最为广泛。

3. 车用塑料类型、用途及涂料选择（表9-1-3）

表 9-1-3　车用塑料类型、用途及涂料选择

塑料名称	代号	汽车上用途	适合的涂料品种	属性
热固聚氨酯	TPU	保险杠、防撞板	醇酸、聚氨酯涂料	热固性
聚乙烯	PE	内翼子板、衬板、阻流板	环氧、丙烯酸涂料	热塑性
聚丙烯	PP	内饰板、内衬板、面罩、翼子板、散热器、仪表台、保险杠	环氧、丙烯酸、聚氨酯涂料	热塑性
丙烯腈-丁二烯-苯乙烯共聚物	ABS	车身板、仪表台、格栅、前照灯外罩	多数涂料均适合	热塑性
聚氯乙烯	PVC	内衬板、软质填板	丙烯酸、聚氨酯涂料	热塑性
聚氨酯	PU	保险杠、车身板	醇酸、聚氨酯涂料	热塑性

4. 塑料件涂装使用材料

（1）塑料表面清洁剂。

作用：清除塑料件表面的脱模剂，增强对油漆的附着力。

使用方法：先用打磨布彻底清洁塑料件的表面，再用以1质量份清洁剂与2～4质量份清水混合后的混合液清洁整件工件，然后用清水清洗干净，待工件完全干燥后才可喷涂塑料底漆。

（2）塑料平光剂。

作用：消除汽车内部塑料件一定比例的光泽，使其为半光泽或完全无光泽。

使用方法：将喷面漆后的塑料件的光泽与原车的光泽作比较，以决定是否需要用平光剂。如果需要，先在面漆中加入平光剂，然后搅拌均匀，并做喷涂样板对比试验，光泽达到一致时，可正式喷涂施工。

注意事项：

单层涂装消光，直接将平光剂加入漆中即可。双层涂装消光，平光剂不要加在色漆内，要加在清漆内。

平光剂的作用是对PVC表面进行处理，使其有利于重涂。它由强溶剂配制而成，具有强烈的渗透性，而且能够软化PVC表面产生轻微的溶胀。这样，涂装时修补涂料就能很容易地渗透进入塑料表面，这就是常说的"锚链效应"。

（3）涂料。汽车外部零件如保险杠、挡泥板以及车门的镶边等所选择的涂料，最突出的要求是耐候性，另外也要求能够有较好的耐介质性和耐磨性。

5. 塑料件的表面预处理方法

汽车塑料件的表面光滑，摩擦小，附着力差。因此，在对塑料件进行涂装作业时，通常

要非常仔细地对其进行表面处理,以满足涂装的要求。常见的塑料表面处理方法如下。

(1) 脱脂处理。可以采用溶剂清洗或碱液清洗,使塑料件表面膨胀松弛,从而提高塑料件表面的涂抹附着力。

(2) 化学处理。采用适当的化学物质使塑料件发生化学反应,使其形成活性基因,促使塑料件表面呈现多孔状,从而改善涂料在塑料件上的附着力。

(3) 退火处理。塑料件多是高温成型,在高温注射冷却成型时,极易产生内应力,从而使时塑料件变得脆弱,易开裂。为了消除内应力,需对塑料件进行加热至变形的临界温度下并保持一定的时间。

6. 塑料件涂装的工艺流程(图9-1-2)

塑料件涂装包括新塑料件涂装和旧塑料件修复涂装两类。旧塑料件修复涂装是指在用的塑料件,其表面有旧漆层,但已经被损坏,需要修补涂装。新塑料件涂装是指用于新车制造时塑料件的涂装,或修复时更换的裸塑料件的涂装。在喷涂中涂底漆、色漆和清漆之前均需要进行清洁除油操作,喷涂中涂底漆的涂料需根据塑料件材质而定。

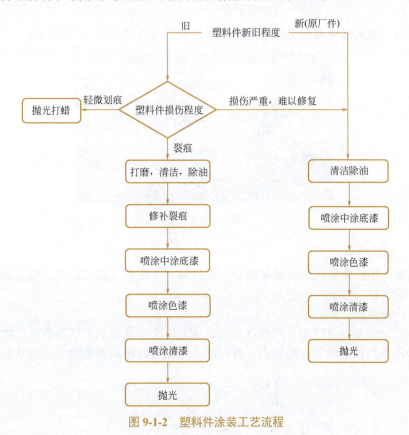

图 9-1-2 塑料件涂装工艺流程

7. 前保险杠涂装

工序1:清洁除油。

(1) 准备工作。涂装人员需佩戴好帽子、护目镜、活性炭过滤式面罩、耐溶剂手套,穿好防护服以及安全鞋。

（2）清洁除油。使用吹尘枪吹掉工件表面的灰尘和脏物。均匀喷洒除油剂，并用干燥的擦拭布擦拭，以清除工件表面的油渍及静电（图9-1-3）。

图9-1-3　清洁除油

工序2：研磨。

（1）准备工作。涂装人员需佩戴帽子、护目镜、耳塞、防尘口罩、防护手套，穿好防护服以及安全鞋。

（2）研磨。用灰色菜瓜布与清洁剂研磨需要喷涂的所有区域（图9-1-4）。

图9-1-4　研磨

工序3：清洁除尘。

（1）准备工作。涂装人员需佩戴帽子、护目镜、活性炭过滤式面罩、耐溶剂手套，穿好防护服以及安全鞋。

（2）清洁除尘。

❶用除硅清洁剂与清洁布来回擦洗表面，重复这个步骤直到表面黑色残留物全部去除。

❷用清洁布擦拭去除表面的脏点，并以吹尘枪配合除尘布辅助除尘（图9-1-5）。

图9-1-5　清洁除尘

工序 4：喷涂色漆。

（1）准备工作。涂装人员需佩戴帽子、护目镜、活性炭过滤式面罩、耐溶剂手套，穿好抗静电防护服以及安全鞋（图9-1-6）。

（2）调配色漆。将准备好的水性色漆和调和水按比例混合，搅拌均匀并过滤后装入喷枪（图9-1-7）。

图 9-1-6　防护服

图 9-1-7　调配色漆

（3）测试喷枪。喷涂前需测试喷枪喷（图9-1-8）。

> **注意：**
> 若喷幅中央为湿润区，外围为雾化区，则为完美喷幅。

（4）喷涂。

❶ 先喷涂边角位置。

❷ 第一层水性色漆即遮盖层采用中湿喷涂，提供 70% 的遮盖力。

❸ 无需闪干，薄喷 0.5 层水性色漆即效果层，提供 30% 的遮盖力（图 9-1-9）。

图 9-1-8　测试喷枪

图 9-1-9　喷涂色漆

❹ 使用吹风枪将色漆中的水分清除至完全亚光（图 9-1-10）。

> **注意事项：**
>
> 使用吹风筒干燥时，与工件角度为 45° 向下，距离约 80cm。

工序 5：喷涂清漆。

（1）准备工作。涂装人员需佩戴帽子、护目镜、活性炭过滤式面罩、耐溶剂手套穿好抗静电防护服以及安全鞋。

（2）调配清漆。混合清漆，按照比例要求添加柔软添加剂和硬化剂。

（3）喷涂清漆。

❶ 先喷涂边角位置。

❷ 过滤后装入清漆喷枪，并进行测试喷涂。

❸ 清漆喷涂 1.5 层，每层相隔 5～10min，间隔时间以指触漆面时清漆不拉丝为宜，此时即可施涂下一层清漆（图 9-1-11）。

图 9-1-10　使用吹风枪将色漆中的水分清除至完全亚光（前保险杠）

图 9-1-11　喷涂清漆

❹ 涂装完毕，工件恢复完美漆面。

第二节　局部修补涂装

1. 局部修补涂装的概念和适用范围

局部修补涂装就是对汽车某一部件的局部进行修补涂装，通过驳口的方法，使新喷涂层的颜色、光泽、纹理等形成过渡，让新旧涂层外观基本一致，没有明显差异的喷涂方法。驳口是局部修补的关键。驳口工艺是通过低气压、低流量及弧形手法的喷涂将颜色逐渐过渡，使颜色差异难以被肉眼识别的修补方法。当弧形走枪时，枪距较远处的涂层较薄；反之则较厚。

在进行修补涂装前，确定哪一种情况适合局部修补工艺非常重要。如果在不适合的部位进行局部修补，涂装后可能会造成涂层质量差异明显而需要全部返工。一般认为下列情况适合采用局部驳口修补涂装。

（1）待喷涂料颜色与修补部位周围颜色有差异的。

（2）喷涂因素对颜色影响较大的涂料的涂装。

（3）损伤面积较小，损伤部位在工件的边角的。

（4）工件是垂直面的。
（5）非主要装饰面的。
（6）涂料颜色较深的。
（7）工序越多，施工越复杂的。

2. 局部修补涂装时的面漆涂装方法

面漆的局部修补涂装方法根据涂装涂料的类型不同，可以分为单工序面漆的局部修补涂装、双工序面漆的局部修补涂装和三工序面漆的局部修补涂装。

（1）单工序面漆的局部修补涂装。单工序面漆的局部修补涂装工序简单，喷涂次数较少，所以局部修补涂装的工艺也较简单，它是学习局部修补涂装方法的基础（图9-2-1）。

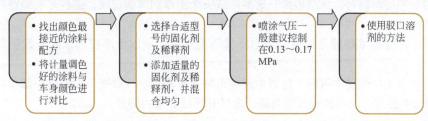

图 9-2-1　单工序面漆的局部修补涂装步骤

（2）双工序面漆的局部修补涂装。由于双工序面漆有两个涂层，金属漆的颜色效果又与很多因素有关，所以双工序面漆的局部修补涂装要比单工序面漆的局部修补涂装要难得多。

❶ 调配颜色。根据修补面积的大小，确定色漆的用量，采用计量调色和人工微调的方法将颜色调配准确。

❷ 调配涂料。根据涂料的产品说明，选择合适的固化剂、稀释剂类型，确定混合比，调出色漆及清漆。

❸ 调整喷枪。将色漆过滤到喷枪之后，调整喷枪的出漆量、扇幅宽度、喷涂气压等参数。一般喷涂色漆时用的气压比单工序面漆和清漆喷涂的气压要略低。

❹ 喷涂面漆。

a. 喷涂已调配好的金属（银粉）色漆。

● 喷涂第一遍色漆。第一遍色漆喷涂面积比中涂底漆稍宽，涂层边缘采用弧形喷涂手法，薄薄地喷涂一层，增强涂层间的亲和力，防止出现咬底、走珠等缺陷。

● 喷涂第二遍色漆。第二遍色漆比第一遍色漆范围稍宽，正常喷涂，以盖住底层颜色，同时在涂层边缘要采用弧形喷涂手法，让边缘颜色形成过渡效果。如果此遍喷涂完后还没有完全盖住底材，可以等涂层干燥之后再用相同方法喷涂1～2遍，以保证盖住底层颜色为标准。

● 喷涂第三遍色漆。用1∶2的比例混合驳口溶剂和喷枪里面的色漆（混合比例要参考具体产品的说明），采用弧形喷涂手法，薄薄地雾喷1～2遍，以消除金属斑纹并调整金属感，让颜色形成自然过渡。最后喷涂的范围一定要控制在打磨区域内。

b. 喷涂已混合好的清漆。清漆一般喷涂两遍即可，第一遍喷涂以有光泽为准，涂层要薄，不能太厚，否则会影响颜色效果，喷涂范围以能盖住金属色漆为准；第二遍稍厚一些，以形成最终的光泽、纹理，涂层边缘采用弧形喷涂手法，喷涂范围比第一遍要大。

c. 驳口过渡处理。先将喷枪里面的清漆以1∶1的比例混合驳口溶剂，在清漆层与驳口处做渐变。再将喷枪清洗干净后，注入纯驳口溶剂，扩大驳口渐变位置。每一次喷涂时都要适当地调整喷枪的气压和喷幅，使之逐渐变小，以达到喷雾逐渐变淡的目的，有时还要根据适当情况改变出漆量。

注意事项：

- 色漆的喷涂面积及方向（图9-2-2）。色漆的喷涂区域面积应尽量小，但也必须同时保证色漆的有效过渡，没有明显的断接面和色差。使银粉不超过驳口区域，达到缩小局部修补范围的目的。
- 清漆和驳口溶剂的喷涂面积和方向（图9-2-3）。清漆喷涂的面积应该要能把色漆完全盖住，喷涂时的方向朝内，这样可以控制整个涂层的面积。喷涂驳口溶剂时方向朝外，让涂膜形成一个由厚到薄的过渡。
- 喷涂各层涂料时，涂层边缘一定要形成一个由厚到薄的过渡，这样才能最终与周围未修补的区域相融合。
- 双工序金属漆的颜色效果与涂层干燥程度有关，所以色漆在喷涂时一定要每层充分闪干。
- 喷涂双工序金属（银粉）漆时应避免形成"黑圈"。"黑圈"即在修补部位与未修补部位的结合处出现一圈颜色较深的痕迹，使修补区域非常的明显。

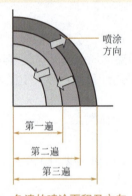

图9-2-2 色漆的喷涂面积及方向

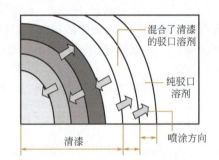

图9-2-3 清漆和驳口溶剂的喷涂面积及方向

（3）三工序金属（珍珠）漆的局部修补涂装。三工序金属漆的局部修补涂装包括色漆层、珍珠漆层、清漆层三个步骤。色漆主要起遮盖和着色作用，珍珠漆层不具备遮盖力，但有着色力。因此珍珠漆层的层数会极大地影响最终涂膜的颜色，所以无论在颜色调配还是在局部修补，三工序金属漆的涂装都是比较困难的工艺。

3. 减少局部修补涂装中的色差

在实际操作中是很难把补漆颜色与旧漆颜色调配得完全一致的，即使颜色完全一致的面漆喷涂后仍会出现颜色不一样，为了减少新旧涂层的色差，可以采用下面的几种方法。

（1）驳口颜色渐淡法。一般可以采用收边和稀释涂料的方法，使新喷涂层的厚度由厚到薄地往旧涂层过渡，从而达到颜色渐变效果，这样处理后可缓解新旧漆的色差。收边是通过一定的技巧，在新喷涂层与旧涂层的边缘形成颜色过渡效果的一种喷涂方法。

（2）用双层胶带进行局部整喷法。利用车身、工件的变化部位（如角度、线条等），在喷涂前进行双层胶带遮盖法。

首先沿折口用第一条胶带加遮蔽纸，将角度边缘以上粘贴好，接着在第一条胶带之上采用反向贴护,粘贴第二条胶带。局部整喷后,可利用角度相邻两面的明暗产生的视觉差,来减缓新旧漆的色度差。这种方法用于银色漆效果更佳。

> **注意事项:**
>
> 喷涂到两层胶带处时,应尽量减薄,涂膜干燥撕下胶带后,须打磨抛光,以避免出现硬边。

(3)利用车门或车身部位分界折口为界限,进行局部整喷。利用车身、工件上的分界、折口、明显的轮廓线等,用胶带反向遮蔽后,进行局部喷涂或整喷,可转移人眼的视觉差。

(4)在工件表面狭小的部位进行过渡。

(5)过渡区域尽量采用弧形,避免直线型过渡。

4. 双工序面漆局部修补工艺

工序1:清洁除油。

(1)准备工作。涂装人员需佩戴帽子、护目镜、活性炭过滤式面罩、耐溶剂手套,穿好防护服以及安全鞋。

(2)清洁除油。均匀喷洒除硅清洁剂,并用干燥的擦拭布擦拭,以清除工件表面的油渍及静电(图9-2-4)。

图 9-2-4　清洁除油

工序2:打磨。

(1)准备工作。涂装人员需佩戴帽子、护目镜、耳塞、防尘口罩、防护手套,穿好防护服以及安全鞋。

(2)打磨工件。选择5mm气动偏心振动打磨机配合180#砂纸,清除车身上有问题的油漆(图9-2-5)。

图 9-2-5　打磨工件

（3）打磨出羽状边。使用打磨机配合 280# 砂纸顺着旧漆边缘打磨出羽状边（图 9-2-6）。

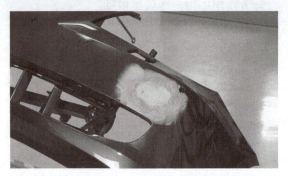

图 9-2-6　打磨出羽状边

（4）清洁除油。打磨完成，使用吹尘枪和除硅清洁剂 7010 清除车身上的灰尘及油污。

工序 3：施涂腻子并干燥。

（1）调配特细腻子。选择特细腻子，按照产品要求添加硬化剂，在混合板上快速混合均匀。

图 9-2-7　调配特细腻子

（2）刮涂腻子。在打磨范围内，分几次刮涂腻子，每次刮涂间隔 7～8min，直至填平并略高于基础面，以方便打磨（图 9-2-8）。

图 9-2-8　刮涂腻子

（3）干燥工件。若施工环境温度较低，可使用短波红外烤灯以 50℃ 的温度烘烤，辅助干燥（图 9-2-9）。

图 9-2-9　干燥工件

工序 4：打磨腻子。

（1）准备工作。涂装人员需佩戴帽子、护目镜、耳塞、防尘口罩、防护手套，穿好防护服以及安全鞋。

（2）打磨腻子。涂抹炭粉打磨指示剂，选择5mm气动偏心振动打磨机配合280#砂纸，将表面高度打磨至与基础面一致。打磨时可用手辅助感受板面的平整度（图9-2-10）。沿腻子边缘向外打磨需喷涂底漆的区域。

图 9-2-10　打磨腻子

工序 5：清洁、遮蔽。

（1）准备工作。涂装人员需佩戴帽子、护目镜、活性炭过滤式面罩、耐溶剂手套，穿好防护服以及安全鞋。

（2）清洁除油。

❶ 使用吹尘枪吹去打磨灰。

❷ 用除硅清洁剂 7010 和清洁布清除车身上的污渍。

（3）遮蔽工件。在准备喷涂中涂底漆的四周约10cm处做反向遮蔽，以避免车身其他非作业区域遭受涂装污染（图9-2-11）。

图 9-2-11　遮蔽工件

反向遮蔽，可以避免喷涂时漆层产生断层现象，使新漆层与旧漆层的边界过渡更平滑。

工序 6：喷涂底漆并干燥。

（1）调配底漆。按照产品配比要求混合塑料底漆和固化剂，搅拌均匀，过滤并搅拌后装入底漆喷枪。

（2）喷涂底漆。喷涂 1.5 层塑料底漆，层间不需闪干（图 9-2-12）。

图 9-2-12　喷涂底漆

（3）干燥工件。在距离工件 1m 处，使用短波红外烤灯以 60℃的温度烘烤 30min。

工序 7：打磨。

（1）准备工作。涂装人员需佩戴帽子、护目镜、耳塞、防尘口罩、防护手套，穿好防护服以及安全鞋。

（2）打磨工件。涂抹炭粉打磨指示剂，选择 3mm 气动偏心振动打磨机配合 500# 砂纸，打磨底漆表面，并向外研磨色漆过渡区域（图 9-2-13）。

图 9-2-13　打磨工件

工序 8：清洁、遮蔽。

（1）准备工作。涂装人员需佩戴帽子、护目镜、活性炭过滤式面罩、耐溶剂手套，穿好防护服以及安全鞋。

（2）清洁除油。使用吹尘枪吹掉工件表面的灰尘和脏物。喷洒除油剂，并用干燥的擦拭布擦拭，以清除工件表面的油脂及静电。

（3）遮蔽工件。在准备喷涂中涂底漆的四周约 10cm 处做反向遮蔽，以避免车身其他非作业区域遭受涂装污染（图 9-2-14）。

反向遮蔽，可以避免喷涂时漆层产生断层现象，使新漆层与旧漆层的边界过渡更平滑。

图 9-2-14　遮蔽工件

工序 9：喷涂色漆。

（1）调配色漆。将准备好的水性色漆和水基稀释剂 6050 按比例混合，搅拌均匀并过滤后装入喷枪。

（2）测试喷枪。调整气压、喷幅及流量，并试喷。

（3）喷涂色漆。

❶ 第一层色漆湿喷。

❷ 无需闪干，再薄喷 0.5 层，将底漆完全遮盖（图 9-2-15）。

图 9-2-15　喷涂色漆

❸ 使用吹风枪将色漆中的水分清除至完全亚光（图 9-2-16）。

图 9-2-16　使用吹风枪将色漆中的水分清除至完全亚光（局部修补）

注意事项：

吹风筒的使用应与工件成 45° 角向下，距离 80cm。

工序 10：喷涂清漆并做接口过渡。
（1）调配清漆。混合清漆，按比例添加柔软剂和硬化剂。
（2）测试喷枪。调整气压、喷幅及流量，并试喷。
（3）喷涂清漆。

❶ 清漆喷涂 1.5～2 层。

❷ 在剩余的清漆中按 1∶1 的比例添加驳口水，并迅速由内向外喷涂清漆与旧漆接口的位置。

❸ 然后喷涂纯驳口水于最外层区域，沿前一道驳口处继续向外过渡（图 9-2-17）。

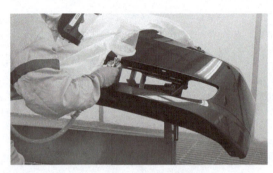

图 9-2-17　喷涂清漆

❹ 最终呈现肉眼几乎无法看出颜色差异的完美效果。

第三节　板块修补涂装

1. 板块修补涂装概念和适用范围

汽车板块修补涂装是对汽车车身上的某一块或几块部件进行修补的涂装工艺。在进行板块修补涂装时，需要确保喷涂板块和其相邻板块的颜色尽量保持一致。

板块修补涂装虽然没有局部修补节约涂料，也没有单纯的整块喷涂简单，但是它能较好地避免因为颜色差异而导致的返工，所以一般对于不能采用局部修补涂装的部件，而需要整块喷涂时，有经验的师傅都是采用板块修补，它是一种比较稳当的、有效的施工方式。一般遇到下列情况建议采用板块修补涂装。

（1）车身水平面的板块。车身水平面的板块，如车顶、发动机罩、后备厢盖等部件，因为会直接经受太阳光的照射、雨水的冲洗，如果采用局部修补涂装，边缘较薄的过渡区域容易出现涂膜老化脱落，使新旧涂层接口变明显，所以对于水平面的板块一般建议做板块修补涂装。

（2）新车身钣金件。因新车身钣金件只有底漆，所以面漆必须进行板块修补。车身的钣金件喷涂必须根据原有车身涂层选择正确的涂料，对修补的钣金件区域要进行正确的调色，根据所修钣金件的所处位置的特点，采用相应的板块修补工艺才能达到无痕迹修补的目的。

（3）损伤面积比较大的部件。当损伤区域在板件的中间位置，或损伤面积较大不适合局部修补涂装的，应该采用板块修补涂装（图9-3-1）。

图 9-3-1　车身适合修补部位

2. 板块修补涂装工艺

常见的板块修补涂装工艺根据修补面漆的不同可以分为两种情况：一是板块内的过渡；二是板块间的过渡。

板块内的过渡指的是喷涂时将色漆的范围控制在板块内部，同时色漆边缘形成颜色过渡，而对整个板件采取满喷透明清漆的工艺（图 9-3-2）。

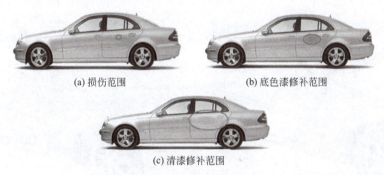

(a) 损伤范围

(b) 底色漆修补范围

(c) 清漆修补范围

图 9-3-2　板块内的过渡

板块间的过渡指的是除了对损伤板件的修补外，还将颜色用驳口的方式过渡到被修补板块的相邻板块上的工艺。此种涂装方法适合当损伤区域靠近相邻板块，或更换新的车身钣金件，或对颜色没有十分把握时（图 9-3-3）。

(a) 损伤范围

(b) 修补后的范围

图 9-3-3　板块间的过渡

3. 面漆涂装方法

面漆的板块修补涂装方法根据修补范围不同，可以分为板块内过渡和板块间过渡。板块内过渡的板块修补涂装方法比较简单，它一般在喷色漆时采用局部修补涂装中喷涂色漆的方法进行喷涂，再对整个板块采用整块喷涂的方法喷涂罩光清漆。

板块间过渡的喷涂方法稍微复杂一点，根据喷涂涂料的类型不同，可以分为以下三种方法。

（1）单工序面漆的板块间过渡方法。

❶ 按正常调配方法调配好单工序面漆及清漆。

❷ 按图 9-3-4 所示范围正常喷涂第一遍单工序面漆并闪干。

❸ 按图 9-3-5 所示范围正常喷涂第二遍单工序面漆，确保遮盖住底层颜色。同时注意涂料的过渡区域要采用弧形喷涂手法和弧形过渡区，让颜色在车门处达到自然过渡的效果。

❹ 按第一遍薄喷、第二遍正常喷涂的方法对整个翼子板及车门喷涂清漆（图 9-3-6）。

❺ 对车门框上的驳口区喷涂驳口溶剂进行驳口处理（图 9-3-7）。

图 9-3-4　第一遍面漆范围

图 9-3-5　第二遍面漆范围

图 9-3-6　喷涂清漆

图 9-3-7　清漆驳口区

（2）双工序面漆的板块间过渡方法。

❶ 按正常调配方法将双工序中的色漆及清漆调配好。

❷ 将翼子板上有中涂底漆的地方先雾喷第一遍色漆并闪干。

❸ 按图 9-3-8 所示阴影范围正常喷涂第二遍色漆并闪干。

❹ 按图 9-3-9 所示阴影范围，采用弧形喷涂手法喷涂第三遍色漆并闪干。

图 9-3-8　第二遍色漆范围

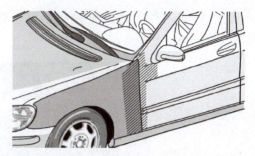
图 9-3-9　第三遍色漆范围

❺ 按图 9-3-10 所示阴影范围正常喷涂第四遍色漆并闪干,确保此层喷涂完成后完全遮盖住底层。

❻ 将喷枪中的色漆与驳口树脂按比例混合好之后,对翼子板及翼子板与车门连接处喷涂第五遍色漆,注意在过渡区域采用弧形喷涂手法喷涂,让颜色形成自然过渡(图 9-3-11)。

图 9-3-10　第四遍色漆范围

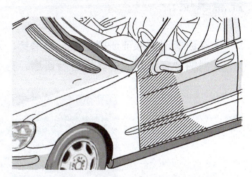
图 9-3-11　颜色过渡区域

❼ 按第一遍薄喷、第二遍正常喷涂的方法对整个翼子板及车门喷涂清漆(图 9-3-12)。
❽ 对车门框上的驳口处使用驳口溶剂进行驳口处理(图 9-3-13)。

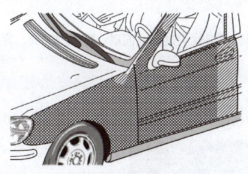
图 9-3-12　喷涂清漆

图 9-3-13　清漆驳口处

4. 双工序面漆板内过渡工艺

工序 1：打磨。

(1)准备工作。涂装人员需佩戴帽子、护目镜、耳塞、防尘口罩、防护手套,穿好防护服以及安全鞋。

（2）打磨工件。喷涂炭粉指示剂，使用打磨机配合500#砂纸，对中涂底漆进行研磨（图9-3-14）。

图 9-3-14　喷涂炭粉指示剂

注意事项：

- 在研磨时要保证研磨彻底，不磨穿、无漏磨。
- 对需要色漆过渡的区域进行研磨，直到其无光泽（图9-3-15）。

图 9-3-15　对需要色漆过渡的区域进行研磨

工序2：清洁除油。

（1）准备工作。涂装人员需佩戴帽子、护目镜、活性炭过滤式面罩、耐溶剂手套，穿好防护服及安全鞋。

（2）清洁除油。

❶使用吹尘枪吹掉工件表面的灰尘和脏物。

❷喷洒除油剂，并用干燥的擦拭布擦拭，以清除工件表面的油渍及静电（图9-3-16）。

图 9-3-16　喷洒除油剂

工序3：喷涂驳口树脂及色漆。
（1）准备工作。涂装人员需佩戴帽子、护目镜、活性炭过滤式面罩、耐溶剂手套，以及防护服以及安全鞋。
（2）清洁除油。喷涂前需使用粘尘布拭去表面的脏点，并辅以吹气除尘（图9-3-17）。

图 9-3-17　清洁除油

（3）喷涂驳口剂。将适量的驳口剂1050过滤后装入喷枪，并喷涂1～2层于驳口区域。

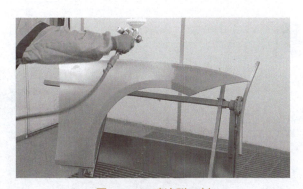

图 9-3-18　喷涂驳口剂

（4）调配色漆。按照产品配比要求混合色漆，搅拌均匀并过滤后装入喷枪（图9-3-19）。

图 9-3-19　调配色漆

（5）喷涂色漆。第一道色漆雾喷于底漆上，再中湿喷涂2层，逐渐扩大范围（图9-3-20）。

图 9-3-20　喷涂色漆

注意事项：

① 色漆过渡区域必须小于驳口水范围以内。
② 用吹风枪吹干至亚光（图 9-3-21）。

图 9-3-21　用吹风枪吹干至亚光

工序 4：喷涂清漆。

（1）准备工作。涂装人员需佩戴帽子、护目镜、活性炭过滤式面罩、耐溶剂手套，穿好防护服以及安全鞋。

（2）调配清漆。按照比例要求混合清漆和固化剂。

（3）喷涂清漆。

❶ 过滤后装入清漆喷枪，并进行测试喷涂。

❷ 先喷涂边角位置。

❸ 再对整板进行喷涂。

❹ 清漆喷涂 1.5 层，每层相隔 5～10min，间隔时间以指触漆面时清漆不拉丝为宜，此时即可施涂下一层清漆。

❺ 涂装完毕，工件恢复完美漆面（图 9-3-22）。

图 9-3-22　涂装完毕

5. 双工序面漆板外过渡工艺

工序 1：清洁除油。

（1）准备工作。涂装人员需佩戴帽子、护目镜、活性炭过滤式面罩、耐溶剂手套，穿好防护服以及安全鞋。

（2）清洁除油。均匀喷洒除硅清洁剂，并用干燥的擦拭布擦拭，清除工件表面的油渍及静电（图9-3-23）。

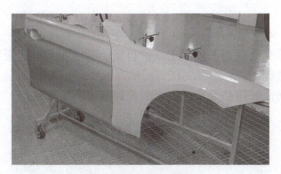

图 9-3-23　清洁除油

工序 2：打磨。

（1）准备工作。涂装人员需佩戴帽子、护目镜、耳塞、防尘口罩、防护手套，穿好防护服以及安全鞋。

（2）打磨工件。喷涂炭粉指示剂，使用3mm圆打磨机配合500#砂纸，对中涂底漆进行研磨（图9-3-24）。

图 9-3-24　打磨

> **注意事项：**
>
> ① 在研磨时要保证研磨彻底，不磨穿、无漏磨。
> ② 然后使用铂金 S1000 号砂纸对需要色漆过渡的区域进行研磨，直到其无光泽。

（3）清洁除油。

❶ 打磨完毕，使用吹尘枪吹掉工件表面的灰尘和脏物。

❷ 均匀喷洒除油剂，并用干燥的擦拭布擦拭，清除工件表面的油渍及静电（图 9-3-25）。

图 9-3-25　清洁除油

工序 3：喷涂驳口树脂及色漆。

（1）准备工作。涂装人员需佩戴帽子、护目镜、活性炭过滤式面罩、耐溶剂手套，穿好抗静电防护服以及安全鞋。

（2）粘尘。喷涂前需使用粘尘布拭去表面的脏点（图 9-3-26）。

图 9-3-26　粘尘

（3）喷涂驳口剂。将适量的驳口剂 1050 装入喷枪，喷涂 1~2 层于驳口区域。

图 9-3-27　喷涂驳口剂

（4）调配色漆。按照产品配比要求混合色漆，搅拌均匀并过滤后装入喷枪。
（5）喷涂色漆。第一道色漆雾喷于底漆上，再中湿喷涂2层，逐渐扩大范围（图9-3-28）。

图 9-3-28　喷涂色漆

注意事项：

① 色漆过渡区域必须小于驳口水范围以内。
② 用吹风枪吹干至亚光（图9-3-29）。

图 9-3-29　用吹风枪吹干至亚光

工序4：喷涂清漆。
（1）准备工作。涂装人员需佩戴帽子、护目镜、活性炭过滤式面罩、耐溶剂手套，穿好抗静电防护服以及安全鞋。
（2）调配清漆。按照比例要求混合清漆、固化剂和稀释剂。
（3）喷涂。
❶ 过滤后装入清漆喷枪，并进行测试喷涂。
❷ 先喷涂边角位置。
❸ 再对整板进行喷涂。
❹ 清漆喷涂1.5层，每层相隔5～10min，间隔时间以指触漆面时清漆不拉丝为宜，此时即可施涂下一层清漆（图9-3-30）。

图 9-3-30　喷涂清漆

❺ 涂装完毕，工件恢复完美漆面（图 9-3-31）。

图 9-3-31　涂装完毕

第四节　全车涂装

1. 全车涂装的概念和适用范围

全车涂装是指对汽车车身及所有车身覆盖件进行的涂装作业。

汽车由于使用环境复杂、恶劣，油漆涂层经常会受到雨水、微生物、紫外线和其他酸碱物质的侵蚀，有时还会出现碰撞、刮擦等，从而造成漆面出现不同程度的失光、变色、划伤及破损等。如果不及时维护，不仅影响美观，还会导致涂层保护性能的降低及丧失，从而降低了车辆的商业价值和使用寿命。对于汽车车身部位出现涂层损坏的情况，小面积的损伤可以采用局部或板块修补，对于多处涂层损伤的情况，如果采用局部或板块修补很可能出现汽车车身颜色、光泽、纹理不一致的情况，影响美观。采用全车喷涂的方法，则能很好地避免产生"花车"，而且也能给人一种焕然一新的感觉。

采用全车喷涂工艺的汽车除了漆面多处损伤的情况之外，还有全车改色和全车翻新两种情况。在汽车制造厂，全车涂装一般是采用机械喷涂，但在汽车维修厂或汽车修理店由于条件限制，一般采用手工进行喷涂。

2. 全车修补涂装的方法

全车修补涂装根据喷涂方法可以分为实喷法、驳口法以及实喷和驳口相结合的方法等。

（1）实喷法。指汽车车身所有覆盖件上都采用边对边的喷涂方法。这种方法适合全车漆改色，以及汽车上损伤部位较多的情况。采用这种喷涂方法可以使喷涂完后的车辆达到全车颜色一致，但是相对于驳口喷涂法来讲，比较浪费涂料（图9-4-1）。

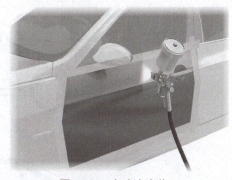

图 9-4-1　实喷法涂装

（2）驳口法。指在汽车受损区域采用局部喷涂色漆，完好的区域可以不喷色漆，然后整车喷涂清漆的方法。这种方法适合旧车漆面损伤范围比较小、待喷部位适合局部修补的整车翻新喷涂。采用这种喷涂方法可以节约涂料，但是对喷涂技术要求较高，否则很难保证车辆喷涂完后的颜色的一致性。

(a) 喷涂色漆　　　　　　　　　　(b) 喷涂清漆

图 9-4-2　驳口法涂装

（3）实喷和驳口相结合的方法。在喷涂时根据喷涂部位的面积和位置的不同采取不同的喷涂方法。这种方法适合全车损伤部位不是很多、损伤面积大小不一致的全车翻新涂装。采用这种喷涂方法既可以达到颜色一致，也可以适当地节约涂料，对喷涂技术要求也较高。

进行全车修补涂装时要根据具体的情况，采用合适的方法来进行喷涂。总的原则是用最少的材料，达到最好的效果。

3. 全车修补涂装顺序

全车修补涂装顺序的总体原则是先内后外、先边后面、先上后下。实施涂装顺序没有具体规定，每个操作人员有自己不同的操作思路，但都需注意如何防止喷涂时产生的漆尘落到已喷涂好的涂面上，减少后喷涂层对已喷涂层的影响，保持整个涂层的湿润度。目前汽车维修厂普遍使用下降式（空气由房顶进入，由地槽排出）通风喷漆房，使汽车的三个水平面（车顶、前盖、后盖）获得最佳的湿润度，以及喷涂中间添加涂料后，尽可能避免再喷涂时漆尘飞扬到邻近已涂的涂面。

车身表面的喷涂顺序及喷涂方向如图9-4-3所示。

(a) 车身左侧的喷涂顺序及方向

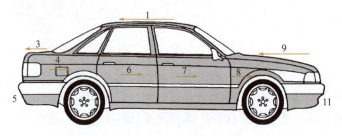

(b) 车身右侧的喷涂顺序及方向

图 9-4-3　车身表面的喷涂顺序及喷涂方向

全车的一般喷涂顺序如下。

（1）喷涂车辆内部。首先喷涂发动机罩反面及发动机舱里面，再喷涂后备厢盖反面及后备厢里面，然后喷涂四个车门反面及四个车门框里面。待内部全部喷涂完后，静置一段时间放下前后盖，注意要避免遮蔽纸擦伤刚喷涂好的油漆。有的技术人员或单位要求先将车辆内部单独喷涂好，完全干燥之后再喷涂车身表面也不失为一种好的方法。

（2）喷涂顶部。首先从驾驶人另一侧的立柱及车门框开始喷涂，然后从右侧车顶依次到左侧车顶进行喷涂，再从左侧立柱及左侧车门框喷涂。

在喷涂车顶时站在一侧不可能完全喷涂完，需要换边进行操作，换边喷涂时注意喷涂幅度要重叠好。

（3）喷涂车辆后部。从左侧的立柱下来之后可以接着喷涂左侧后翼子板、后备厢盖、右侧后翼子板及后保险杠。后半部喷涂完成后应考虑是否需要添加涂料。

（4）喷涂右侧车门。首先为了防止后续喷涂时产生的漆雾落在右后翼子板上影响光泽及纹理，可以将右后车门半开，右前车门全开，然后先喷涂右后门，待喷涂好之后将两扇车门关好，再喷涂右前车门。因为喷涂时需要打开车门，为了防止漆雾吹进车厢内部，所以在遮蔽时一定要密封好。

（5）喷涂车辆前部。右前车门喷涂完后，紧接着按右前翼子板→发动机罩→左前翼子板→前保险杠的顺序进行喷涂。

在喷涂发动机罩时特别要注意，一般喷涂时站在翼子板两边，分两侧进行喷涂，所以既要注意喷幅重叠，又要防止操作时工作服擦伤已经喷涂好的油漆表面。

（6）喷涂左侧车门。首先喷涂左前车门，然后将左前门打开，将左后门半开，再将左后门喷涂好，完成全车喷涂。

全车涂装时的喷涂方向要根据具体工件的形状及车身流线型方向来确定。如喷涂车门及翼子板时宜采用横向重叠喷涂，三个平面位置宜采用从车前往车后的方向往复喷涂，车门立柱位置宜采用纵向重叠喷涂等。

4. 汽车制造厂的车身涂装过程

汽车制造厂的车身涂装工艺过程如图 9-4-4 所示。

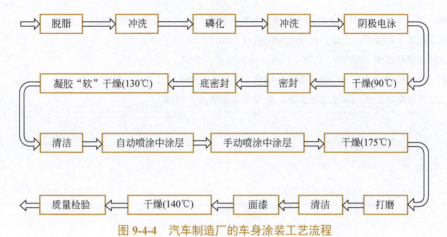

图 9-4-4　汽车制造厂的车身涂装工艺流程

参考文献

[1] 顾惠烽.汽车常见故障 识别·检测·诊断·分析·排除.北京：化学工业出版社，2019.

[2] 孙兵凡.汽车定期维护.北京：化学工业出版社，2018.

[3] 李林.汽车维修技能1008问.北京：机械工业出版社，2013.

[4] 姚科业.汽车传感器识别·检测·拆装·维修.北京：化学工业出版社，2017.

[5] 周晓飞.汽车电工从入门到精通.北京：化学工业出版社，2019.